"德融数理·知行合一"
德育新模式主体班会课例

李环 于洁梅 编著

吉林大学出版社
·长春·

图书在版编目（CIP）数据

"德融数理·知行合一"德育新模式主题班会课例 / 李环，于洁梅编著. -- 长春：吉林大学出版社，2021.10

ISBN 978-7-5692-9323-4

Ⅰ. ①德… Ⅱ. ①李… ②于… Ⅲ. ①德育－班会－教案（教育）－中学 Ⅳ. ①G631

中国版本图书馆 CIP 数据核字（2021）第 223571 号

书　　名	"德融数理·知行合一"德育新模式主题班会课例
	"DE RONG SHULI·ZHI-XING HEYI" DEYU XINMOSHI ZHUTI BANHUI KELI
作　　者	李　环　于洁梅　编著
策划编辑	朱　进
责任编辑	杨　平
责任校对	刘　丹
装帧设计	姜晓波
出版发行	吉林大学出版社
社　　址	长春市人民大街 4059 号
邮政编码	130021
发行电话	0431-89580028/29/21
网　　址	http://www.jlup.com.cn
电子邮箱	jdcbs@jlu.edu.cn
印　　刷	北京兴星伟业印刷有限公司
开　　本	787mm×1092mm　1/16
印　　张	19.5
字　　数	330 千字
版　　次	2021 年 10 月第 1 版
印　　次	2021 年 10 月第 1 次
书　　号	ISBN 978-7-5692-9323-4
定　　价	58.00 元

版权所有　翻印必究

德育新模式编委会

主　任：李　环　于洁梅

参　编：孙晓光　季明莉　梁春霞　王晓娟
　　　　车　笛　荆　华　牟英华　于海宁
　　　　姜承志　徐珊珊　李成满　遇雅男
　　　　辛红波

序 言

　　教育是国之大计、党之大计。2012 年 11 月，党的十八大报告首次提出，"把立德树人作为教育的根本任务"。2016 年，习近平总书记在全国高校思想政治工作会议上提出"把思想政治工作贯穿教育教学全过程，实现全程育人、全方位育人"，确立了"课程思政"理念。在 2018 年的全国教育大会上，习近平总书记进一步强调"要把立德树人融入思想道德教育、文化知识教育、社会实践教育各环节"，阐明了践行"课程思政"的意义和方向。应该说，习近平总书记的诸多深刻阐述为学校整体改革发展提供了重要的思想源泉。

　　"培养什么人"以及"怎样培养人"应该是所有学校改革，甚至是建校之初就应该首先关注的具有永恒价值的根本性问题。我始终认为，如何以课程的内涵、课程的方式和课程的话语去传达学校文化中的思想深度、历史厚度和实践力度，不仅是对学校文化建设领域，而且对当前和今后学校课程的实践都有十分重要的理论和实践意义。

　　烟台市开发区实验中学在建校之初便重申"立德树人"的根本任务，阐述并确立"诚·毅"二字为学校文化建设与课程改革的核心，将其纳入学校课程的整体构建中。学校课程体系的构建就是基于明晰的"诚·毅"学校教育哲学和"诚·毅"学校文化资源评估基础上整体架构起来的。他们的改革与发展历经"诚·毅"文化的初步架构、"诚·毅"课程的二次创生、"诚·毅"品牌效应的逐渐成熟三个阶段后，烟台市开发区实验中学逐步明晰了"以文化涵养学生品格，以课程培养学生能力"的办学理念。更重要的是，历经十余年的探索，烟台市开发区实验中学初步构建起了基于"诚·毅"文化的"四三三"德育课程体系。不仅有效提升了学校整体的育人效果，提高了办学的社会满意度，而且也锤炼了队伍，有力地促进了教师的专业成长。与此同时，"诚·毅"德育品牌获评烟台市首届十佳德育品牌、《基于"诚·毅"文化的"四三三"德育课程体系》荣获烟台市第三届基础教育教学成果一等奖、

《立人以诚，立学以毅——基于"诚·毅"文化的德育课程体系建设》被评为教育部首批"一校一案"落实《中小学德育工作指南》典型案例。

2020年，烟台市教育局将"德融数理·知行合一"德育新模式深化研究确定为全市教育工作的重点内容。烟台市开发区实验中学自然就成为全市首批试点之一，在市级整体规划下，学校行动迅速，各个层面的工作做得也非常深刻、非常贴实。将"德融数理·知行合一"德育新模式与学校"诚·毅"德育课程建设紧密融合；烟台市开发区实验中学的探索开拓性较强，与学校既有的教育改革融合得非常紧密。不仅如此，他们还从多角度展开试点、全方位践行模式，从政教处、教务处、教科研室、学科教研组、项目化学习教研团队，到级部、班级，都总结梳理出了具体、实在、可用的做法。真正把"德融数理·知行合一"德育新模式融入了学校教育的方方面面。现如今，烟台市开发区实验中学以主题班会为突破口，将原有德育主题进一步完善为12个大主题，分别是：科技创新教育、感受滴水之恩、公民素养教育、生命健康教育、传统文化教育、励志成才教育、安全知识教育、心理健康教育、习惯修正教育、爱国主义教育、法治规则教育、艺术审美教育。每个大主题又在学校"明理—修身—担当—立志"阶梯式德育目标的指引下分阶、分解为48个子课程。可以说，此书的出版就是学校落实"课程思政"理念的成果，集中反映了德育课程在学校的探索成绩与研究经验。尽管，烟台市开发区实验中学的探索仍有进一步走向专业、走向精准、走向切实的提升空间，但瑕不掩瑜，它依然具有很强的区域引领意义。

作为本书主编，李环校长的教育实践经历丰富而又多彩，尤其是担任烟台市开发区实验中学校长以来，她求真务实的工作作风和开拓创新的工作干劲给人留下深刻印象。在本书付梓之际，我们除了要记住"道德是基于最长远利益的现实选择，是一生的修行；学校德育是慢功夫，需要一代又一代的人去做。"更要祝愿李环校长和她的团队把烟台市开发区实验中学建设成一所区域领先、全省知名的现代化学校，共同为区域教育改革与发展贡献新的更大力量！

管锡基

烟台市教育科学研究院院长

目 录

上 篇 ······ 1

五四制初中"诚·毅"德育课程体系的构建 ······ 3

"德融数理·知行合一"德育新模式的探析与实践 ······ 17

"德融数理·知行合一"德育新模式在主题班会中的应用 ······ 28

下 篇 ······ 39

科技创新教育 ······ 41
初一明理·科技改变世界 ······ 43
初二修身·科技伴我成长，创意点亮生活 ······ 48
初三担当·动手创造明天 ······ 53
初四立志·科技描绘未来 ······ 56

感受滴水之恩 ······ 62
初一明理·孝亲敬老，反哺养育 ······ 65
初二修身·靠近你，温暖我 ······ 71
初三担当·感恩之心，恩重如山 ······ 76
初四立志·洪恩莫忘，立志成才 ······ 81

公民素养教育 ······ 86
初一明理·明确自我职责，明事理 ······ 88
初二修身·践行自立自强，思修身 ······ 93

初三担当·明确社会责任，勇担当……………………… 98
　　初四立志·做合格的数字公民，知规范……………… 103

生命健康教育……………………………………………… 111
　　初一明理·感悟生命　重塑自我……………………… 113
　　初二修身·敬畏生命　感恩生活……………………… 116
　　初三担当·珍爱生命　健康成长……………………… 120
　　初四立志·激扬生命，提升境界……………………… 125

传统文化教育……………………………………………… 129
　　初一明理·传统文化之文学篇………………………… 130
　　初二修身·传统文化之节日篇………………………… 135
　　初三担当·传统文化之艺术篇………………………… 140
　　初四立志·传统文化之传承篇………………………… 144

励志成才教育……………………………………………… 149
　　初一明理·寻找榜样，明确方向……………………… 150
　　初二修身·明确目标，引领成长……………………… 154
　　初三担当·严格自律，塑造自我……………………… 159
　　初四立志·认识自我，规划人生……………………… 164

安全知识教育……………………………………………… 168
　　初一明理·拒绝校园欺凌，争做明理少年…………… 170
　　初二修身·学会自我保护，自觉修身正己…………… 177
　　初三担当·文明上网齐构建，网络安全共担当……… 182
　　初四立志·抵制不良诱惑　立志奋斗人生…………… 186

心理健康教育……………………………………………… 190
　　初一明理·持良好心态，享健康人生………………… 191
　　初二修身·掌握青春，适应身心变化………………… 196
　　初三担当·锲而不舍，掌握自我……………………… 202
　　初四立志·培养健康心理，走向成功人生…………… 206

习惯修正教育 ······ 213
- 初一明理·见微知著，养成意识 ······ 215
- 初二修身·收纳自律，修身养性 ······ 220
- 初三担当·君子慎独，独立自主 ······ 225
- 初四立志·运筹之道，规划有方 ······ 229

爱国主义教育 ······ 235
- 初一明理·见微明理，培养爱国之情 ······ 237
- 初二修身·修身安人，树爱国之意 ······ 241
- 初三担当·责任担当，砥砺强国之志 ······ 246
- 初四立志·立志高远，实践报国之行 ······ 251

法治规则教育 ······ 255
- 初一明理·法治观念记心间，明理守纪养习惯 ······ 258
- 初二修身·凝聚法治正能量，诚毅修身育正气 ······ 263
- 初三担当·心怀法治伴我行 青春担当促成长 ······ 267
- 初四立志·践行法治思奋进，立志共筑中国梦 ······ 272

艺术审美教育 ······ 277
- 初一明理·陶冶情操，明艺术之理 ······ 279
- 初二修身·提升素养，修德艺之身 ······ 283
- 初三担当·弘扬经典 担传承之责 ······ 288
- 初四立志·鉴赏创新，立尚美之志 ······ 293

上　篇

五四制初中"诚·毅"德育课程体系的构建

烟台经济技术开发区实验中学（以下简称"我校"）成立于2003年，现拥有两个校区66个教学班，教职工218人，在校学生3200多名。学校秉承"养文明之气，求优质之学，育和谐之才"的办学理念，践行"砺志尚德 博学求真"的校训，坚持"为学生的终身发展奠基"的办学宗旨。2017年以来，学校围绕立德树人根本任务，秉持"大课程"的思维，凭着"教学深改"的执着，直切五四学制初中段学生身心发展实际，努力构建以"诚·毅"价值观为导向、以育人为本的四三三课程体系，创造性地将《中小学德育工作指南》落细、落小、落实。

一、定向：倡树"诚·毅"育人价值观

作为学校发展的基因和动能，文化是育人价值的觉醒，更是学校精神的聚敛。我校将学校文化定向浓缩为两个字："诚"和"毅"。这一文化定向，既植入了我校所处区域社会发展的精神风貌，更源发于五四制初中学生的身心成长需求。这种定向主要依据以下两个方面。

一是学校所处区位大环境的精神赋予。烟台经济技术开发区是1984年由国务院批准成立的第一批国家级开发区，2019年又被国务院批准为中国（山东）自由贸易试验区片区之一，成为国家新旧动能转化、深化各项改革的新高地。地处海纳百川、广纳人才、日益繁荣的经济技术开发区这片沃土，我校积极而又自然而然地将开放包容、自主创新、诚实果敢的价值观念和精神风尚汲取并渗透于学校教育的方方面面。

二是五四制初中学生身心成长之需。五四学制是烟台区域义务教育学段的基本学制。五四学制义务教育，涵盖了学生从儿童期向青春期过渡的成长

过程，是学生在思想品德、智力才能、身体发育的关键时期。从生理发育角度来看，初中阶段的学生正处在身体发育的第二高峰期。青春期体征日渐明显，内脏机能也日趋完善，大脑发育趋于成熟，兴奋和抑制功能逐渐平衡，控制和调节能力明显增强；从心理发育角度来看，学生的自我意识出现第二次飞跃，观察、记忆、逻辑思维等能力进一步发展；在情绪和情感方面，学生的情绪稳定性较差、波动性较大，容易出现冲动行为；在意志品质方面，学生的耐力差、持久力差、抗干扰力弱，关注结果多于关注过程等。根据我们多年积累的经验，五四制初中阶段的学生一般要经历两个关键期：一是初一到初二的心理转变期，需要脱去幼稚和依赖，走向更加本真、富有个性的自我；二是初三到初四的第一个人生生涯定向期，需要确立理性的自我认知、适合的生涯发展选择，而这也决定了学生必须具备思考人生、坚毅担当的意志品质。

在本质上，"诚·毅"文化方向，寄托的是我校"立什么德""树什么人"的教育理想和专业期许。所谓"诚"，真实无妄，无伪至信，《中庸》称其为"天之道""人之道"。在我们看来，学子之"诚"，重在学业专心、言行至真，做到言必信、行必果。所谓"毅"，《左传》谓"致果为毅"，《中庸》言"发强刚毅"，即有决断力，曾子倡"士必弘毅"，意思是作为一个君子，必须要有宽广、坚韧的品质。在我们看来，初中学子之"毅"，即是男儿方刚、勇而理性；女孩柔韧、贤淑有节。

基于对传统文化意涵的领会，对时代呼唤和本土赋予的理解，我们将"诚·毅"界定为：诚以待人，毅以处事。也就是从品质和意志两个层面明确培养方向——立人以诚：诚以为人，诚以为公，诚以为国；立学以毅：毅以行事，毅而有恒，毅而弥坚。"诚"体现在个人生活中，要诚实守信，待人真诚，充满人性爱；在集体生活中，要有集体意识，乐于奉献，充满荣誉美；在社会生活中，要热爱祖国，矢志报国，充满家国情。"毅"体现在个人生活中，在知识学习、身体锻炼、修养提升上要持之以恒，坚强持久；在集体生活中积极参与、敢于负责、勇于担责；在社会生活中，不畏艰难，勇于挑战，积极承担社会责任。

在确立并明确"诚·毅"这一学校文化建设方向的基础上，我们结合对中国学生发展核心素养的把握，将"培养有时代精神、民族情怀和世界眼光、能担当中华民族复兴大任的诚毅新人"作为学校的育人目标，紧扣这一目标，最大努力地引导学生在初中这个人生的"拔节孕穗期",筑牢能够适应个人终身发展和社会发展的素养根基。

二、布局:架构四三三德育课程体系

课程是落实育人目标的必有载体,学校课程的内在结构,很大程度地决定着学生的素养结构。初中生正处于人生观、价值观形成的关键时期,学生接受新鲜事物的能力很强,思想观念具有较大的可塑性,但鉴别力明显欠缺。在这一时期对学生的道德观念进行引领,会对其将来的道德判断起到重要作用。为了达成"培养有时代精神、民族情怀和世界眼光,能担当中华民族复兴大任的诚毅新人"这一目标,我们几经探索,架构了基于"诚·毅"文化的,目标纵向贯通(德育主题)、模块横向联动(德育内容)、层次互补融合(德育功能)的四三三德育课程体系。

所谓"四",指的是纵向贯通的四阶目标。我们将"诚·毅"文化定向和学校育人目标进一步细化为"明理(文明礼仪、诚信教育)、修身(理想信念、社会公德)、担当(自我管理、责任担当)、立志(励志教育、生涯规划)"四大德育主题。依据五四制初中学生身心特点和认知道德发展规律,确立了纵向贯通、横向联动的阶梯式培养目标。初一学生处于从小学到初中过渡期和学习、成长重要转折点,我们应侧重加强"明理"教育,致力于培养学生规范、严谨的行为习惯,帮助学生提高心理适应能力,提高学生知理明理、明辨善恶的能力。初二学生处于自我意识增强,个性品质形成的关键期,我们应侧重加强"修身"教育,促进学生思维方式的逐渐成熟,形成诚信、友善的价值观和处事方式。初三学生处于青春期发育的关键期,我们应侧重加强"担当"的教育,致力于培养学生的担当能力,让学生养成自立担当、严于律己的意识。初四学生处于从少年走向青年的关键期,学生面临中考压力,其思想、心理、行为都具有一定的复杂性和特殊性,我们应侧重加强"立志"教育,致力于研究学生的内在思想,指导学生励精更始、规划人生、实现价值。四个年级的德育目标各有侧重,且有机衔接、有序递进。

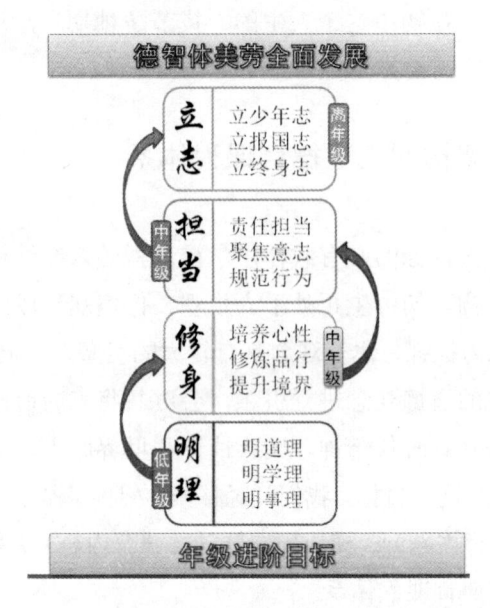

```
        德智体美劳全面发展
              ↑
     ┌─────┬──────────┐
     │ 立  │ 立少年志  │ 高年级
     │ 志  │ 立报国志  │
     │     │ 立终身志  │
     └─────┴──────────┘
              ↑
     ┌─────┬──────────┐
     │ 担  │ 责任担当  │ 中年级
     │ 当  │ 聚焦意志  │
     │     │ 规范行为  │
     └─────┴──────────┘
              ↑
     ┌─────┬──────────┐
     │ 修  │ 培养心性  │ 中年级
     │ 身  │ 修炼品行  │
     │     │ 提升境界  │
     └─────┴──────────┘
              ↑
     ┌─────┬──────────┐
     │ 明  │ 明道理    │ 低年级
     │ 理  │ 明学理    │
     │     │ 明事理    │
     └─────┴──────────┘
              ↓
         年级进阶目标
```

图1 "诚·毅"德育课程年级进阶目标

表1 "诚·毅"德育课程目标体系概览

年级	育人目标	目标溯源与阐释	目标确立依据
初一	明理 明道理 重品德 立大志 学做人	古人云:"读书者,在于明理。理乃处事之道,世之光明也。" 明热爱祖国之理,明遵纪守法之理,明尊敬师长之理,明勤勉学习之理,明实事求是之理,明团结合作之理,明诚实信义之理。	初一年级是学生学习、成长的重要转折点。确立"明道理、重品德、立大志、学做人"的发展目标,是为学生扣好中学阶段发展的"第一粒扣子",播种下真善美种子的关键。
初二	修身 修其身 正其心 养心性 炼品行	《礼记·大学》:"如琢如磨者,自修也。"顾名思义,即"陶冶身心,涵养德性",即"修身养德"。 修节俭之身,修坚毅之身,修诚善之身,修博爱之身,修报国之身。	初二年级是学生自我意识增强、个性品质形成的关键时期。确立"修身、正其心、养心性、炼品行"的发展目标,培养学生坚定的理想信念、崇高的思想境界、高尚的道德情操,为顺利渡过青春期奠定思想基础。
初三	担当 勇担责 不逃避 不推诿 尽职守	古人云:"肩抗千斤,谓之责;背负万石,谓之任。"所谓担当,即为接受并负起责任。 担自爱自强之责,担社会发展之责,担文化传承之责,担民族复兴之责,担科技强国之责。	初三年级是青春期发展的关键时期,是世界观、人生观、价值观形成的关键时期。确立"勇担责、不逃避、不推诿、尽职守"的发展目标,培养对自己、他人、国家和社会的担当意识,树立为实现中华民族伟大复兴而奋斗的主力军意识。
初四	立志 立长志 志高远 兴民族 报祖国	《左传·襄公二十七年》:"志以发言,言以出信,信以立志,参以定之。" 立强身立命之志,立青春奋斗之志,立古今圣贤之志,立少年报国之志,立科学强国之志。	初四年级是从少年走向青年的关键时期。确立"立长志、志高远、兴民族、报祖国"的发展目标,帮助学生发现自身价值、激发创造力、坚定理想信念,实现人生价值。

第一个"三",指的是横向联动的三类课程。具体内容如下。

一是学校德育的核心课程。包括国家课程方案设置的以道德与法治学科为统领的学科课程。这些"本质是思想的种子、思维的种子、德性的种子"（郭元祥，2018），是学校德育课程的主干，重在发展学生的道德解悟力、内生力。

二是学校德育的主干课程，主要指学校自主开设的以主题班会为主要呈现形式的学校德育主题课程，我们视为"落实立德树人根本任务的关键课程"的"思政课"。以这些课程为核心，培育学生的价值判断力、道德建构力，增强学生的价值理性和道德智慧。其中，主题班会课坚持目标导向和问题导向相结合，凝练出涵盖德智体美劳"五育"的12个大主题，统领学校每月的德育内容。各年级基于大主题，结合学生特点分解为4个小主题，每周落实。如：9月的德育主题为"行为习惯养成"，我们依据五四制初中学生的实际情况，将行为习惯融入军训活动中，创新实施模式。初一学生年纪小，是行为习惯养成的敏感期，初三年级学生正处在青春期的关键阶段，我们把握学生成长的关键节点，开学初对初一初三两个年级的学生开展军训。初一侧重培养学生良好的生活和行为习惯，让学生学会面对各种困难和挑战，增进学生之间的友谊，形成团队协作精神与良性竞争氛围；初三则侧重于锤炼学生的品格，磨炼学生的毅力，修正青春期学生的处事行为，提升学生的集体荣誉感和社会责任感。同时，我们还在同一时期对初二开展队列训练，对初四开设基于体育中考的规范训练，通过大型展演和阶段性体能测试，激发学生的集体荣誉感和上进心，培养"毅以行事，毅而有恒，毅而弥坚"的意志品质。

三是彰显着学校"诚·毅"德育个性的特色课程群。我校坚持"一切活动皆课程，一切课程皆德育"的大德育观，通过五大类特色课程将德育目标化整为零，将德育融入学校特色课程。这些课程由学校适量设置、自主开发。包括：四大典礼仪式课程（入校礼、成长礼、青春礼、毕业礼）、五大校园节日课程（科技节、体育节、艺术节、文化节、研究性学习成果展评节）、五类特色社团课程（人文素养类、艺术素养类、健康素养类、科技素养类、劳动素养类）、五类校外实践课程（社会调查类、社区服务类、场馆参观类、职业体验类、研学活动类）。这些课程都尊重学生的立场，都落脚于学生的"诚·毅"道德素养。其中，典礼仪式课程是瞄准并分布在学生道德成长关键期的"节点"课程；校园节日课程和特色社团课程分别观照着学生道德生长的共性和个性；校外实践课程则重在培养和发展学生的社会化道德行为力。

比如仪式课程。初一学生入校礼——建队仪式，初二成长礼——感恩仪式，初三青春礼——入团仪式，初四毕业礼——启程仪式。在横向上，各年级依据学生年龄特点将传统文化、当代礼仪、文学等元素进行统整，构建主题课程；在纵向上，遵循学生成长规律，沿入校—成长—入团—毕业的成长历程将以"爱国主义"为核心的民族精神和以"开放包容、改革创新"为核心的时代精神融入其中，通过仪式课程，学习礼仪常识，理解礼仪内涵，养成文明的行为习惯，培养学生的规则意识和习惯意识，强化学生的责任担当意识，发扬中华民族的传统美德，培养"诚以为人，诚以为公，诚以为国"的道德品质。

再如戏剧社团，以戏剧为引领，融合传统文化与"诚·毅"内涵，剧本取材于成语、传说、课本，发掘中国传统文化中民间民俗的形象元素，借鉴民间社火、木偶、皮影、风筝、年画等艺术形式，利用传统乐器、服饰，演绎丰富内涵和浓郁的民族特色，诠释剧作的精神内涵，激发学生感受传统文化，激励创新与合作精神，提升学生的人文与艺术素养，激发民族的自信心和自豪感。

这些体现学校德育个性的特色课程群的开设与开发，也为学生将在"课堂"上内化的价值判断力、道德建构力、价值解悟力，以及道德内生力，灵活地将道德认知、道德情感和道德行为整合于一体，提供了可靠载体、可口"食粮"。这既是丰富以育德为本，实现全方位、多方式育人的学校课程体系建设的必要，更是学生道德完整发展的必须。

第二个"三"指的是互补融合的三个层次。在从德育内容角度设置三类课程、三类"德育模块"的同时，我们还对它们做内涵层面的整体性统筹。基于各类课程在学生砺品立德过程中的优势评估，从德育的个体性功能的视角，特别强调和把握了三个层次：道德基础、道德个性、社会人格。目的就是加强各类德育课程之间的功能性关联，搭建起必要的"课程行为链"；通过具有递进逻辑的三个层次性课程观照，实现德育功能的互补、衔接、融合，构成具有"诚·毅"人格的完整而个性鲜活的"人"。

比如，初一学生在道德与法治的课堂生活中，通过"交友的智慧"一课（人教版五四制六年级），在认知友谊的特质、澄清友谊的困惑的前提下，学会"用恰当的方式与同龄人交往与沟通，建立同学间真诚而纯洁的友谊"等"德知"；通过基于真实情境、立足自我角色的其他课堂活动中的学习互助、校园节日课程及特色社团课程的参与互动等，学生可以自主地运用"主动交往，善于对话沟通、协商合作"等交友方法，并在持续的课程学习中，将其固化为自我的生活行为方式，逐渐形成具有个性化风格的"德行"；在社会调查、社区服务、场馆参观、职业体验、研学活动等校外实践课程的学习中，以及走向更加开放的真实生活、面对更加现实的社会问题的过程中，尤其是在处理更加复杂的社会化人际交往问题的时候，学生能够自觉自动地认识自我、欣赏并悦纳他人，或者成功地化解人际交往危机，养成友善、包容、智慧、豁达的独立人格，亦即"德性"。这样，从课堂学习生活的"价值认同"，到校内多元生活的"价值转化"，再到真实生活的"价值自觉"乃至"道德智慧生成"，我们的课程为学生创设了互补、递进、融合的"场域"，为培育完整而具个性的"诚·毅"人格提供了课程的观照和支撑。

三、扎根：让道德学习真实深度发生

无论是作为核心的道德与法治、主题班会（思政课）教学，还是作为主干的其他学科的教学，抑或是体现学校德育个性的特色课程，都坚持回到"人"、回到"人"的学习心理这个根本，遵循学习理论，从"重外显的生活化、活动化学习方式"，深入到"重内在的认知情感和道德发生的过程"，使教学活动从经验走向科学、从浅表走向深度。从而杜绝了思政课教学中的感性"滑行"现象，杜绝了其他学科课程教学中的"穿鞋戴帽"行为，杜绝了特色课程"声势与育人内涵、效益不对称"的问题。

一是思政教育：四模块三阶段教学。对于旨在培育学生价值判断力、道德建构力的道德与法治和主题班会（思政课）教学，我们在把握学生的心理脉搏、道德状态的基础上，坚持回归生活、联系社会，以真实而典型的现象、事实为触点，引发学生的价值困惑、道德冲突。通过追问，直切价值困惑点、道德矛盾点；由此提出核心问题并抛给学生，学生以项目化学习的方式，适当运用大数据的思维方法，自主展开思、辨、论活动，经历价值澄清这一重要过程。通过迁移、扩展，引领学生从结论走向共识，之后再把自己"摆"回生活现实，理性地面对并解决更多的现实问题、解答人生难题，在正确的价值轨道上果敢坚毅地行走。亦即，通过基于情境化、大数据思维的四模块三阶段教学（对接学习准备调动学情资源—提炼核心问题抛出项目任务—推动主体性价值建构—引导学生回到生活回到自己主动"行走"），让

学生完整经历三个阶段的心理过程（价值追问/澄清—价值认同/内化—价值践行/外化）。比如本部初一张晓征老师执教的主题班会"生活节俭"。这节思政课将三层育人目标：节俭很重要、新时代更要注重节俭、生活中做到节俭，分解为一个个具体的活动。一是"触目惊心"：用具体数据展示生活中尤其是学生身边熟视无睹的浪费现象（短短的 20 分钟午餐时间，电脑屏幕及 14 盏灯共消耗了 0.32 度电，平均每位同学浪费掉的食物约 75 克），视频展示《中国餐饮浪费数据报告》，学生从无动于衷转向"触目惊心"。二是"交换空间"：坐落在江西深山中的查平坦小学教师潘宝兴在一盏昏黄的灯光下授课，这所小学一个班每天用电 0.12 度，学生计算午餐时间浪费的电可供这里一个班的学生在灯光下学习多长时间，一个班一顿午餐浪费掉的饭菜可供宁夏大堡小学的一名同学吃几顿免费营养餐。三是"紧追直辩"：通过追问引发学生的价值冲突：身处 21 世纪还是否需要节俭？学生分组思考、辨析。有的从健康生活的角度，认为不必节俭，有的学生则紧密联系习近平总书记在吉林等地考察时的重要讲话，结合国际、国内形势，从"食为政首，粮安天下"的高度阐释节俭的必要。通过辩论，最后达成价值共识：讲究节俭并不是不要健康生活，美好生活也并不意味着可以铺张浪费，节俭永远不过时，精打细算，才是传家之道，"家"大业大，必须未雨绸缪。四是"学而习之"：学生诵读节俭诗篇，内化这一传统美德的内涵；结合"随手拍"所暴露的生活中每时每刻都在发生的浪费现象，反思并罗列自己的生活细节，比如攀比吃穿、啥好要啥，有针对性地制定自己的"惊醒改正单"，一项一项地通过具体行动，将其从日常生活的小事小节中"划掉"。这节思政课通过寓德于数、引发价值观念触底反弹，坚持知行合一、落脚于价值自觉和社会行为的思政教学过程，不仅仅落实了节俭教育，也孕育了家国情怀，更向学生传递了宽视野、多角度、大数据思考和解决问题的思维方法，既实现了对预期目标的超越，也实现了与学校育人目标"培养有时代精神、民族情怀和世界眼光，能担当中华民族复兴大任的诚毅新人"的对接。

二是学科德育：四阶梯双收益教学。对于重在发展学生的价值解悟力、道德内生力的其他学科的教学，我们重点处理好两点。一是精准地解悟学科德育内涵。我们将教育部发布的《中小学德育工作指南》和山东省教育厅发布的《中小学德育课程一体化指导纲要》中提出的各学科德育内涵概括为三大类：一是自然之理，主要是指事物的客观规律；二是学科之道，指的是学科的思维与方法；三是人文之德，指的是社会主义核心价值观，或学科知识、教学内容所传递的精神、价值、生活意义。二是锚定适合的触点（学科知识），以贴切于学习内容的情境、大数据为介，落实认知与道德建构一体化的四阶梯五环节（了解/调动/激活相关信息—呈现有组织的信息引起反应—阐明促进理解—引发迁移—反馈矫正），让学生在学科情境中，运用学科思维，解构知识，理解"象"，感悟"理"，探寻"道"，释放"德"，乃至生成学科能力，以及相关的情感、意志、行为。亦即，让学生经历"已知已历的准备——基于情境/大数据的认知冲突（从现象/事实入手作价值追问）——新信息与已知已历相联系（经理性分析作出价值判断）——知识同化认知重构（形成并内化为理性认知）——变式练习运用生成（基于真实生活情境的行动外化）"的认知和道德"复合双赢"的心理过程。

例如，我校初一级部纪宇老师执教的道德与法治课"爱在家人间"，这节道德与法治课将三层育人目标：体验家人之间的亲情、提高对家庭冲突原因的分析能力、掌握与父母沟通的技巧和处理亲子冲突的方法，分解为四个具体的学习活动。

一是"亲情碰碰碰"。播放录音展示同龄人小华与父母之间的矛盾，创设情境，引发共鸣。经过调查，进入初中以来，班级50名同学中有43名同学曾经与父母发生过争执，有12名同学经常与父母产生冲突……

二是"细数亲情"。让学生在一张带有30×30共900个格子（每个格子代表人生的一个月）的A4纸上，细数学生与父母未来相处的时间（初中四年，与父母相处的时间仅限于晚上、周末和寒暑假，综合起来大约1000天，以此类推高中三年大约570天，大学四年大约320天，工作30年约600天，总计约83个月），随着涂掉的格子越来越多，看着83个格子，学生从最初的嘻嘻哈哈转向沉默无语。展示剪辑视频《爸爸妈妈的陪伴》，让学生在回顾中感受到父母的温暖和关爱。

三是"爱的碰撞"。通过追问引发学生的价值冲突：我们与父母产生"碰撞"的原因有哪些？学生小组讨论分析。48%的同学承认是因为学习和成绩，39%的同学认为是因为电脑和手机，还有8%的同学认为是因为父母的唠叨（管得太多）……通过小组辩论，最终达成高度共识：我们与父母之间的矛盾和冲突其实并不是不可调解的，恰恰反映了父母对我们的关爱和期望，"爱之深，责之切"，这些"爱的碰撞"是父母关爱我们的例证，更是化解"碰撞"的动力源。

四是"化解高手"。通过"我是小编剧"活动，全班共同帮助视频中的同龄人解决与父母之间的矛盾，寻找化解亲子冲突的有效方法；通过"照镜子"活动，每位同学反思自己与父母之间发生的矛盾和冲突，向同组同学分享自己曾经或即将使用的"化冰大法"，并在自制的"亲情卡"进行总结；引用毕淑敏老师的一句话"爱怕沉默，太多的人以为爱到深处是无言，其实，爱是很难描述的一种情感，需要详尽地表达和传递"，引导学生"爱要大声说出来"，在"亲情卡"中写下想对父母说的心里话，勇敢地表达和传递这份爱。

这节道德与法治课通过调查数据揭示"亲子矛盾"，让学生在数据中理解"象"。引导学生计算"与父母未来相处的时间"，感悟"理"：我们不应该在矛盾中浪费与父母相处的宝贵时间。通过追问"与父母产生碰撞的原因"与学生一同探寻"道"：理性分析亲子矛盾的根源在于"爱"。通过小组合作分析出同龄人化解矛盾的方法，创新内化为个人的"化冰大法"；通过名人名言鼓励学生通过"亲情卡"表达对父母的爱，释放"孝德"，达成本节课的育人目标。

三是特色课程：主体性项目化教学。对于仪式课程、校园节日课程、社团课程和校外实践课程等彰显学校德育个性的特色课程，我们首先遵循泰勒原理，把握好"确定目标—选择经验—组织经验—评价计划"这些要素及内在逻辑。其次，在课程的组织实施上体现弹性。我们主要落实四个关键词：一是适情。做到主题鲜明、形式活泼、容量适当。尤其是仪式课程、校园节日课程和社团课程，在内容的设计、形式的选择、时间长度的把握上，都力求符合所在特定学段学生的年龄特点，尤其是认知、情感、德性生长规律，让学生在真实的情境中，全身心地感受、体验和践行。二是动场。让这些特色课程具备"以文化人"的属性，富有"诚·毅"文化的韵味。凸显"主体参与""体验创生"这两个过程特质，强调每一个学生的身心"在场"，更要注重观照、激扬个性，让每一个学生都真情投入、积极互动、深入体验、自主建构。三是多旨。让学生成为课程的主角，力求知行合一，收获多重效益。丰富文化常识，增强价值理解力，提升价值辨识能力，加固文化情感、自信，养成良好的生活学习习惯，让这些特色课程所承载的"诚·毅"文化价值内植为深沉持久的核心成长力。四是质效。以学生的素养发展为中心，教师作为指导者和支持者，着力为学生创造良好的环境、条件和平台，做到盘活资源，筹划到位，组织有序，规范推进，确保实效。不能浅尝辄止，有表面口号而无内在体验。更不可华而不实，重外在形制而轻内涵质效。另外，采用项目化的教与学方式。对于校外实践课程，重在引导学生置身于真实的当下生活，面向不确定的未来世界。通过具有挑战性的项目任务，挑动学生的思维和情感，让他们内生问题，并共同梳理成有价值的"问题串"；学生依托各自的生活与学习背景、经验、运用个性化方式，展开假设、分析、创造等一系列认知活动，并展示、评价彰显学习个性的成果。

以我校近年来开发的"磁山文化"课程为例。我校坐落在磁山脚下，磁山古老文化一脉相传，滋养着这片土地上的学子。爱祖国是从爱家乡开始的，家乡的山水草木会成为文化培养的起点和载体，"诚·毅"文化的培育一定有其特定的土壤和根脉。

首先，我们在学校层面组建了"磁山文化"项目组。学生根据兴趣和特长申报研究的子项目有磁山村落、磁山名人、磁山植被、磁山地质、磁山叶画、磁山导游、磁山摄影，磁山防火等，每一个子项目选定辅导老师。在子项目中发掘"诚·毅"文化的切入点或是生长点。

其次，学生小组制定自己项目的活动研究方案，并进行人员分工。在选择、确定项目的过程中，学生从社会责任的角度关注磁山，观察生活、关联思考、提出一些有现实价值的问题。

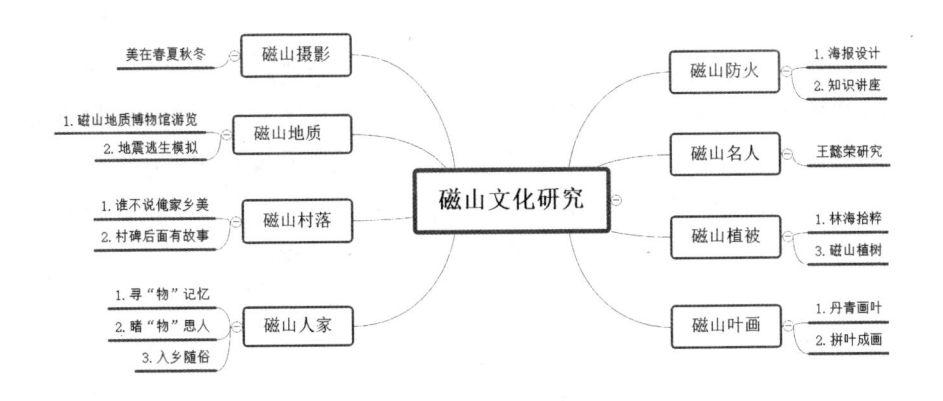

图 2 磁山文化研究课程构架图

项目组内各子项目由学生进行方案论证和展示。在设计、修订方案的过程中，学生跨学科思考、整体设计、选择方法、形成思路，培养学生解决磁山实际问题的迁移能力。各子项目进行为期一个学期的研究、操作或是学习。在实施、完成项目的过程中，学生动手实践、设计产品、制作产品，学生承受过程中的挫折、努力寻求多种解决方法的能力，学生逐步学会时间管理和项目管理，学生真正成为自己学习的主人。各子项目组进行作品展示评价，并参加项目组的成果展。在作品呈现或成果展示的过程中，家乡之美，爱乡之情自然生成，学生的沟通能力和提炼总结能力也得到提升。学生项目组对项目进行反思，写出项目报告。在反思、改进的过程中，培养了学生批判性思维和全面看问题的客观态度。

通过项目式学习，学生将各领域知识和技能扩展交织，结合运用学科知识，融合实践到学科中的各个维度，打破了传统课程设置相对封闭的弊端，给学生一个独立自由的学习空间。磁山地质、植被的研究能使学生形成深层次的理性思维；磁山村落、名人等研究厚植学生人文底蕴；摄影、叶画的创作则通过美育提升学生的人文素养。磁山防火的策略研究，增强了学生的社会责任感……学生在家乡文化这个有感情的学习载体中，以文化滋养品格，以任务培养能力。学生诚而有信的研究，毅而有恒的实践，正是主题项目式学习为学生带来的成长红利，给学校诚毅德育建设提供了课程支撑。

四、催生：跟进课程评价及协同机制

一是跟进课程评价。在"诚·毅"文化价值引领下的德育课程实践中，我们还探索了"三化"学生评价模式、构建"两维度七指标"教师评价体系以及品牌课程评价办法，分别对学生的学、教师的教和课程的设计进行全方位多元化评价。整合诊断性评价、形成性评价和终结性评价，突出评价的发展性功能，建立完善了集评价主体多元化、评价方法多样化、评价途径立体化于一体的德育课程评价体系。通过自评、互评、他评相结合，实现"诚·毅"课程评价主体的多元化；定性评价与定量评价相结合，实现评价方法的多样化；终结性评价和过程性评价相结合，实现评价途径立体化。比如，利用综合素质评价对学生品格的培养进行连续性的跟进。我校出台《开发区实验中学学生综合素质评价方案》，从学生的道德品质、公民素养、学习能力、交流与合作、运动与健康、审美与表现六大项目着手，细化评价要素和评定依据。

在实施中，考核小组依据评价标准对学生的学习活动情况和品质表现进行评价与考核，做好学生成长记录。学生各学期的综合素质评价结果将按适当比例计入档案，跟进学生四年的成长历程。"综合多元化"的德育评价有效地促进了学生自主、主动、创造性的发展，使评价工作成为学生、教师、学校自我完善和自我发展的教育过程。

二是坚持家校社协同育人。我们深入整合地域资源，开拓实践基地，丰富德育场景。引导学生立足地域资源开展社会调查、社区服务、科技创新、职业体验、研学活动等多种形式的实践活动，实现对自我、他人和社会的深度认知，全面提升学生的创新精神和实践能力。比如，充分发掘区域优势，从各行业的拔尖人才和家长团队中聘请优秀代表，担任"诚·毅大讲堂"讲师团成员。讲师团成员依据学校整体的德育主题设计精心备课，面向全校师生开讲，通过专业讲解诠释德育主题的内涵，充分营造德育教育氛围。同时各班级家委会遴选优秀家长代表兼任学校社团辅导员，定期基于各班级需求开展主题讲座和社团辅导，引导家长走进学校，拓展课程空间，发展多元文化意识，培养批判性思维，形成了"诚·毅"育人的家校合力。再如，利用传统节日契机，与家庭社区共同开展"我们的节日"系列实践活动，在春节、元宵节、清明节、端午节、中秋节、重阳节六大传统节日期间，参与社区组织的节日民俗、经典诵读、文化娱乐、志愿服务、职业体验等丰富多彩的实践活动，感受孝亲仁爱、诚信礼让的社会氛围。

以"诚·毅"价值观为导向、落实《中小学德育工作指南》要求的四三三德育课程体系，在高度上，秉持"一切活动皆课程，一切课程皆德育"的大课程观和大德育观，多维度开发，将德育融入学习、生活中，实现"传道"与"授业解惑"的有机统一；在广度上，全领域覆盖，研究社会要求、学生特点、家长需求，将"诚·毅"文化价值扩展到家庭和社会。在深度上，大力弘扬以爱国主义为核心的民族精神，以改革创新为核心的时代精神，切合五四制初中学生的思想、道德发展特点，筑牢了学生健康人格的根基。我校先后荣获烟台市和山东省文明校园、山东省家庭教育示范学校、全国国防教育特色学校等荣誉称号。特别是2019年12月，我校被评为烟台市中学十佳德育品牌学校。多篇专题研究论文在省市级刊物上发表，20多名教师荣获省市级学科德育优质课。《初中主题综合课程开发与实施研究》于2018年6月获山东省教学成果二等奖，《基于"诚·毅"文化的"四三三"德育课程体系》

于 2020 年 5 月获得第三届烟台市基础教育教学成果奖一等奖。2020 年 11 月，《立人以诚　立学以毅——基于"诚·毅"文化的德育课程实践与探索》获教育部"一校一品"优秀德育案例。

下一阶段，我们将在《中小学德育工作指南》校本化研究方面再进一步，更加深入精准地把握《中小学德育工作指南》精神和要求，以此深化学校"诚·毅"文化价值内涵，更有力度地将新时代国家的育人意志和校本化育人理想转化为更加科学、合理、可操作的德育课程行动方案，转化为更加行之有效的德育课程实践内容，以此为学生的全面健康发展铺就底色，不负新时代赋予学校的立德树人使命，不负党和人民交付教师的教书育人重任。

参考文献：

[1] 郭元祥，吴宏. 论课程知识的本质属性及其教学表达 [J]. 课程·教材·教法, 2018, (8)：43-49.

"德融数理·知行合一"德育新模式的探析与实践

如何真正提升中小学德育的实效性一直是教育界高度关注的话题，烟台市教育局在全市推进的"德融数理·知行合一"德育新模式旨在通过大数据的思维方式挖掘和整理各种价值观背后的数据和道理来提高德育的说服力、感染力，从根本上区别于那些生硬枯燥、偏重理论概念的德育形式，"德融数理·知行合一"德育新模式被列入烟台市教育工作"十四五"规划，它既是落实学校德育实践性主旨的重要路径，更是贯彻立德树人、德育一体化建设的新思路。

"德融数理·知行合一"德育新模式是由山东省社会科学联合会副主席林建宁先生首创，经过多年的丰富与完善，现已成为一种较为成熟、富有实效的德育新模式，被认为是破解当前中小学德育"空泛死板"难题的现代化德育新路径。林建宁先生表示，"数理"是指广义上的所有的知识，而"德"则是保证人和事物沿着正确的方向前进，二者的关系是以德为魂，以数理为体，魂体交融，相依相存。

一、"德融数理·知行合一"德育新模式探析

（一）突出"文明基因"的德育内容

面对复杂多样的传统美德以及日新月异的现代文化，中小学德育应从内容上提取精华，化繁为简、回到原点，寻找优秀品德中最具稳定性、包容性的文明基因。学校德育如果能从这些"文明基因"入手，更易于学生学习掌握，

也更易于教师实施和操作。林建宁先生从中华传统文化中提取出"孝、诚、爱"三个文明基因，分别对应着家庭美德、社会公德、学业（职业）道德，以一见多，简易可行。当然，这三种"文明基因"并非中华传统美德的简单移植，而是在理论上进行了基于传统，也更具现代性、包容性的解释和转换。在外延和具体操作层面，三种美德又可以分别划分为几个维度，并根据学段呈现螺旋式上升，不断提高要求。比如学校把"孝德"分为知恩、感恩、报恩三个维度，把学生以后职业生活中需要培养的"诚德"分为诚实学习、重诺守信、遵纪守法三个维度，把当前社会生活中的"爱德"分为保护环境、关爱他人、服务社会三个维度。

（二）设计科学合理的教学逻辑

遵循自然规律、生活规律、德育规律和青少年成长规律，设计了由现象到本质、由感性到理性、由认识到行动的"三阶段六步骤"教学逻辑。

"三阶段"即价值追问——捕捉学生生活中常见的事例和现象，围绕某种价值观，提出问题，引发思考；价值判断——列举数据，融入学科，解答问题，在理性思考中实现由感性认识到理性认识的飞跃；价值践行——激发学生内生动力，在学习生活中主动践行价值观，实现知行合一。"六步骤"即由境生情——创设情境，引发情感共鸣；由情询问——提出问题，产生价值追问；由问寻数——分析问题，探求量变规律；由数解理——解答习题，探求质变规律；由理启智——尊重规律，分析解决问题；由智成行——产生内生动力，付诸实践。

（三）建立多维融合的呈现方式

根据"三阶段六步骤"的教学逻辑，结合现代学校课堂教育实际，德育课程形成了"一链四模块"的呈现方式。"一链"指一个分别以家庭美德·孝德、学业道德·诚德、社会公德·爱德为主题内容的知识链。"四模块"指用来呈现一个知识链的四个环节，即"过目难忘、心中有数、学而习之、融会贯通"。其中"过目难忘"是指从原点出发，捕捉令人难忘的情景，切入情感教育；"心中有数"指列举数据，深入剖析，引入理性思考；"学而习之"指融入学科，解答试题，进入学习实践；"融会贯通"指拓宽视野，立体思维，实现认知升华。

通过"创设情景呈现""量变质变呈现""学习实践呈现""认知升华呈现"等多种呈现方式，建立了多维、融合、精准的德育新模式，以此实现道德教育与知识能力培养的融合统一。

二、区别于传统德育的德育新范式

1. "扎根生活"的德育理念

该模式在把握学生的心理脉搏、道德状态的基础上，坚持回归生活、联系社会，以真实而典型的现象、事实为触点，引发学生的价值困惑、道德冲突。德育开展以人们生活中熟视无睹的真实道德问题为切入点，提出具有时代感的生活问题和价值判断，从而引发学生的思考，并在情景交融的场景中提升学生的道德认识、道德情感，引导学生回到生活、回到自己主动"行走"。这种扎根现代学生成长环境的探索正是学校德育所应当倡导的。

2. 大数据思维方式

随着大数据时代的到来，我们需要优先采用全样数据的方式，这就使得最终结果更接近于客观现实。而"德融数理"模式正是将对道德知识的说明和阐释、对道德判断的引导和追问、对道德情感的唤起与激发、对道德行为的实践与深化，全部融合于日常生活所蕴含的各种"数理"中，巧妙、自然地激发学生对道德问题的思考与体悟。这种思路与传统的知识接受、理论灌输截然不同，更加精致科学，有说服力。同时，也体现出德育科学化、精准化的改革方向。

比如，初二锡洪慧老师执教的主题班会"科技改变世界"。这节主题班会将三层育人目标——科技影响并改变生活、感受中国科技进步及不足、青少年如何为科技创新做出努力，分解为一个个具体的活动。一是"过目难忘"：通过人类历史上采集月壤数据的分析，认识到中国航天事业的进步，通过嫦娥五号采集的1731克月壤和历史上三次无人采集月壤的总和301克的对比，使学生认识到嫦娥五号的发射具有里程碑式的意义，同时认识到中国航天技术的进步。通过制作国旗的面料来自烟台开发区，激起学生对家乡的热爱。通过杂交水稻的数据，使学生认识到袁隆平的杂交水稻技术对世界粮食问题的贡献，使学生深刻意识到科技的伟大和重要性，学生从无动于衷转向"触目惊心"。二是"学而习之"，出示中国航天数字：截至2019年，我国共发射192颗卫星，取得了900余项国家发明专利和科技进步成果，有2000余项技术成果被应用于国民经济各部门，太空育种试验800多个植物品种，优质高产的农作物走上餐桌。1100多种新药品和新材料中有80%得益于航天技术。北斗芯片累计销售8000万片，它们被植入到手机、手环、学生卡、老人卡等终端设备中。卫星监测器日趋精准的预报和预警，实现了10分钟更新一次的天气预报。在我国约960万平方千米的国土上，分布着将近650万个地面通信基站，覆盖超过我国50%的国土面积，它们支持着大家日常的通信往来……从这些数据当中，你有哪些认识？通过寓德于数、引发价值观念触底反弹，坚持知行合一、落脚于价值自觉和社会行为力的思政教学过程，不仅仅落实了科技教育，也孕育了家国情怀，更向学生传递了宽视野、多角度、大数据思考和解决问题的思维方法。

3. 价值追问

追问，作为一种提问技巧，在课堂上经常为教师所运用。在课堂教学中，教师要做的不仅是替学生铺路架桥，还要点燃他们的热情，而追问就是一个很好的点火器。追问正是利用一个个"有意义的切入点"，通过具有挑战性的项目任务，挑动学生的思维和情感，让他们内生问题，并共同梳理成有价值的"问题串"，直切价值困惑点、道德矛盾点，因此，教师要善于选择适当的追问方式，把握追问的最佳时机，营造真实、开放的互动课堂，让课堂教学成为师生共同成长的生命历程。

"厉行节约，俭以养德"主题班会，通过追问引发学生的价值冲突：（追求美好生活品质的今天是否还需要注重勤俭节约？）21世纪的学生是否还需要注重节俭？学生分组思考、辨析。有的从健康生活的角度，认为不必节俭，有的学生则紧密联系习近平总书记在吉林等地考察时的重要讲话，结合国际、国内形势，从"食为政首，粮安天下"的高度阐释节俭的必要……通过辩论，最后达成价值共识：讲究节俭并不是不要健康生活，美好生活也并不意味着可以铺张浪费……节俭永远不过时，精打细算，才是传家之道，"家"大业大，必须未雨绸缪。

4. 价值体认

价值体认的完成过程：价值体验—价值澄清—价值内化—价值引领。这是一条相互衔接、相互依存、相互支撑的价值链。价值体验是基础，而价值体验是以身体之、以心悟之的过程。价值澄清是关键，是对价值的梳理和分析的过程，是对价值体验进行辨别和选择的过程，正是在这一过程中，"积极意义"才会显现出来。价值体验和价值澄清是对价值的筛选，其目的是要让价值内化，即从价值认知走向价值认同，让理想的价值种子栽种在学生的内心深处。

例如，地理组项目化课程"为学校绘制'地图名片'"（课程周期：4周），通过设置绘制"地图名片"这一挑战性任务，帮助来校参观的老师们、同学们快速了解学校整体布局或精准定位某个位置。调动学生创见、调研、系统分析等高阶认知策略，丰富学生的地图知识与能力和地理软件知识与能力。在迁移运用时，用"我是小小导游员"，通过高德地图或百度地图App寻找一个自己在烟台开发区从来没有去过的目的地，并根据电子地图，做一个"出行交通攻略"，结合项目化学习相关知识，介绍线路的延伸方向、路程长短、红绿灯数量、周围有趣的事物等，并以小论文的形式简单分析电子地图在当今时代发展中的意义。

美术组项目化课程"王懿荣纪念馆文创产品设计"让学生变成家乡的代言人，把博物馆中的文化资源变成优秀的文创产品，提升家乡文化的社会影响力，让家乡的历史文化活起来，实现项目化课程的跨学科和家国情怀的培养。

三、用"德融数理·知行合一"德育新模式感知"诚·毅"的力量

落实立德树人根本任务，继承和创新青少年德育的理念和方法是学界和各级学校面对的共同课题。烟台开发区实验中学在德育课程一体化探索中逐渐形成以"诚·毅"文化为核心的德育理念和课程体系，解决了德育目标碎片化、德育内容抽象化、课程实施片面化的问题。但在德育实践中仍存在由观点到行动、由理念到实践的鸿沟。"德融数理·知行合一"德育新模式的

逻辑设计和呈现方式为学校"诚·毅"德育理念内化成学生的价值取向，外化成学生的价值践行提供了一种新的思维方向和操作路径。

作为"德融数理 知行合一"德育新模式首批实验点校，我校积极推进德育领域综合改革，在学校基于"诚·毅"文化的四三三德育课程体系的基础上，将新模式的理念融入学校德育课程建设中，确立了课题研究先行，以主题班会为突破口、思政课和其他学科课程积极跟进的行动路径，项目化课程提升综合育德能力，促进了学校德育工作的开展和提升。

（一）德融数理模式研究助力教师育德能力提升

1. 教师对学科教学的德育功能有了全新的认识

以往的学科教学德育功能主要在价值启迪，对价值判断和价值践行方面的作用较弱。通过新模式的研究，很多老师意识到教师专业发展的核心是育德能力，需要提升学科德育的针对性和有效性，要将德育要求植根于课程教学体系，发挥系统效应；凝练各门学科独特的德育要求，提高学科德育的针对性；正确处理学科德育目标和三维目标的关系；提升教师教学中的创造性，让学科德育真正发挥实效性。

2. 教师对结构化思维的课堂模式有了全新的理解

深度学习理念下的结构化思维课堂基本内涵：以用引学、笃用深学、学以致用，坚持结构为体、用为始终、逆向设计、评伴全程的原则。新模式指导下的结构化思维课堂还应坚持三阶段（价值追问、价值判断、价值践行）、六步骤（由境生情、由情询问、由问询数、由数解理、由理启智、由智成行）和四环节（过目难忘、心中有数、学而习之、融会贯通），以实现观察视角的多维、教学模式的融合、教学对象的精准。

3. 关注学生的思维培养、合作能力和价值践行

德融数理中的价值追问注重学生批判性思维的培养，项目化课程注重学生沟通能力、合作能力和实践能力的锻炼，价值践行将德育落脚到实际。

（二）德融数理模式研究助力德育课程深度实施

新模式和学校德育课程都坚持回到"人"、回到"人"的学习心理这个根本，遵循学习理论，从"重外显的生活化、活动化学习方式"，深入到"重内在的认知情感和道德发生的过程"，使教学活动从经验走向科学、从浅表走向深度。从而杜绝了班会课、思政课教学中的感性"滑行"现象，杜绝了其他学科课程教学中的"穿鞋戴帽"行为，杜绝了特色课程"声势与育人内涵、效益不对称"的问题。我校以主题班会（大数据思维，追问）和项目化学习（价值体认的过程）来进行新模式、新理念的落实。

1. 在"诚·毅"主题班会层面的探索

学校结合"诚·毅"文化，将孝德、诚德、爱德划分多个维度，分解融入学校调整后的十二个德育主题活动月中，完成目标与活动的分解。同时遵循中学生价值观形成的基本规律，对比分析初中四个年级学生身心发展特点，对每一个德育主题教育进行由初一到初四的分阶序列化设计，螺旋上升，形成一定的知识体系。

各级部结合"三阶段六步骤"的教学逻辑、"一链四模块"的呈现方式进行主题班会设计，保证课堂现象源于生活、过程融入数理，发展面向未来，着力于培养学生的家国情怀，以德铸魂，以品凝心，切实提升自己的素养和本真，让学生在德育中寻找学习的动机，给他们插上美德的翅膀，塑造属于自己的宁静致远，为国家的发展凝心聚力。

经过不断打磨，我校现出一批优秀的主题班会德育课例，在"艺术审美教育"主题中，李成满老师设计的"陶冶情操，明艺术之理"这一节课，带领学生通过计算郎朗每日、每年的练琴时间，让学生通过数字了解美背后的故事，明确郎朗在钢琴演奏上的成就不只在于刻苦的练习，也在于持之以恒的练习，还在于高度的自律；在"生命健康教育"主题中，倪美媛老师设计的"珍爱生命，健康成长"这一节课，通过自身成长过程中父母、老师、社会、国家的付出，让学生懂得个人的生命既属于自己，又属于家庭和社会，提升生命防范意识、认识个人的生命在集体和社会中的价值和意义，知道要从日常小事做起实现人生价值。本书的目的就是对学校在德育主题班会方面的实践成果进行推广和介绍。

2. 在道德与法治学科层面的探索

在道德与法治课的教学中，学生入脑不入心的问题严重，"德融数理·知行合一"德育新模式为解决这个问题提供了新的方法。学校的道德与法治教研组立足教学实际，结合"德融数理"的方法，进行了探索。

梳理教材寻找并融入"数"。学校道德与法治课的老师对照四个年级的教材进行筛选，初步找到适合德容数理方法的21个课时，研讨确定了相应课时中要进行的关于"数"的活动或者内容。教材内容的筛选为教研组"德融数理"的探索奠定了基础，老师们在此基础上可以进行多方面的思考和创新，丰富课堂教学的手段和内容，增强课堂的实效性。

多重手段发掘并解读"数"。按照初中道德与法治学科的课程标准，学科的课程内容分为："成长中的我""我与他人、集体的关系""我与国家和社会的关系"三个大部分。通过对三部分内容的分析，教研组认为"数理"可以应用在：学情的调查与分析、重难点的深化与解释、情感的体验与升华三个方面。如初一、初二的大部分内容属于"成长中的我""我与他人、集体的关系"。这部分内容与学生的生活关系密切，可以多用课前调查，用计算或者汇总的方式，量变引起质变，增强学生的情感体验。比如：计算老师的工作量、观察校园浪费、算算与同学相处的时间、对比同龄人的一天等，让学生在数据分析法中，了解同龄人的想法，认识自己和他人，坚定尊重老师、勤俭节约、团结同学、不畏挫折的决心；而初三、初四的教材内容大部分属于"我与国家和社会的关系"，这部分内容与学生的生活有一定的距离，所以在授课中，我们选取展现国家发展的各方面资料，向学生全方位呈现国家发展中的成就、不足，培养学生的理性思维和爱国热情。

3. 在一般学科层面的探索

我校教师对"德融数理·知行合一"德育新模式非常认可，主要存在三个方面的困惑：一是"数"的最佳呈现方式应该是什么？二是数理化学科的"数""理"如何实现与"德"的深度融合？三是如何将学科的"德融数理"课堂成果推进到"知行合一"的境界？并以此为课题，进行了深入研究和探索，取得了一点经验。

首先，真正打动学生内心的绝不是"数据"本身，而是我们以德为魂、以数理（古今中外的文史哲、数理化、音体美和社会实践的具体知识）为载体、运用大数据的思维方法，对数据进行解读、处理、加工，把道德理念多角度、跨学科、系统性地呈现，给学生带来震撼之后的价值追问、判断和践行也会顺理成章地发生。如语文朱虹老师在讲授《核舟记》时，在"数"的选择和处理上非常恰当，在两个环节让我们感受到了"数""理"的交融。首先，在导入环节设置了"微雕艺术连连看"，展示了在一粒芝麻上刻的12首唐诗，一块石头上刻有61万字的《红楼梦》（前80回）。学生知道一粒芝麻小，但到底多小没有具体的概念，所以她带领学生进行了计算，得出一粒芝麻的面积仅有0.2厘米×0.3厘米，直观形象地让学生理解了这么小的面积竟然能刻满250个字，对"微雕"技艺之高有了深刻的认识。进而一块宽80.3厘米，高52.3厘米，厚5.5厘米的石头，竟然能刻完61万字的《红楼梦》，让学生"过目难忘"，顺利导入新课；其次，在"鉴物宝，感奇巧之技"环节，对核舟的"奇巧"用数据进行了说明，通过计算核舟大小感受到尺寸小之"奇巧"，通过计算核舟物件感受到内容多之"奇巧"，在计算的过程中学生惊叹连连，在老师的节节追问中"以数明理、由数汲德"，对没有任何现代工具辅助的中华传统文化中的雕刻技艺崇敬之情油然而生，实现了"心中有数"。随后的"感灵怪之技""悟匠人之心"皆是在"数"的计算和"理"的感悟基础上的道德认知的升华。

其次，对于理科"德融数理"的呈现方式，我们的定位是：在教学过程中培养学生的逻辑思维，提高学生思维的灵活性和创造性，让学生懂得如何理性地看待世界、探索世界、处理好自己与世界的关系。追根溯源，我们继承了山东省德育课程一体化的研究成果，立足烟台市教科院"基于学科核心素养的课堂教学改革"，借助教学大比武的机会，在全校范围内开展对课程标准和学科核心素养的研究，比如数学的"数据分析"、物理的"科学态度与责任"、化学的"科学精神与社会责任"、生物的"生命观念"和"社会责任"等，都包含了浓浓的德育色彩。

最后，学科德育践行作业仅靠教师个人的力量无法完成，各学科课时的有限性也决定了德育成果不可能完全在课堂中呈现，家校社齐心协力，方能实现知行合一，我们利用学期初的网络家长会，将"家校社携手 全科助推孩子全面康成长"作为一项重要主题，向家长发布；班主任和任课教师呼吁家长将孩子德育践行活动视频或照片发到家长群中，引领更多的家长关注孩子的品格养成；进而按照就近原则，将班级同学划分为 6～8 个小组，每组中由一名家委会成员牵头，定期组织社区内的德育践行活动，做好美篇后推送到家长群中进行展示等，顺势而为达成"知行合一"。

4. 在项目化学习层面的探索

我校项目化学习主要基于学科开展，教研组以建立在对学科思维方法深切把握的基础上，对相关联的其他学科知识和思维方法进行必要汲取，有机整合，进而实现对深度学习体现的学科大概念的理解。以大概念生成的核心问题为统领，注意在生活场域中设计精彩的情境化驱动性问题，产生项目设计。

项目化学习案例设计与实施需经过"三阶段磨课"及"四课型流程"。项目化学习课程实施三阶段为：备课组内交流研讨项目设计、教研组内种子项目案例打磨、校级精品示范项目展示。四课型流程是指：入项课——情境设计、现象分析、问题提出。准备课——核心概念或大观念的提炼、相关学科知识的准备、思维集成和决策论证。探究课——实施操作、过程修正、价值生成。出项课——成果公布、思维和思想方法的迁移、能力道德人格的自主建构。此两大环节保障了项目化学习的有序开展，为知与行的有机统一提供了有效实践路径。

经过认真筛选和数次案例研讨，我校已产生 18 个项目化学习精品案例。例如，美术组陈小艺老师指导的"王懿荣纪念馆文创产品设计"项目，学生在设计文创产品的实践过程中体悟文化传承之德；地理组遇雅男老师指导的"为学校绘制'地图名片'"项目，学生实现学科绘图知识内化的同时，形成严谨做事的生活及学习态度；英语组刘彩虹老师指导的"学校开放日 School Day"项目，学生英语学科核心素养得到大的提升，而且团队共创与创新意识得到激发。因此，项目化学习的探索与实践很好地体现了学科素养育人的价值追求，是"德融数理·知行合一"的有效路径，是"知"与"行"的完美融合。

通过项目式课程，学生将各领域知识和技能扩展交织，结合运用学科知识，融合实践到学科中的各个维度，打破了传统课程设置相对封闭的弊端，给学生一个独立自由的学习空间。以文化滋养品格，以任务培养能力。学生诚而有信的研究，毅而有恒的实践，这正是项目式课程给学生带来的成长红利，给学校诚·毅德育建设提供了课程支撑。

　　学校德育的目的就是把作为道德规范的"道理"，通过一定的方式让学生感知、内化为自己的道德品质，并用以规范自身的行为。"德融数理·知行合一"德育新模式让数据成为展现"情景"的基本方式，虽然没有华丽的辞藻，却因为真实具体而产生了价值追问；数据成为说"理"的基本方式，虽然没有动情的话语，却在科学严谨的计算中实现了价值判断；数据成为"行"的有效路径，虽然没有热闹的场面，却在亲身经历中实现了价值践行。在大数据时代的今天，"德融数理·知行合一"德育新模式无疑是顺应时代发展的创新之举，我们坚信，在"德融数理·知行合一"德育新模式的引领之下，烟台开发区实验中学的"诚·毅"德育必将绽放出理性的光彩，为国家和社会培养出更多的诚毅少年。

"德融数理·知行合一"德育新模式在主题班会中的应用

主题班会应用"德融数理·知行合一"德育新模式，是烟台市中小学"德融数理·知行合一"德育新模式深化研究的内容之一，也是当下课堂改革与发展新阶段探究立德树人的现实要求。

作为烟台市首批"德融数理·知行合一"德育新模式研究试点学校，烟台开发区实验中学积极推动"德融数理·知行合一"德育新模式的落地。

一、创新育人模式，提升学校文化的内驱力

一所学校的文化内涵需要看教师的专业成长驱动和学生的品格养成过程。创新育人模式是提升学校文化内驱力的重要途径。

（一）创新德育模式是时代发展的必然选择

德育是学校教育的重要组成，是提升学校育人水平，促进学生全面发展的重要途径。2017年1月，国务院颁布的《国家教育事业发展"十三五"规划》指出，要"把立德树人作为教育的根本任务，培养德智体美全面发展的社会主义建设者和接班人。要遵循教书育人规律，遵循学生成长规律，以学生为主体，以教师为主导，创新育人模式、培育和践行社会主义核心价值观，不断提高学生思想水平、政治觉悟、道德品质、文化素养，让学生成为德才兼备、全面发展的人才"。初中学生处于成熟性与幼稚性同在、独立性与依赖性、自觉性与盲目性并存的矛盾时期，他们能积极、主动、独立地去思考问题，但又难以理性、辩证地去思考问题。因此，传统老旧的德育模式已不

能有效地激发学生的兴趣。创新德育模式呼之欲出。

（二）德育新模式为深化学校德育课程体系开辟新路径

学校立足以人为本，坚持社会主义核心价值观，坚持培养素养完备、德智体美劳全面发展的人。以核心素养为导向的教学改革首先必须确立以核心素养为导向的教学观念，这些观念包括基于立德树人的教学、基于课程意识和学科本质的教学，基于学生学习的教学三大基本观念。我校的基于诚·毅文化的四三三德育课程体系正是充分考虑五四制初中学段学生身心发展，将"学科素养"与"立德树人"等目标进行序列化、融合式构建。"德融数理·知行合一"德育新模式与我校正在实施的结构化思维课堂有相通之处，建立课堂教学基本原则，创设真实学习课堂氛围，将学生丰富的实践经历与情感体验视为德育载体，准确找到切入点帮助学生从"数"中辨析明理。为进一步深化德育课程体系提供了一种新的思路和方法。

二、德育新模式融入校本化实施机制

任何一种德育模式的实行都要基于学校文化和学生的身心发展规律。

（一）"德融数理"校本化解读

指向核心素养的融合育人实践，是一个不断发现与成全生命精彩的过程，也让"德融数理·知行合一"德育新模式在我校找到了生长的文化土壤。我们对"德融数理·知行合一"德育新模式进行了校本化解读："德"聚焦社会公德、学业道德、家庭美德，我们将这三大主题与我校的德育序列化内容相结合，调研我校师生需求，深挖德育主题内涵，在原有的十大德育主题基础上进行修改和添加，扩展为每月一个主题，形成新的德育主题序列，实现"德融数理·知行合一"德育新模式在主题班会课程中的落地。"融"意在将德育融入学科教学、主题班会、社会实践，丰富德育的实现形式。学校以"诚·毅"价值观为育人导向，从培养学生诚毅品格的角度确立育人目标，秉持四三三德育课程体系，结合学科大单元教学的理念，对德育新模式在主题班会课程中的新应用进行了顶层设计，充分尊重四个年级学生的身心发展规律，坚持德育内容的纵深发展，注重进阶式；同一年级德育培养横向延展，构建教学评一致的主动课堂,注重学科与德育的融合性。"数"包括自然、社会、生命等数据,借助问题导向,以大数据引起对问题的关注和思考,形成解决问题的落实机制,通过解读数据,明辨道理,进而实现学生的明"理"教育。

(二)德育新模式的校本化实施

"德融数理·知行合一"德育新模式结合我校原有的多元化德育体系,融合形成校本化实施机制,着眼于发展学生核心素养,充分尊重学生的学习起点与需求,以学生积极主动的学习体验为重点,挖掘主题班会课堂内涵,深化学科与德育的协同机制,融于多维治理。依托学校诚·毅文化的"德融数理·知行合一"德育新模式,坚持目标导向和问题导向相结合,主题内容设计涵盖德智体美劳"五育"发展,创设真实教学情境,聚焦"三阶段、六步骤"的思维逻辑,恰当选择教学资源,生成师生互动灵动的课堂,使德育价值渗透无痕,充分关注学生学习过程中的行为和情感状态,追踪学生的价值践行。"德融数理·知行合一"德育新模式在主题班会课程中生根、发芽。我们坚持以过程培养人,关注培养人的过程,让学生在参与中体验,在体验中收获成长。

我校积极构建"课题组—班主任团队—种子选手"为主要成员的"德融数理·知行合一"德育新模式学习共同体,带领团队成员积极开展"德融数理·知行合一"德育新模式在主题班会层面的研究与实践。团队助力教师发现真问题、解决真问题,形成问题解决的路径和方法。经过课题组的科学甄选和团队成员们的反复论证打磨,学校最终确立了以下12个德育序列化主题,如表2所示。

表2 开发区实验中学德育序列化主题

序号	主题	序号	主题
1	科技创新教育	7	安全知识教育
2	感受滴水之恩	8	心理健康教育
3	公民素养教育	9	习惯修正教育
4	生命健康教育	10	爱国主义教育
5	传统文化教育	11	法治规则教育
6	励志成长教育	12	艺术审美教育

基于我校的"诚·毅"文化和五四学制初中学段学生的身心发展特点，学校在不同年级按照"初一明理——明确规则，规范行为；初二修身——修炼品性，培养心性；初三担当——聚焦意志，感受责任；初四立志——确立理想，规划人生"四个进阶目标，将每个德育主题分解为四个子主题，使主题班会内容更好地遵循分阶性。同时，政教处结合各级部教师年龄分布和教学经验等实际情况，对12个主题的划分进行了详细规划，例如：本校区初一级部承担：公民素养教育、安全知识教育；西校区初一级部承担：习惯修正教育，初四级部承担：励志成长教育和法治规则教育，具体内容见表3。

同一个级部研究团队对本级部负责的主题中的四个子主题进行学情的纵向分析，以确保四个子主题的进阶性与年级区分度，经过反复研讨最终将12个主题细化为更贴近学生年龄特点和心理特点的48个分阶主题。

表3 "德融数理·知行合一"德育主题班会分阶表

序号	主题	分阶主题	负责级部
1	科技创新教育	初一明理·科技改变世界	本校区初二
		初二修身·科技伴我成长，创意点亮生活	
		初三担当·动手创造明天	
		初四立志·科技描绘未来	
2	感受滴水之恩	初一明理·孝亲敬老，反哺养育	西校区初三
		初二修身·靠近你，温暖我	
		初三担当·感恩之心，恩重如山	
		初四立志·洪恩莫忘，立志成才	
3	公民素养教育	初一明理·明确自我职责，明事理	本校区初一
		初二修身·践行自立自强，思修身	
		初三担当·明确社会责任，勇担当	
		初四立志·做合格的数字公民，知规范	
4	生命健康教育	初一明理·感悟生命，重塑自我	本校区初三
		初二修身·敬畏生命，感恩生活	
		初三担当·珍爱生命，健康成长	
		初四立志·激扬生命，提升境界	
5	传统文化教育	初一明理·传统文化之文学篇	本校区初二
		初二修身·传统文化之节日篇	
		初三担当·传统文化之艺术篇	
		初四立志·传统文化之传承篇	

续表

序号	主题	分阶主题	负责级部
6	励志成才教育	初一明理·寻找榜样，明确方向	本校区初四
		初二修身·明确目标，引领成长	
		初三担当·严格自律，塑造自我	
		初四立志·认识自我，规划人生	
7	安全知识教育	初一明理·拒绝校园欺凌，争做明理少年	本校区初一
		初二修身·学会自我保护，自觉修身正己	
		初三担当·文明上网齐构建，网络安全共担当	
		初四立志·抵制不良诱惑，立志奋斗人生	
8	心理健康教育	初一明理·持良好心态，享健康人生	本校区初三
		初二修身·掌握青春，适应身心变化	
		初三担当·锲而不舍，掌握自我	
		初四立志·培养健康心理，走向成功人生	
9	习惯修正教育	初一明理·见微知著，养成意识	西校区初一
		初二修身·收纳自律，修身养性	
		初三担当·君子慎独，独立自主	
		初四立志·运筹之道，规划有方	
10	爱国主义教育	初一明理·见微明理，培养爱国之情	西校区初二
		初二修身·修身安人，树立爱国之意	
		初三担当·责任担当，砥砺强国之志	
		初四立志·立志高远，实践报国之行	
11	法治规则教育	初一明理·法治观念记心间，明理守纪养习惯	本校区初四
		初二修身·凝聚法治正能量，诚毅修身育正气	
		初三担当·心怀法治伴我行，青春担当促成长	
		初四立志·践行法治思奋进，立志共筑中国梦	
12	艺术审美教育	初一明理·陶冶情操，明艺术之理	本校区初三
		初二修身·提升素养，修德艺之身	
		初三担当·弘扬经典，担传承之责	本校区初四
		初四立志·鉴赏创新，立尚美之志	

以公民素养教育主题为例，基于诚·毅文化中的"诚以为人，诚以为公，诚以为国"的培养目标，每个进阶主题着眼学生个人行为修正和公德意识的培养，最终上升到国家意识。该主题对初一学生进行"明确自我职责，明事理"的教育以"厉行节约，反对浪费"为切入点，聚焦学生节约意识的养成。初二学生思维与动手能力发展较快，所以修身主题从"垃圾分类从我做起"切入，

培养学生的环保意识。初三学生处于叛逆期，对责任意识和担当的意识的培养迫在眉睫，因此主题定为"明确社会责任，勇担当"，旨在让学生对自己、对他人、对社会负有责任感。初四学生思想行为发展较其他年级成熟，培养方向要与社会接轨，因此我们着眼于发展日益快速的数字世界，以培养合格的社会公民为己任。四个子主题互不重复，但又层级递进，年级德育特点鲜明。

三、深研细磨，让德育润心无痕

"德融数理·知行合一"德育新模式坚持以德为魂，以数理为体，运用大数据的思维，将情境教育、知识教育和实践教育有机融合，完成价值观培育的追问、判断和践行。我校以"诚·毅"为底色的主题班会旨在根据不同年级学生的身心发展规律，满足学生的成长需求，通过解决学生成长过程中遇到的疑惑、问题和困难，寻求解决问题的方法和路径。新模式下的主题班会改变传统的说教为以生为本，让学生感知、认同、参与、反思、践行，在参与中体验与锻炼，在反思中成长与收获，从而体验自身的变化与成功。

另外，提高思辨能力是当今课改的重要方向，主题班会冲破学科壁垒，着眼于提高学生核心素养与综合能力，让学生在教师的引导下分析、思考、推理、判断，在辨析中进行价值判断，在价值追问中做出价值选择，从而生成自己的价值取向，提升自身的情感态度与价值观。

主题班会开展的过程中，教师始终树立"立德树人"理念，为学生搭建学习支架与展示舞台，鼓励学生积极表达自己的观点，通过"过目难忘"创设真实情境，引发学生思考；通过研究团队对"心中有数"环节的深入思考与精心设计，向学生呈现数据的量变，引发价值冲突，激发学生理性思维，促使学生在合作中解答人生课题，感悟后深入辨析从而"学而习之"，由量变引发的质变规律探究，使"融会贯通"环节内化成学生的行为内驱力，进而达成知行合一。

新颖的德育模式、深入的问题思考与探讨、亲身投入的体验等，激发了学生的高度参与，在参与中学会与人合作，培养学生团队合作意识，激发学生的创造性思维，生成学生自己的情感态度和价值观，从而促进学生的多元化发展，最终提高德育效能。

目前，48个主题班会都已开始进入课堂实践阶段，但在课堂诊断过程中，我们也发现教师在讲课和设计时，在"心中有数"环节上的处理不够，有的教师在解读数据过程中欠缺一定的说服力，不能科学地引起学生对"德"的深层次认识；另外，我们发现初中阶段的主题班会跟小学阶段的主题班会内涵的区分度应该很大，而老师在课堂的设计深度上挖掘还不够，不能很好地产生价值追问。例如：在"明确自我职责，明事理"主题班会中，老师从"厉行节约，反对浪费"角度入手，列举了大量的数字，让学生明白节约的必要性，对于我们成年人来讲，能够很好地产生共鸣，但是对于生活在经济发达的现代社会，特别是烟台开发区相较于其他地区而言，经济比较发达，学生很难体会到生活的艰辛，因而对于节约的必要性来讲，不能很好地体会到其中的内涵。针对这种情况，课题组成员继续进行研讨打磨，最后通过提出直抵现象本质的核心问题："在经济发达的今天，我们就不用节约了吗？"进行价值追问，让学生着眼于当下并认识到节约的必要性，从而达到价值引领的作用，又在讨论中适时击中学生道德矛盾点，并追问——"国家为什么要实施粮食安全战略？我们又能为这一战略做什么贡献？"引发学生的价值冲突，并实现价值观念的自主转换、道德认知的主体建构，实现有深度的道德学习。

再比如，在"科技改变世界"这节主题班会当中，老师介绍了中国科技的强大，从爱国主义这个角度对学生进行了价值引领，但这与我们最初的德育目标还有一定的差距，怎样更好地让学生体会到"科技创新"的必要性，经过专家指导，课题组成员在原来教学设计的基础上，结合近几年中美贸易战中，华为手机的芯片问题，让学生明白，中国科技还有很多"卡脖子工程"需要我们继续突破，从而明白科技创新的重要性，以及树立为祖国的强大，为科技发展立志成才的决心和恒心。

四、多元评价，让德育落地有声

教育是一个成就生命的过程。发现学生的成长需求，挖掘学生的潜力优势，培养学生的个性发展，新时代教育不只关注学生当下的全面发展，更将目光投向学生终身成长的全过程。其中，教育评价正成为新时代素质教育的重要环节。

2020年10月，中共中央、国务院印发的《深化新时代教育评价改革总体方案》中指出："教育评价事关教育发展方向，有什么样的评价指挥棒，就有什么样的办学导向。"正确科学的教育评价引领教育实践，促进学生德智体美劳全面发展，这也对学校、教师的评价能力建设提出了更高水平的要求，最终实现以"立德树人"为导向的学生个性化可持续发展。

如果说评价具有导向作用，那么就要让多元评价伴随课堂教学全过程，主题班会也不例外。

（一）赋能教师，为教师搭建施展才能的舞台

教师是提高教学质量的关键，赋能教师，协调资源，学校只有营造良好的生态才能让教师的智慧流动起来，通过教师的智慧才能引导学生全面发展，进而辐射家庭，家校共同提升协同育人的能级。

学校始终把加强班主任团队建设作为学校文化发展的重要工作，积极地为教师专业化发展搭建平台，提升培养品质。以课题研究激励教师学习与成长，以课例打磨促进教师自我成长，以研讨会、课题会、现场会等形式为教师搭建校级、区级、市级更多施展才能的平台，已培养出一批师德高尚、勤于研究、充满活力的高素质教师队伍，让教师的课堂育人主导能力实现由量变到质变飞跃，为助力我校德育工作提供强有力的人才支撑。

小数据撬动育人大课堂。学校为教师发展制订了年度计划和长远规划，建立教师成长档案袋，研判教师发展潜力，为教师提供不同的发展方向。主题班会让更多班主任有了施展才能的舞台，学校对教师的过程性评价聚焦反思对教师专业成长的促进性，重视教师成长过程的重要性。同时，积极转变教师对待结果性评价的认识，教师们从重知识传授转变到重视育人效果，关注结果性评价，但更重视过程育人评价。资深教师引领课题研究，骨干教师深研课堂内涵，各级教师的带动辐射提速青年教师的专业成长，形成了一种积极向上的文化自觉氛围。同时学校发挥榜样力量，以研究课例的成果辐射引领区域内其他学校教师共同进步。

（二）给学生知行合一的成功体验

《中小学德育工作指南》要求学校德育要突出知行结合，着力培养学生良好的行为习惯，客观真实地记录学生的行为表现，引导学生将道德认知转化为道德实践，努力增强德育工作的吸引力、感染力和针对性、实效性；要勇于改革创新，探索德育工作的新途径、新方法。未来的社会充满未知和不

确定性，每个学生都必须拥有解决问题的能力和素养。我们不断优化尊重个体的策略，优化尊重同伴的策略，优化尊重规律的策略，优化尊重知识的策略。引导学生由浅入深地了解感性认识、理性思维以及两者之间的关系，精心设计好"心中有数"环节，以数据激发学生动脑思考，让学生在真实实际体验中动嘴表达，辨析道理；"融会贯通"地开辟学生线上线下身心并用的社会考察和实践的途径，让课堂不再机械生硬，充满生机和灵动。

在公民素养主题，初三"明确社会责任 勇担当"主题班会的设计里，我们既让学生以感动中国人物为榜样，又引导他们看到在校优秀或特色学生的闪光故事，通过为身边的榜样书写颁奖词，进一步激励学生发现身边的担当少年，并努力成为下一个让学校发光的你。再如，在"见微知著——公物保护"班会之后，老师带领学生进行"让你的桌椅重现风采"的小组清洗比赛活动，这是为学生提供真正的机会，让学生在价值认同之后，通过一个仪式感的活动获得真正的实践体验。

在不断地学习、研讨和思维碰撞中，班主任团队更深入地了解"德融数理·知行合一"主题班会的内涵，更清楚地运用数据或者是价值追问直击学生内心。我们从生活中发现问题，多种手段激发学生的思考力与辨别力，加强学生对问题的理解与反思，培养学生分析问题与解决问题的能力。课堂活动的设计基于德育新模式，又不局限于模式框架，着眼未来，着眼每个学生的个性化发展。小小的班会课，唤醒学生对道德的认知，点燃学生积极向上的热情，激发学生对诚·毅文化的深度认同，构建和谐的课堂氛围，丰富主题班会的课堂内涵。

教育最好的形态是"和风细雨"式的熏陶，比教育惩戒更有分量和力量的仍然是教育的感染、感动和感怀。通过课堂的全程评价，激发学生思维的成长，从行动和思想上看到学生的变化，让德育落地有声。

在学校以落实德育教育、实现教育愿景的主要途径为宗旨的前提下，"德融数理·知行合一"德育新模式更好地培养了学生的诚毅品格，厚植了我校的诚·毅文化，为开发区探索"德融数理·知行合一"德育新模式主题班会行动纲要提供了直接的参考，并印发成册，在全市范围内推广。

我们享受并沉浸在学生的成长变化中，也会把"德融数理·知行合一"德育新模式继续贯彻下去，为新时代培养更多德才兼备的学生，我们应该调研确定德育主题，以"德融数理"为途径，以"知行合一"为方法，运用真实生动的题材，用形象化、可接受的方式对学生进行教育，努力贴近学生、贴近生活、贴近社会，使德育层层深入、有机衔接，从而使社会主义核心价值观内化于心、外化于行。

下 篇

科技创新教育

一、概述

《全民科学素质行动计划纲要》提出青少年是提高全民族科学素质行动中的重点人群。培养青少年科技创新意识是提高科学素养的基础，有利于保障"科教兴国"战略的顺利实施。

目前，各教育行政部门和学校充分认识到科技教育对于全面实施素质教育的重要性，积极开设科技教育课程向学生传授科学基础知识和基本技能。通过开展课内外科普活动培养学生崇尚科学的精神，形成科学的思想方法；通过开展科技创新的实践活动，培养实践能力，提高学生的科学素质。在整个教育事业中，科技创新教育仍处于薄弱环节，如部分学校忽视了科技创新教育的隐形育人功能，重应试成绩忽略素养的培养、重有特长的少数群体忽视面向全体学生的培养、重比赛轻普及；科技创新教育活动形式单一，对科技创新教育只局限于学校围墙和教室之中；资源配置不达标，师资力量不足，科技教育不能渗透到全部教育活动。

由于升学的压力，家长和老师更多地重视学生学科知识的学习，忽视了学生的全面发展；注重成绩的提升，忽视了学生科学素养的培养。学生到了青春期，富有想象力，乐于探索未知，对周围的事物充满新鲜感，对创新创造有着浓厚的兴趣，同时他们对周围事物的认识还停留在原始阶段，科学知识和技能，还有待进一步的提升。在这样的背景下，进行科技创新意识培养主题班会，是学生得到全面教育，全面健康发展的重要途径。

科技创新意识培养主题班会，不是单纯地以科学知识的传授为目的，更是根据学生不同年龄的身心发展水平，鼓励学生积极参与科技创新活动，培养学生的实践应用能力。

学校进行的主题班会中包含科技创新意识的培养，对培养青少年科学素养、科学精神、科技能力、培养形象思维能力、发展想象能力、增强民族科技自信心、养成健康人格是影响重大的，最终也会对学生的身心发展起着至关重要的作用。由此可见，科技创新意识的培养，对学生的有益影响是终身的。

二、进阶性主题介绍

基于我校"诚·毅"文化的界定：立人以诚——诚以待人，立学以毅——毅以处事。从品质和意志两个层面明确培养的方向——立人以诚，我们将秉承"立德树人"作为育人目标，在人生的"拔节孕穗期"培养关键能力和必备品格。

依据五四学制学生的生理心理特点，我校将学生的发展分为两个阶段，在四个年级设置"明理——明确规则，规范行为；修身——修炼品性，培养心性；担当——聚焦意志，感受责任；立志——确立理想，规划人生"四大主题模块，内容的设置上横向联动，纵向贯通，从"诚"到"毅"，再到二者的互融互促，以强大的发展内驱力激发学生，以"自律"达成知行合一，实现从成人到成才，从人才到德才的培育目标。

由于初中四年学生心理发展规律的不同，在这一主题下我们设计了如下四个进阶性主题。

初一明理，主题为科技改变世界，由于初一学生对世界充满好奇心，求知欲强，但理性思维的发展有限，看问题处在直观和感性的阶段，因此这一时期重在创新意识的培养和激发学生的科技创新兴趣。

初二修身，主题为创意点亮生活，初二学生进入青春期，独立意识增强，抽象逻辑思维能力大大提高，因此在这一时期注重创新思维的培养和创新习惯的养成。

初三担当，主题为动手创造明天，初三学生动手能力增强，理想抱负远大，因此在这一时期引导学生增强创新责任感和使命感，鼓励学生在日常生活中敢于动手创造。

初四立志，主题为科技描绘未来，初四学生思想趋于成熟，看待问题更加全面客观理智。面临中考的升学压力，产生对自身价值的思考，引导学生认识科技创新能力对个人和国家发展的价值和意义，树立远大科学理想，提高科学素养。

初一明理·科技改变世界

一、活动目标

1. 认识到科技的伟大，科技影响并改变生活。
2. 认识到中国科技的进步，但仍然需要发展。
3. 认识到科技是一把双刃剑，辩证地看待科技发展带来的利和弊。

二、活动策略

1. 学生通过数据的计算，深刻认识到科技影响生活。
2. 学生通过讨论认识到科技是一把双刃剑，辩证地看待科技发展带来的利弊。
3. 学生通过尝试创新，认识到科技创新应从自身做起。

三、活动准备

1. 课前搜集资料了解嫦娥五号。
2. 阅读新闻报道，了解我国的国之重器都有哪些。
3. 为辩论"科技的利与弊"提前搜集资料。

四、活动过程

【过目难忘】

同学们，最近有一批神秘的种子频频登上各大新闻媒体，你知道它为何如此引人注目吗？让我们通过视频揭开它的神秘面纱。原来这是一批太空种子，它是怎么登上月球的呢？让我们通过视频重温水稻种子的月球之旅。

（播放视频）看完视频，你有何感受呢？你对嫦娥五号有哪些了解？嫦娥五号的使命是什么？引出采集月壤的数据。

【心中有数】

通过人类历史上采集月壤数据的分析，认识到中国航天事业的进步。

活动一

结合外媒的评价，通过以下的数据分析你能说明为什么嫦娥五号的发射具有里程碑式的意义吗？（中国一次无人采集回1731克月壤）

1969年　美国载人　21.6千克
1969年　美国载人　34.3千克
1970年　苏联无人　101克
1971年　美国载人　42.3千克
1971年　美国载人　77.3千克
1972年　苏联无人　30克
1972年　美国载人　95.7千克
1972年　美国载人　110.5千克
1976年　苏联无人　170克

对比以上数据，请思考数字背后代表的是什么？除此之外嫦娥五号还有一项特殊的任务，你知道吗？（在月球表面展示国旗）你有什么感受？

设计意图：

通过中国一次无人采集月壤1731克和历史上三次无人采集的总和301克的对比，使学生认识到嫦娥五号的发射具有里程碑式的意义，同时认识到中国航天技术的进步。通过制作国旗的面料来自烟台开发区，激起学生对家乡的热爱。

活动二

科技为我们创造了怎样的精彩世界呢？

畅所欲言：谈谈你身边的科技？这些科技给我们的生活带来了什么影响？发表你的看法。

2020年11月2日，第三代杂交水稻"叁优一号"测产结果公布：平均亩产911.7千克。在此之前，同一基地种植的早稻品种平均亩产619.06千克。这意味着，同一基地种植的杂交水稻双季亩产达到1530.76千克。

记者采访时，袁隆平激动地说道："双季稻亩产3000斤意味着什么？意味着可以比以前多养活5个人。"

以粮食为例，出示袁隆平杂交水稻的数据，让学生分析袁隆平杂交水稻的贡献。

以我国新冠疫苗的研发为例，百万次紧急接种没有出现不良反应，如今全员接种。由此说明科技可以守护生命健康。

设计意图：

本环节主要让学生从自身的生活出发，发现身边的科技并阐明科技给我们生活带来的影响。通过杂交水稻的数据，使学生认识到袁隆平的技术对世界粮食问题的贡献，使学生深刻意识到科技的伟大和重要性。

活动三

科技发展带来便利的同时，又有哪些弊端？

辩论赛：科技发展的利与弊

通过辩论，思考我们如何对待科技的发展？

设计意图：

通过辩论赛，使学生辩证地看待科技发展带来的影响。

【学而习之】

科技发展给我们国家带来了什么？

活动四

1. 说说我们国家的国之重器都有哪些？国之重器说明了什么？
2. 出示中国航天数字，从这些数据当中，你有哪些认识

截止到2019年，我国共发射192颗卫星，取得了900余项国家发明专利和科技进步成果，有2000余项技术成果被应用于国民经济各部门，太空育种试验800多个植物品种，优质高产的农作物走上餐桌。1100多种新药品和新材料中有80%是得益于航天技术。北斗芯片累计销售8000万片，它们被植入到手机、手环、学生卡、老人卡等终端设备中，让你时刻知晓自己的位置。北斗导航，让你的出行一切尽在掌握之中。卫星监测器日趋精准的预报和预警，实现了10分钟更新一次的天气预报。在我国约960万平千米的国土上，

分布着将近 650 万个地面通信基站，覆盖超过我国 50% 的国土面积，它们支持着大家日常的通信往来。

设计意图：

通过国之重器以及中国航天数字的归纳，认识到中国科技的进步和发展。

活动五

小组活动：连连看

3200 元的智能手机：1500 元、1200 元、500 元，哪一个是利润？专利费？成本？

专利费的背后代表了什么？对你有何启发？

出示中国专利申请量与国际专利申请量的比较，由此认识到中国科技发展依然处于落后状态。引出美国对华为的打压，中国芯片的发展现状的视频，认识到中国科技还有很大不足。

设计意图：

通过数字匹配的游戏，让学生认识到专利费的背后是技术；通过华为公司的案例说明科技创新掌握着一个公司发展的命运。结合中国芯片的发展，认识到中国科技还有很大不足，仍然需要努力。

【融会贯通】

科技创新，回到我们自身，应该怎样做？

活动六

活动体验：以小组为单位设计一款未来的手机，上台展示设计的作品并进行讲解：①手机实现了哪些功能，这些功能用到了哪些技术？②实现以上技术需要运用哪些科学知识解决？

结合活动体验，学生总结在日常学习生活中，我们应该怎么做？

结合科技创新的评价量规，进行自评和小组互评，找出优势和不足，确定接下来的努力方向。

设计意图：

本环节让学生通过活动体验科技创新的过程。要投身科技创新，首先要学好科学文化知识。结合评价量规正确认识自己，从而找准努力方向。为调动学生创新的积极性，可通过拓展作业鼓励学生从生活中寻找创新，基于解决生活中的小问题进行创新。

五、活动思路图示

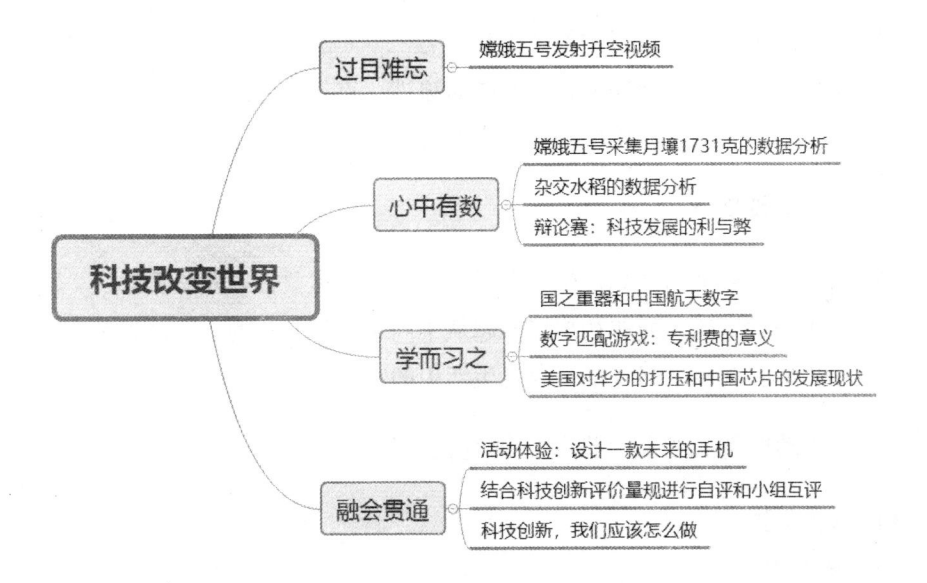

科技改变世界
- 过目难忘
  - 嫦娥五号发射升空视频
- 心中有数
  - 嫦娥五号采集月壤1731克的数据分析
  - 杂交水稻的数据分析
  - 辩论赛：科技发展的利与弊
- 学而习之
  - 国之重器和中国航天数字
  - 数字匹配游戏：专利费的意义
  - 美国对华为的打压和中国芯片的发展现状
- 融会贯通
  - 活动体验：设计一款未来的手机
  - 结合科技创新评价量规进行自评和小组互评
  - 科技创新，我们应该怎么做

六、拓展延伸

拓展作业：

1. 你有哪些科技创新的想法？（放飞你的想象力）
2. 你想借助科技解决生活中的哪些烦恼呢？

（锡洪慧，女，中学二级教师，生物）

初二修身·科技伴我成长，创意点亮生活

一、活动目标

1. 培养学生突破常规思维的意识和能力。
2. 引发认知冲突，深知科技创新的急迫性、重要性以及必要性。
3. 学会观察生活，并用创新思维去改造生活。

二、活动策略

1. 学生通过数据的计算，认识创新的急迫性、重要性以及必要性。
2. 学生通过案例，能够初步培养起从不同角度看问题的非常规思维。
3. 学生能够观察生活且动手改良生活中的小物件。

三、活动准备（视频、课件、调查报告等）

1. 搜集数据。
2. 录制视频。

四、活动过程

【过目难忘】

同学们，今天老师给大家准备了一辆有特异功能的"神车"，它可以带你去任何地方。如果你是这辆神车的主人，你想开着它去往何处呢？

有一位小男孩跟同学们一样获得了一辆"神车"，我们看看他要开着这辆车去哪里吧。

（播放视频）利用特斯拉广告语 Reinventing Out of the Box（译：打破常规，重新创造）明确引题：创新思维。让学生亲身感受反常规思维的过程并追问学生对创新性思维的进一步认识。

【心中有数】

通过数据引发学生的认知冲突，祖国虽强大，但科技创新之路任重而道远。引发学生的价值观冲突，国家红利的受惠者必是历史重任的肩负者。燃起学生"科技创新"的理想之火。

活动一

科技创新是创新的代名词。用具体数据展示依托于科技创新我们国家发生的变化：

2020年政府工作报告指出：我国的科技进步贡献率由52.2%提高到57.5%。全社会研发投入年均增长11%，规模跃居世界第二。大飞机、载人航天、深海探测、量子通信等重大创新成果不断涌现。电子商务，高铁网络，移动支付，共享经济等引领世界潮流。

追问学生由数字对比得出哪些启示？

设计意图：

通过数据的展示，让学生感受我国取得的巨大成就。学生能用完整且条理清晰的语言表述对科技创新的认识。

活动二：

1. 展示数据。
2019年国际专利申请数量。
2. 数字匹配游戏。
猜一猜两组数据（利润？专利费？成本？）
32美元音响：18美元、13美元、1美元
79美元电子手表：45美元、32.5美元、1.5美元

设计意图：

学生能从数据对比中得出并用自己的语言流利且清晰地表达出：在专利申请方面，与科技大国相比我国仍有巨大差距，科技创新之路任重而道远；深知科技创新的急迫性和重要性。

活动三：

1. 展示图片：美国8所名校争抢中国环保女孩；我国高科技产业经费和申请专利数量逐年增加。

2. 展示美国第一届物理会会长的语录：中国人很早就知道火药的应用，因为只满足于火药爆炸的事实和应用，而没有寻根问底，中国人已经落后于世界的进步，以至于我们现在只将世界上所有众多民族中这个最古老、人口最多的民族视为野蛮人。

揭示世界各国的创新之争，引发学生的价值观冲突，国家红利的受惠者必是历史重任的肩负者。燃起学生"科技创新"的理想之火。

设计意图：

通过数据匹配游戏进一步理解科技创新之"重"，使学生达到"惊叹"的效果。

【学而习之】

通过名人故事以及学生日常对生活的观察，让学生认识到：创新并非高大上，创新的需要就在我们生活中的各个方面。学生学会观察生活，并用创新思维去改造生活，提高学生科技创新的能力。

活动四

1. 抛出问题：创新如此重要，创新是高大上之物？（学生自由发言，引发学生认知冲突。）

2. 通过故事向学生说明：创新源于生活，并启发学生学会观察生活。

①鲁班很注意对客观事物的观察、研究，他受自然现象的启发，致力于创造发明。一次攀山时，手指被一棵小草划破，他摘下小草仔细察看，发现草叶两边全是排列均匀的小齿，于是就模仿草叶制成伐木的锯。

②大家熟知的牛顿万有引力和苹果的故事。

③瓦特改良蒸汽机和开水壶的故事。

最后，询问学生从故事中得到怎样的启示。

设计意图：

学生能清楚且深刻地意识到创新源于生活并非高大上之物，能用自己的语言准确且流利地表达。学生能够从上述例子中感受到创新并非易事，需要艰苦耐劳等优秀品质。能用自己的语言准确且流利地表达。

活动五

创新由我变（小组合作）
1. 播放学生自制小视频：《生活中困扰我的小物件》。
2. 小组合作。
小组内谈论生活小物件的困扰，并在小组中选出最想解决的一个困扰。
利用自己所带材料动手改良小物件，并在班级内分享展示。
设计意图：学生能够用心观察且大胆操作。小组合作分工明确、秩序井然。
产品产出：对生活小物件进行创新改进，且确实有效。

【融会贯通】

完成德育目标的升华：由提升创新意识和能力到肩负民族复兴大任的转变。

活动六

1. 科普新名词：后合资时代。
国家产业的重点转向自主品牌，自主创新。
民族品牌与国外品牌由过去的和平相处转化为正面竞争。
2. 向学生说明当今世界自主创新的重要性。
国与国之间自主创新的较量愈演愈烈。美国对华为的制裁已不是企业间单纯的经济较量，而是大国之间自主创新的博弈。
第一次制裁：实体清单芯片封杀。
第二次制裁：技术封杀。
第三次制裁：政治绑架。
第四次制裁：全面封杀。
小组合作：
创新的希望在青少年，在今后的学习过程中，你认为中学生应如何培养自己的创新思维？

要求：

1. 以四人为小组进行讨论，每组派一名同学作为代表发言。

2. 代表发言时应声音洪亮，论据清晰，观点明确。

设计意图：

完成德育目标的升华：由提升创新意识和能力到肩负民族复兴大任的转变。

活动八

教师推荐书籍《谁动了我的奶酪》

设计意图：

在品读经典中感知"求变"的重要性。

五、活动思路图示

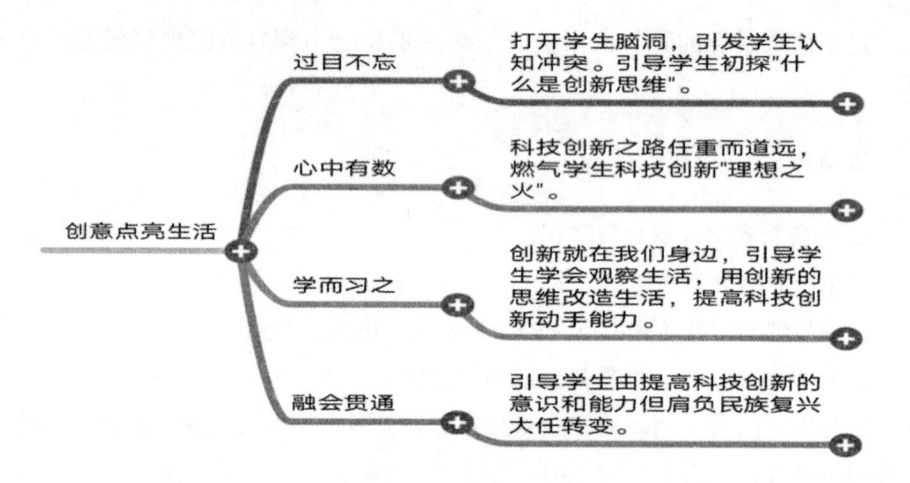

创意点亮生活	分支	说明
	过目不忘	打开学生脑洞，引发学生认知冲突。引导学生初探"什么是创新思维"。
	心中有数	科技创新之路任重而道远，燃起学生科技创新"理想之火"。
	学而习之	创新就在我们身边，引导学生学会观察生活，用创新的思维改造生活，提高科技创新动手能力。
	融会贯通	引导学生由提高科技创新的意识和能力但肩负民族复兴大任转变。

六、拓展延伸

1. 利用周末时间参观开发区城市展览馆，感受身边的科技创新。

2. 智享生活，由我来造：利用今天课堂学到的创新知识和创新小技巧升级改良家庭生活中的小物件。

（孙洋，女，中学二级教师，英语）

初三担当·动手创造明天

一、活动目标

1. 认识动手能力与科学发展之间的关系。
2. 培养学生提高自己的动手能力的意识。
3. 发现培养动手能力的途径。

二、活动策略

1. 通过折纸活动，认识动手能力对科技发展的影响。
2. 通过实验数据的展示，认识动手能力对科学发展的重要性。
3. 通过身边的动手活动，感受动手能力的价值和发展途径。

三、活动准备（视频、课件、调查报告等）

1. 学生课前准备折纸作品。
2. 教师收集资料制作课件。

四、活动过程：

【过目难忘】

教师过渡：科技兴则民族兴，科技强则国家强。我们在享受科技带来的福利，也有责任加入我国科技强国的队伍中，尽一分力。科技强国战略中，人才是第一资源，十年树木，百年树人，人才培养通过长期的教育、培训、学习等来实现。

现代世界的科技发明，大多数出自研究所、实验室，知识加动手能力才能推动科技的发展，因而我们既要重视知识的学习，也要重视动手能力的培养。

活动一：动手能力展示

刚刚我们都用纸折出了一个作品，我们互相欣赏一下，看看谁的折纸水平最好。

设计意图：

折纸是一项典型考验动手能力的活动，也能锻炼我们的动手能力，通过展示，学生可以检验自己的动手能力。

活动二：播放视频《一张纸的海陆空之旅》

设计意图：

通过对比，让学生在折纸方面感受到自己的动手能力还有很大的上升空间。

【心中有数】

教师过渡：折纸作为一种常见的动手能力活动，结合现代科学知识，更是应用于生物医药、土木工程、航天卫星等高科技领域。

活动三：播放视频《折纸在科技领域的应用》

2017年，清华大学魏迪明分子设计实验室就提出了一种新的构建DNA折纸结构方法，为精准医疗等提供了更好的支撑。

2019年，中国科学院院士、中科院物理研究所高鸿钧团队在国际上首次实现了原子级精准控制、可按需定制的石墨烯折叠，这也是目前世界上尺寸最小的"石墨烯折纸"，为中国芯片弯道超车提供了进一步的可能。

设计意图：

连折纸这样常见的动手能力活动只要肯钻研，都可以助推高科技发展，可见动手能力非常重要。

活动四：播放视频《屠呦呦实验数据》

1969年1月，屠呦呦接受了国家"523"抗疟药物研究的艰巨任务，与同事们收集整理了《疟疾单秘验方集》等资料，并先后进行300余次筛选实验，调查了2000多种中草药制剂，选择了其中640种药方，从200种草药中，得到380种提取物进行检测，确定了以中药青蒿为主的研究方向，做了190次试验，直至1972年7月下旬的一天，编号191的第191次实验终于取得了成功！至今基于青蒿素类的复方药物仍是世界卫生组织推荐的抗疟一线用药，挽救了全球特别是发展中国家数百万人的生命。

设计意图：

科学实验的成功往往得益于动手实验能力的助推。

【学而习之】

活动五：回顾与思考——实验知多少？

截至目前你一共从课本上学过多少个实验？分别从物理、化学、生物三门学科中进行回顾总结。你能独立完成每一个实验吗？

活动要求：

组长带领大家进行交流总结，注意安排一人在纸上进行汇总，比一比，哪个组总结的最全。

设计意图：

自测学生的实验探究能力，自评动手能力，体验成就感。

活动六：

作为初三的你，动手能力已经有了很大的提高，你在生活中有过通过动手能力成功解决问题的经历吗？请和大家分享一下

设计意图：

让学生发现动手能力带来的成就感，重视动手能力的培养和锻炼。也从同伴的分享经历中丰富动手能力的认知。

【融会贯通】

活动七：

能够锻炼动手能力的活动并不仅限以上提及的方面，动手能力也不仅仅可以助推我们在科技方面的发展，也有利于我们很多方面的发展。

请你举例说明我们日常生活中还有哪些活动能锻炼我们的动手能力？这些锻炼有利于我们哪些素质的养成。

设计意图：

开阔学生的思维，为学生主动培养自己的动手能力寻找途径，培养主动提升动手能力的意识。

五、活动思路图示

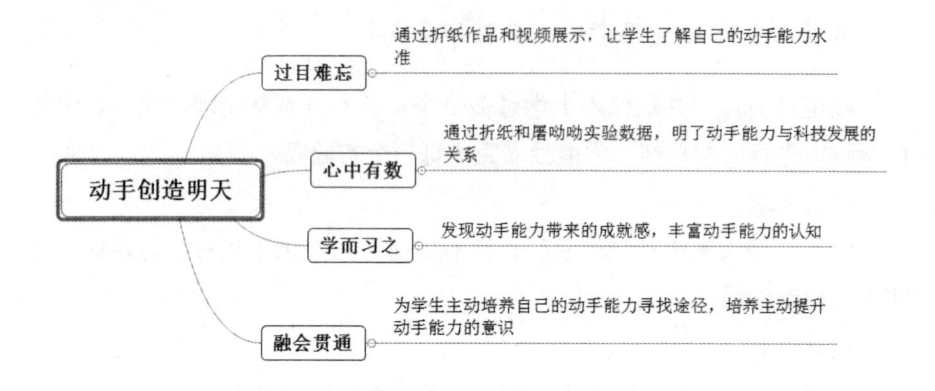

```
                    ┌── 过目难忘 ── 通过折纸作品和视频展示，让学生了解自己的动手能力水准
                    │
                    ├── 心中有数 ── 通过折纸和屠呦呦实验数据，明了动手能力与科技发展的关系
  动手创造明天 ──────┤
                    ├── 学而习之 ── 发现动手能力带来的成就感，丰富动手能力的认知
                    │
                    └── 融会贯通 ── 为学生主动培养自己的动手能力寻找途径，培养主动提升动手能力的意识
```

六、拓展延伸：

目前，你或者家里有哪些生活小麻烦？试着动手设计制作一个小发明来解决问题。

（孔丽丽，女，中学二级教师，数学）

初四立志·科技描绘未来

一、活动目标

1. 举例说明科技带来的改变。
2. 认识到科技对我们现代社会以及未来的重要性。

二、活动策略

1. 学生通过数据的计算，深刻认识科技的重要性

2. 学生通过科学家的事迹，认识到科技的发展离不开人才。

3. 学生通过对未来世界的大胆想象、作品的设计与展示，认识到创新思维、合作、科技发展的重要性。

三、活动准备

教师准备：视频《2020 中国硬核科技》、3D 打印机、电脑等。

学生准备：课前调查科技带给生活的改变、科学家事迹分享，画纸、彩笔等。

四、活动过程

【过目难忘】

同学们，2020 年是难忘的一年，这一年中我们不仅一起携手战胜了新冠疫情，我们还干了很多大事……

播放视频《2020 中国硬核科技》"中国天眼"投入使用、北斗三号全球卫星导航系统正式开通、嫦娥五号成功采样月球土壤样本并成功返回、珠峰身高再测量……2020 年，我国的科技创新量质齐飞，让你印象最深的是什么，你来说说？

【心中有数】

活动一

普通双季晚稻的实际亩产约为 550 千克，第三代杂交水稻晚稻品种"叁优一号"在今年疫情以及极端天气的影响下实现了亩产 911.7 千克。我国拥有稻谷播种面积约为 4.5 亿亩。而一个成年男人每天摄食口粮在 0.5 千克内，一年 180 千克。

计算：

第三代杂交水稻每亩增产多少千克？ 911-550=361（千克）

足够成年男人吃几年？ 361 千克 ÷180 千克 ≈ 2 年

如果我国拥有的稻田全部播种第三代杂交水稻"叁优一号"，增产的部分可以满足全国人民吃几年？

4.5 亿亩 ×361 千克 ÷（14.1 亿人 ×180 千克）≈ 0.6 年

设计意图：

通过计算，学生可知如果我国拥有的稻田全部播种第三代杂交水稻"叁优一号"，增产的部分可以满足全国人民吃半年以上。具体的数据清晰地展示了第三代杂交水稻"叁优一号"的优势，帮助学生深刻认识到科技给农业带来的改变。

活动二

航天领域每投入 1 元，将会产生 7 元至 12 元的回报——这是美国、欧洲多家研究机构采用不同模型得出的评估结果。中国航天事业的发展，同样创造了不可忽视的经济效益。"嫦娥一号"探月计划投入了 14 亿元，嫦娥 2 号探月计划投入 9 亿元。1969 年，美国阿波罗登月计划的投入与产出比例是 1∶14，即使中国探月的预期效益按 1∶10 计算，我国的探月计划将带来多少经济效益？

计算可知：

我国的探月计划带来的经济效益约为（14+9）×10=230 亿元

设计意图：

通过计算，学生不仅认识到科技给农业带来的改变，更认识到科技转移转化能带来巨大的经济效益。

活动三

科技的进步发展不仅保证了我们的粮食民生安全，带来了巨大的经济效益，更涉及天文、国防、人工智能、交通运输、基础建设等方方面面。你能不能通过视频、图片或者 PPT 等多种方式展示科技带给我们生活的变化？

任务或活动评价：

1. 作品清晰、完整。

2. 作品能清晰地展示某项科技带给我们生活的变化，主题明确。

设计意图：

通过调查汇报活动，可以帮助学生更加全面地认识到科技对社会发展、人民生活的重要性。

【学而习之】

科学技术是第一生产力，我国经济社会的发展和民生的改善比过去任何时候都更加需要科学技术解决方案，都更加需要增强创新这个第一动力。对科学兴趣的引导和培养要从青少年开始。作为中学生的我们要了解更多的科学知识，掌握科学方法，成为具备科学家潜质的青少年群体。

活动四

2016年10月17日，香港学生提出的"太空养蚕"计划随着神舟十一号载人飞船升空，6只秋丰白玉蚕宝宝度过长达31天的"太空之旅"。

为了激发广大青少年对探索太空的兴趣，如果今年中国科协、中国载人航天工程办公室、中国航天科技集团公司共同主办面向全国青少年"中国航天空间站科学实验方案征集活动"，而我们学校打算派你参加的话，你有好的实验方案吗？

任务或活动评价：

1. 方案可以涉及物理、化学、生物、植物、材料、生命科学等领域。
2. 提交的方案要具有科学实验意义，方案具有创意性、完整性。
3. 要考虑实验装置重量及体积的优化协调因素，以及符合目标飞行器载荷和安全性等要求。

设计意图：

通过太空科学实验方案的设计，更好地培养学生的科学创新思维，激励学生敢于创新、敢于探索，培养其成为更具竞争力的新时代创新人才。

活动五

科技是现实中的科学技术，而科幻只存在于人们的幻想，是在小说、影视中对于未来的科学技术的幻想。世界是发展的，科技是进步的，以前的科幻也为现在的科技创造了思路，提供了方向，那么在这个科技爆炸的时代，以前科幻里的技术又实现了哪些呢？未来我们的学校会是什么样子，拥有哪些酷炫的高科技？

你可以进行大胆想象，采用文字、图画或者程序编程、3D打印等多种形式进行创造展示。

任务或活动评价：

1. 能举例说出已经实现的科幻电影里的技术。
2. 能描述对未来学校的想象，想法新颖有创意，具有一定的科学依据。
3. 能用条理清晰的语言对自己的作品进行介绍。

设计意图：

通过该环节，鼓励学生依据科学事实进行符合逻辑地大胆想象，在此基础上鼓励学生利用软件和3D打印技术等，把自己的想象落实到行动。不仅敢大胆地想，更能创意地做。

【融会贯通】

2020年12月18日，美国商务部在官网宣布：中芯国际被正式列入到实体清单（Entity List）。此前，华为已经被列入到这个所谓的实体清单中。中芯国际被加入实体清单，意味着非经美国政府许可，中芯国际将无法与美国企业做生意，而它也无法使用来自美国企业的技术和产品。中芯国际是中国大陆最强的芯片制造企业，目前全球最先进的芯片制造企业台积电，已经在生产5nm的芯片了，而中芯国际目前仍在生产14nm的芯片，但是14nm的芯片满足不了华为的需求。美国封杀华为让中国的"缺芯"之苦暴露无遗，因此芯片产业的关键还是人才。

活动六

科学技术背后的科学家们都是什么样？你被圈粉了吗？

分享某一领域的科学大佬的故事，讨论：长大后你要成为谁？作为初中生的我们，现在能做些什么？

设计意图：

通过该环节，学生了解了科学家的故事，学习了他们的优秀品质，以此激励自己不断学习、进步，志存高远。

五、活动思路图示

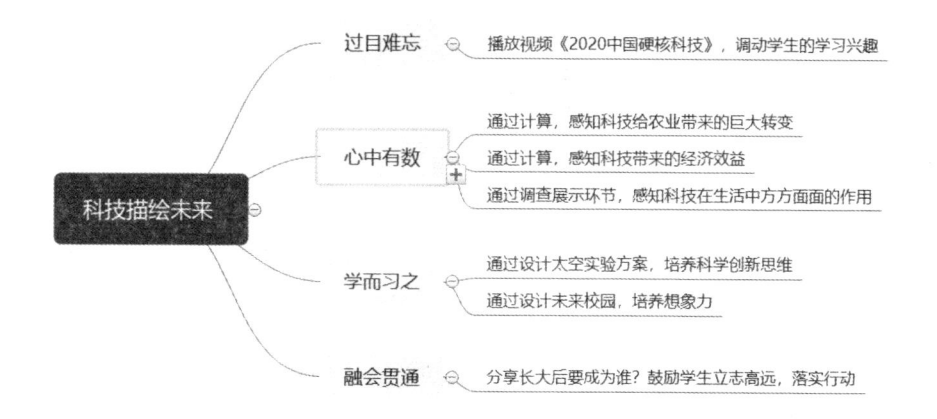

科技描绘未来
- 过目难忘 —— 播放视频《2020中国硬核科技》，调动学生的学习兴趣
- 心中有数
  - 通过计算，感知科技给农业带来的巨大转变
  - 通过计算，感知科技带来的经济效益
  - 通过调查展示环节，感知科技在生活中方方面面的作用
- 学而习之
  - 通过设计太空实验方案，培养科学创新思维
  - 通过设计未来校园，培养想象力
- 融会贯通 —— 分享长大后要成为谁？鼓励学生立志高远，落实行动

六、拓展延伸

请你以《长大后我要成你》为主题，给10年后的自己写一封信。

（孙洁，女，中学一级教师，生物）

感受滴水之恩

一、概述

（一）社会层面

感恩，是中华民族优秀的传统美德。"感，动人心也。""恩，恩泽也，惠也。"感怀恩德是做人的基本道德。不能感怀恩德，知恩图报，或者恩将仇报，以怨报德，那就是小人。儒家据此而有人、禽之辨，有君子、小人之辨。

具体而言，即为感恩父母，是为孝；感恩同伴，是为诚；感恩师长，是为敬；感恩社会，是为德。然而，随着社会经济的飞速发展，感恩美德却在逐步流失，小者忤逆父母，再者同伴相残，更有殴打师长，大者报复社会，此类现象，频繁出现；不得不令我们反思，在学校对学生进行感恩教育真的势在必行。

（二）学校层面

根据学校"诚·毅"文化德育序列化主题，我们西校区初三级部在二月选择了"感恩"主题，由感恩父母、感恩同伴、感恩老师拓展到感恩社会。按照初中学生培养的主要目的，特别针对开发区实验中学的学生成长特点，以学校的四个年级培养的主要目标：初一明理，初二修身，初三担当，初四立志为标准，细化学生的"感恩"系列教育的四个年级的主题班会。

二、进阶性主题介绍

初一·孝亲敬老，反哺养育——感恩父母

初二·靠近你，温暖我——感恩同伴

初三——感恩之心，恩重如山——感恩老师

初四——虹恩莫忘，立志成才——感恩社会

开展感恩主题班会，目的是希望同学们能感受父母对子女的关爱，珍视同窗之情，理解师长对自己的谆谆教诲，体会社会温暖、祖国强大，从而立志回馈社会、报效祖国，树立感恩意识，并将感恩的意识逐渐落实到日常生活的行动中。

初一·孝亲敬老，反哺养育

——感恩父母

（一）原因

初一学生大多数是独生子女，从小在父母的呵护中长大，被父母和亲朋好友捧在手心里。他们却很少从父母的角度去体谅父母的艰辛与不易，认为父母的辛勤付出都是理所当然的，以自我为中心，甚至还常常埋怨父母的唠叨，感恩意识较为薄弱。

（二）目的

1. 了解父母对子女的关爱，产生情感共鸣。
2. 形成父母伟大的理性概念，产生感恩父母的意识。
3. 学会感恩父母，并将感恩落实到日常生活行动中。

初二·靠近你，温暖我

——感恩同伴

（一）原因

友谊，是一个神秘而圣洁，古老而又年轻的话题。在学校这个大家庭的生活中，我们都是在同学的陪伴下度过的。经过一年的相处，初一学生在一起笑过乐过，也一起哭过闹过，彼此之间建立了较为深厚的友谊。在漫长的学习之路上，同学们的陪伴是不可或缺的。如果没有他们的陪伴，学习的道路将会枯燥乏味。在遇到困境时就没有及时的援助之手，在失落时就无人及时开导，也就无人与我们共同分享破解难题后的喜悦。希望通过这节班会促使同学们互帮互助，彼此理解，更加团结友爱，增进情谊，增强班级凝聚力。

（二）目的

1. 深刻体会并珍视同窗之情，联系实际，初步产生情感共鸣。
2. 促使学生互帮互助，加深同窗间的友情并进一步形成理性概念。
3. 倡导同学间走进彼此、互帮互助，并落实到每一天的生活中。

初三·感恩之心，恩重如山

——感恩老师

（一）原因

经过了两年的初中学习，同学们的心智和思想都明显成熟。在课业压力越来越大的初三，加之同学们处于青春发育期，与老师们也相处了较长的时间，而且现在的学生普遍患有"情感冷漠症"，不少人遗憾地成了不懂得感谢、不愿感激、不会感动，只知道汲取的"冷漠一代"，不能体会老师的爱与付出，感恩教师意识淡薄。

（二）目的

1. 了解师长对学生的点滴付出，产生情感共鸣。
2. 形成师恩伟大的理性概念，认识到感恩师长的优良传统和重要性。
3. 学会感恩师长，并落实到日常行动。

初四·洪恩莫忘，立志成才

——感恩社会

（一）原因

经过初中三年的学习，到了初四，学生的心态相对成熟、学习成绩相对稳定，感知觉、记忆、注意力系统已经基本发展完善，抽象思维、逻辑思维仍在进行经验化、理论化的转变。教师从积极的方面进行引导教育，为学生树立正确的人生观打下良好的基础。

（二）目的

1. 感受社会恩情，认识到感恩社会的重要性。
2. 体会祖国强大，用中华民族携手战斗的中国情铸就感恩之心。
3. 用祖国的内忧外患来深化感恩之情，激发学生勇于承接重任、立志报国的情怀。
4. 学会感恩，身体力行，激发拼搏斗志。

初一明理·孝亲敬老，反哺养育

——感恩父母

一、活动目标

1. 了解父母对子女的关爱，产生情感共鸣。
2. 形成父母伟大的理性概念，产生感恩父母的意识。
3. 学会感恩父母，并将感恩落实到日常生活的行动中。

二、活动策略

1. 学生通过观看视频，了解父母对子女的关爱，产生情感共鸣。
2. 学生通过数据的计算、讨论、辩论等活动，形成父母伟大的理性概念，产生感恩父母的意识。
3. 通过小组讨论、制定感恩行动量化表、写心里话等活动，学会感恩父母，并将感恩父母的意识落实到日常生活的行动中。

三、活动准备

1. 搜集关于父爱母爱的视频、音乐，以及感恩父母的视频（视频：《父爱》《无臂孝子》，音乐《假如爱有天意》）。
2. 上网查找体现父母关爱子女的例子。
3. 全班分成两组，查找辩论的相关资料。
4. 制作课件。

四、活动过程

【过目难忘】

母爱是润泽儿女心灵的一眼清泉,绵绵不绝。

父爱是人生旅途的一盏明灯,照亮行程。

风是爱的呼唤,雨是情的交融,无论我们身处何方,无论我们做何事,最爱我们的人,最牵挂我们的人永远是我们的父母。

今天,就让我们在班会中走近父母,拥抱亲情,学会感恩。

(播放视频《父爱》)视频中年迈的父亲忘记了所有东西,却忘不了对儿子的爱,把最好吃的东西揣在兜里留给儿子吃。看完视频后,请学生回忆过往,谈谈父母对自己做过的印象最深刻的一件事。

设计意图:通过播放过目难忘的视频,引导学生感受父母的关爱,产生情感共鸣,激发学习兴趣。

追问:回忆过往,你对父母的关爱和付出心中有数吗?

【心中有数】

通过母爱有多重、父母之爱有多远的案例,形成父母伟大的理性概念,产生感恩父母的意识。

活动一:展示相关数据,并计算"母爱有多重""父母之爱有多远"

1. 我们1岁时,平均体重15斤,妈妈每天要抱我们大约20次;2到3岁时,25斤,抱约10次;4岁至6岁时,50斤,抱5次……从出生到幼儿园毕业,妈妈抱着我们,她的臂弯共承受了多少斤?假如妈妈100斤,成年后的我们每天坚持抱妈妈1次,那么需要超过多少年才能回报妈妈"臂弯里的重量"呢?

$$15\times20\times365+25\times10\times365\times2+50\times5\times365\times3=565750(斤)$$

$$565750\div100\div365\approx15.5(年)$$

2. 从我们幼儿园到小学毕业,父母接送我们上下学,每天往返要接送4次,按耗费2小时、每年上学200天来计算,9年累计大约3600小时。如果父母选择步行来接送我们,按每小时6公里速度计算,9年可走多少公里?

长征路程约 25000 里那么相当于多少倍的长征路程呢？

$$6 \times 3600 = 21600 \text{ 公里} = 43200 \text{ 里}$$

$$43200 \div 25000 = 1.728 \text{（倍）}$$

3. 通过以上的数据分析，你有什么感悟？

教师分享：母爱到底有多重？母爱有时一点都不重，就像空气，无时不在，无处不在；母爱有时一两拨千斤，就像顶梁柱，撑起家，顶起天，立住地！请珍惜亲情，及时报答我们的父母！感恩父母！是他们给了我们世界上唯一的最伟大最珍贵的生命。在我们成长的过程中，无论生活多么艰辛，无论遇到多少挫折与坎坷，我们时时刻刻都能感受到父母的那份温暖的爱。因为这份爱是不求回报的、无私的，故比我们的生命更尊贵、更伟大。每当自己一人独处时，回想起父母那充满深情的一句句叮咛，充满牵挂的一句句嘱咐，流淌在心底的骄傲和幸福，让我们更加坚强、更加自信。父母那饱含艰辛的一条条皱纹、一缕缕白发，无不是爱的见证。

活动评价：

1. 能正确计算出关于母爱有多重、父母之爱有多远的问题的结果。

2. 能用完整而条理清晰的语言来谈自己对以上数据分析的感悟，体会父母的艰辛与伟大，萌发感恩父母的意识。

活动二：小型辩论会

有同学说，谁给父母的财富多，就代表谁更孝顺，更懂感恩，你认同吗？电影《你好，李焕英》里，贾晓玲穿越回到1981年，希望通过帮妈妈买下厂里第一台电视机、撮合母亲与厂长的儿子在一起等方法，来改变妈妈贫穷的命运，从而让妈妈高兴，可妈妈又说"只要我的女儿健康快乐就好"。那我们应如何正确报答父母呢？你认为是物质回馈重要，还是精神陪伴重要呢？

全班分为四个大组。

正方（一、二大组）：对父母的报答物质大于精神。

反方（三、四大组）：对父母的报答精神大于物质。

活动评价：

1. 观点清晰，论据充分，语言流畅，声音洪亮。

2. 辩论语言要规范：我方认为……因为……（或"我不同意对方的什么

观点或论据，因为……"）

3. 双方依次轮流发言，每次发言一人。

设计意图：

通过以上活动，促使学生体会父母伟大无私的关爱，由感性认识上升到理性认识，形成父母伟大的理性概念，萌发要及时感恩父母的意识。通过辩论，明白其实对父母的报答，不拘束于某一种方式。辩论的目的是既培养学生的辩证思维，又能激发报答父母的内在动力，明白作为中学生，报答父母并不一定要等到长大之后有了很多财富再进行，而是要从现在做起，从身边小事做起。

【学而习之】

活动三：小组讨论，制定感恩父母的行动量化表

在日常生活中，我们应该怎样报答父母？

预设：报答父母的具体行动：A 学生说要认真学习，努力考取理想成绩；B 代表说要为父母做一些力所能及的家务；C 代表说应该多与父母沟通交流，倾听他们的心里话；D 代表说应该主动问候父母，对他们的付出多用言语表示感谢，多陪伴父母，等等。

活动四：思考

回顾过往，你周围有哪些人懂得感恩父母或者不懂得感恩父母？请举例说明。

学生分享完后，观看视频《无臂孝子》，评价失去双臂的男孩，谈谈无臂男孩是如何报答母亲的。

活动评价：

1. 能说出中学生能做到的报答父母的行为。
2. 讨论积极，小组分工明确，表格内容符合要求，制作精美合理。
3. 主动举手发言，评价有理有据。

设计意图：

通过小组讨论，评价无臂男孩的行为，学生明白该如何报答父母，对懂

得感恩或不懂得感恩父母的行为能做出价值判断。

【融会贯通】

活动五

1. 根据之前讨论的结果，小组制定"孝亲敬老，反哺养育"为主题的感恩量化表。

2. 展示小组成果，全班推选出一个最好的量化表（如下表所示，表格左边是感恩父母的行为及其对应的分值，右边的空格需要填写这项行为该学生周一至周五的得分）。

3. 引导学生结合实际，给自己打分，评选出班级的孝亲敬老之星。

心怀感恩，始于足下量化表

	星期一	星期二	星期三	星期四	星期五	总分
友好问候 (+1)						
讲述有趣的事 (+1)						
表达困惑 (+1)						
主动做家务 (+1)						
主动认真写作业 (+2)						
课堂表现好，受到夸奖 (+2)						
周测成绩优秀（进步大）(+2)						
其他						

4. 根据下面这棵"感恩树"的示例，总结自己这一周里做过哪些孝敬父母的事情，写在便利贴上，如"我是某某某，这周我主动做家务 +1 分，向父母讲述趣事 +1 分，周测进步大 +2 分"。在组内分享，课后把便利贴粘到班级的"感恩树"上。

活动六：同学们边听音乐《假如爱有天意》，边把想对爸爸妈妈说的心里话写下来。

活动评价：
1. 小组合作分工明确，制定的感恩行动量化表清晰合理。
2. 积极在组内总结这一周自己感恩父母的行动。
3. 写的心里话要求内容真实丰富，情感真挚，能表达出对父母的感激之情。

设计意图：

通过开展制定感恩父母行动量化表、总结一周孝敬父母的行为、写心里话这些活动，调动学生报答父母的积极性，促使他们在日常生活中潜移默化地践行感恩父母理念，升华情感。

结语：

有人曾提出这样一个问题：世界上最不能等待的事情是什么？世界首富比尔·盖茨给出了这样的回答：世界上最不能等待的事情是孝敬父母。"树欲静而风不止，子欲养而亲不待"，让我们珍惜每一分每一秒，珍惜身边的每一个机会，去关心父母，感恩父母。如果有一天当他们站也站不稳，走也走不动时，希望同学们能够紧紧握住父母的手，就像当年他们握住咱们的手一样……

五、活动思路图示

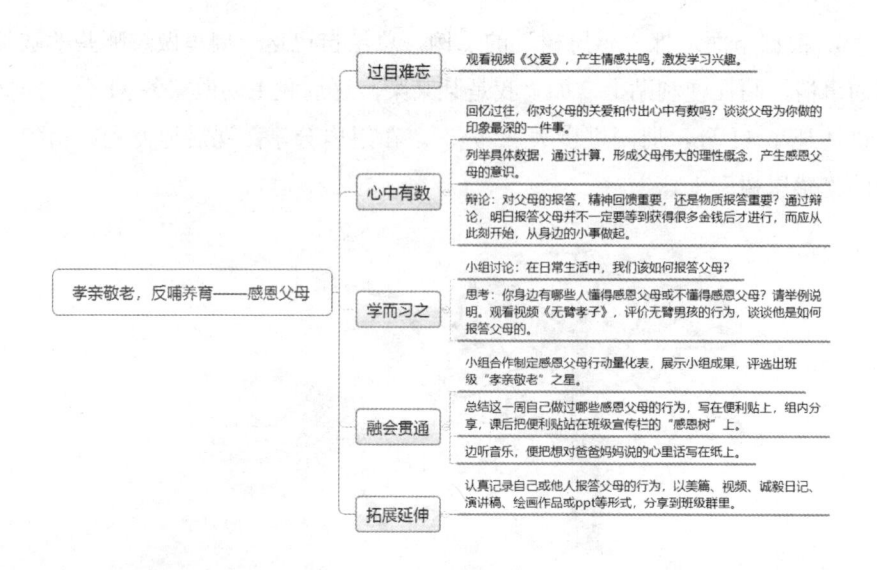

孝亲敬老，反哺养育——感恩父母		
	过目难忘	观看视频《父爱》，产生情感共鸣，激发学习兴趣。
	心中有数	回忆过往，你对父母的关爱和付出心中有数吗？谈谈父母为你做的印象最深的一件事。 列举具体数据，通过计算，形成父母伟大的理性概念，产生感恩父母的意识。 辩论：对父母的报答，精神回馈重要，还是物质报答重要？通过辩论，明白报答父母并不一定要等到获得很多金钱后才进行，而应从此刻开始，从身边的小事做起。
	学而习之	小组讨论：在日常生活中，我们该如何报答父母？ 思考：你身边有哪些人懂得感恩父母或不懂得感恩父母？请举例说明。观看视频《无臂孝子》，评价无臂男孩的行为，谈谈他是如何报答父母的。
	融会贯通	小组合作制定感恩父母行动量化表，展示小组成果，评选出班级"孝亲敬老"之星。 总结这一周自己做过哪些感恩父母的行为，写在便利贴上，组内分享，课后把便利贴在班级宣传栏的"感恩树"上。 边听音乐，便把想对爸爸妈妈说的心里话写在纸上。
	拓展延伸	认真记录自己或他人报答父母的行为，以美篇、视频、诚毅日记、演讲稿、绘画作品或ppt等形式，分享到班级群里。

六、拓展延伸

同学们，心怀感恩，从此刻开始吧！

随着班级每周"孝亲敬老之星"评比活动的开展，请同学们认真记录自己或他人感恩父母、报答父母的行为，以美篇、视频、诚·毅日记、演讲稿、绘画作品或PPT等形式，分享到班级群里。

设计意图：

以此拓展延伸和总结，深化学生孝亲敬老、反哺养育的意识，鼓励学生将感恩父母的意识落实到日常生活行动中，做到知行合一。

（钟观凤，女，二级教师，语文）

初二修身·靠近你，温暖我

——感恩同伴

一、活动目标

1. 引导学生深刻地体会并珍视同窗之情，联系实际，初步产生情感共鸣。
2. 促使学生互帮互助，加深同窗间的友情并进一步形成理性概念。
3. 倡导同学间走进彼此、互帮互助，并落实到每一天的生活中。

二、活动策略

1. 学生通过观看关于离别的视频，谈感受，初步感知到同窗情的重要性。
2. 学生通过分享日常班级或课下之事，进一步理解"靠近你，温暖我"，增强珍惜并重视同窗情的理性认识。
3. 同学们通过活动深刻地感受到虽然陪伴是短短几年的光景，但共同经历的酸甜苦辣，丰富了我们的成长史，使得每一个同学都能感恩于相亲相爱大家庭中的同伴。

三、活动准备

视频《念书的孩子》，材料《快公司》，计算彼此陪伴的时间，准备辩论赛素材，通过材料《一个人做不到的，一群人可以》认识到我们需要走进彼此，袒露心扉，不管是学习还是生活，互帮互助手拉手一起向前。加深珍视同窗情的意识，每一个同伴都是弥足珍贵的，彼此珍惜、彼此感恩。

四、活动过程

【过目难忘】

同学们，让我们过目难忘的也许是一抹灿烂的微笑，也许是一个温暖的怀抱，也许是一片撑开的天空。生活中的过目难忘不全是鲜花雨露，生活中的过目难忘还有触目惊心！

浮云游子意，落日故人情，多少真诚的友谊，因为诗词而长存。莫愁前路无知己，天下谁人不识君，是激励！桃花潭水深千尺，不及汪伦送我情，是真挚！劝君更尽一杯酒，西出阳关无故人，是牵挂！晚来天欲雪，能饮一杯无，是温暖！洛阳亲友如相问，一片冰心在玉壶，是告慰！向古今伟大的友谊致敬，让阳光照进生活。

（播放视频）视频中的开开同学的转学，使得同学、老师都因不舍哭泣，我们的成长过程中也有发生类似的事情，我们心中有认真想过某个同伴对我们的重要性吗？

【心中有数】

活动一：案例分析

我们来看一个实验：美国一家杂志，叫《快公司》，在2005年5月的月刊上刊载了一篇文章《要么改变，要么死去》，文章里讲了一个案例，一个医院对一组患有严重疾病的人群进行临床观察，这种疾病很特殊，没有特效药，但是可以通过改变生活方式，带病生存。

也就是说只要你改变生活方式，并一直坚持下去，就能生存。第一组病人，都是单独治疗，没有同伴激励，结果是12个月以后，90%的人恢复了原来的生活方式,而没能坚持的结果就是死去。第二组病人,加入了同步激励,病人之间相关鼓励,结果是 12 个月以后,只有 20% 的人恢复了原来的生活方式。

这个案例说明,人在独立的状态下,很难坚持,或者说坚持不了多久;而在有同伴激励的外部条件下,坚持的时间会增长。

设计意图:

以剩余生命的生存对比量,激发学生对同伴重要性的意识。

活动二: 用具体的数据来展示同学间时间上的陪伴之情

同学们每天早上 7:00 起床,7:30 入校,直至下午 5:00 离校,一周按 5 天计算,除去在家上网聊天的时间,假如每晚 10:00 入睡,每学期按 5 个月算,每个月按 30 天算,寒暑假都按 30 天算,对比与最亲近的人——父母陪伴的时间,计算每学期与同伴和父母相处的时间比例值是多少?

答:我们每周和同学相处时间为 67.5 个小时,每周和父母相处的时间为 32.5 个小时;

每学期和同学相处的时间近 1030.5 小时,每学期和父母相处的时间 681.5 小时;比值近似于 1.5 倍。

设计意图:

通过计算每天与同学相处的时间,一起就餐的次数,认识到同学确实是很重要的存在。

活动三: 小型活动——辩论赛

正方: 帮助同学有利于自己的学习。
反方: 帮助同学影响自己的学习。
要求:
1. 以四人为小组进行讨论,每组派一名同学作为辩手发言。
2. 辩手发言声音洪亮,论据清晰,观点明确。
活动评价:
1. 能用完整而条理清晰的语言表述同学是否应该互帮互助。
2. 学生通过辩论,认识到不管同伴间彼此的帮助有没有实际的影响,意识到优秀的同学的存在对每一个人的成长都是一种财富。

设计意图：

在辩论的过程中产生认知矛盾，激化感恩同伴的冲突，进一步升华班会主题。

【学而习之】

一个人做不到的，一群人可以做到。

活动四

罗振宇老师在跨年演讲的时候举了一个例子。如果给这个例子起个名字的话，我想叫它"同伴激励的力量：一个人做不到，一群人就可以"。

这个例子是：哈佛大学有一个活动，叫"原始尖叫仪式"，也就是考试前的裸奔以释放压力。肖恩·埃克尔看到大家一起裸奔，也想一起，就回宿舍脱了衣服下楼，下来后发现自己应该穿上鞋子，回宿舍又回来，发现裸奔队伍跑远了，他却没有勇气去跑了。为什么一群人的时候，肖恩·埃克尔就能做到，而一群人离开了，他就做不到了呢。我们在学习中或生活中，是不是也有这种时候。其实，在人群中，在大部队中，干了也就干了，从容又自在。和很多人在一起，你还是你，但你又比原来的你多了点什么，多的这种东西就叫"同伴激励的力量"。什么时候需要这种同伴激励的力量呢？那就是我们坚持的时候。比如说减肥这件事，事情怎么做，很多人都知道，但是成功的却总是少数。为什么呢？因为知道是一回事，真正能坚持是另一回事。很多事情的成功，都是需要坚持的。有人说，坚持比拼的是毅力，或者是意志力。其实，这种说法并不准确，因为毅力或者意志力，也是会疲劳的，单靠毅力或意志力，只能坚持一时，难以一直坚持。坚持，需要外部环境条件和内在激励机制共同作用来实现，也就是通过外在环境条件的刺激，在内心产生一种让自己坚持的力量。最常用的外部环境条件方式就是同伴激励。也就是和一群志同道合的人去一起做，相互鼓励，相互支撑，这样才能坚持得更久。

设计意图：

通过材料再一次证实同伴的重要性，一个人做不到的，一群人可以。

活动五

通过音视频，反思回忆过往，思考同学为你做过的印象最深刻的一件事？

并记录、分享。

设计意图：

通过视频的播放，把班会主题再一次落地实施，引发同学们深度反思。

活动六

曾经有人把班级比喻为一个大熔炉，班里的同学就像一块块的煤炭。大家如果想要得到温暖，就必须点燃自己，把自己放进去，煤块越多，烧得就越旺，那么班集体就会越来越温暖。我们要牢记，温暖的班级不是他人给予的，也不会无故从天而降。它是全班同学的爱和热情汇聚而来的。

反思以上行为，今后该如何做？

设计意图：

在老师的总结介绍中，再一次让同学们落实班会主题，并制订今后切实可行的计划。

【融会贯通】

通过写随笔、写信等直观的方式或者随手拍进行同学彼此间的交互沟通，引导学生珍惜友谊，互相关心，感谢相遇，感恩同伴。

活动七

1. 每天留意观察并记录日常班级发生的同学间点滴互助的小事，每周汇总记录，每月定期开展一次感恩同学——"感谢一路有你"爱的大声宣讲，限时5分钟。
2. 请同学上台进行分享。
3. 展示老师观察到的同学间爱的互助。

设计意图：

通过这一系列的活动措施，引导学生珍惜友谊，互相关心，感谢相遇，感恩同伴。

五、活动思路图示

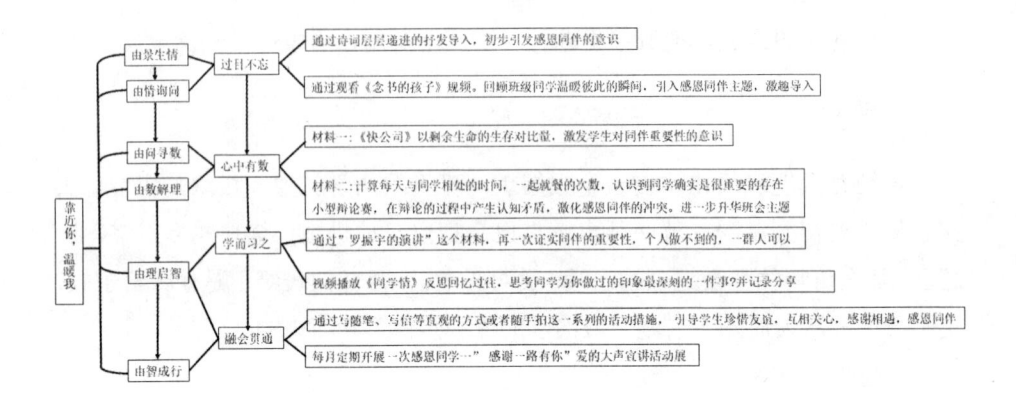

靠近你，温暖我	由景生情	过目不忘	通过诗词层层递进的抒发导入，初步引发感恩同伴的意识
	由情询问		通过观看《念书的孩子》视频，回顾班级同学温暖彼此的瞬间，引入感恩同伴主题，激趣导入
	由问寻数	心中有数	材料一：《快公司》以剩余生命的生存对比量，激发学生对同伴重要性的意识
	由数解理		材料二：计算每天与同学相处的时间，一起就餐的次数，认识到同学确实是很重要的存在
			小型辩论赛，在辩论的过程中产生认知不同，激化感恩同伴的冲突，进一步升华班会主题
	由理启智	学而习之	通过"罗振宇的演讲"这个材料，再一次证实同伴的重要性，个人做不到的，一群人可以
			视频播放《同学情》反思回忆过往，思考同学为你做过的印象最深刻的一件事？并记录分享
	由智成行	融会贯通	通过写随笔、写信等直观的方式或者随手拍上一系列的活动措施，引导学生珍惜友谊，互相关心，感谢相遇，感恩同伴
			每月定期开展一次感恩同学——"感谢一路有你"爱的大声宣讲活动展

六、拓展延伸

要求：

1. 同学们每天留意观察并记录日常班级发生的同学间点滴互助的小事，每周汇总记录，每月定期开展一次感恩同学——"感谢一路有你"爱的大声宣讲，限时 5 分钟（请同学上台进行分享）。

2. 展示老师观察到的同学间爱的互助。

3. 反思每天我应该为其他同学做些什么？

（焉文娟，女，二级教师，语文）

初三担当·感恩之心，恩重如山

——感恩老师

一、活动目标

1. 了解师长对学生的点滴付出，产生情感共鸣。
2. 形成师恩伟大的理性概念，认识到感恩师长的优良传统和重要性。
3. 学会感恩师长，并落实到日常行动。

二、活动策略

1. 学生通过数据的计算，深刻认识师长的无私付出。
2. 学生通过辩论，认识到感恩师长的必要性。
3. 学生树立起感恩师长的意识，在每天的点滴小事中做到感恩师长。

三、活动准备

师生共同收集关于感恩教师的事例、图片、视频等资料。

四、活动过程

【过目难忘】

同学们，很多人认为，老师是令人羡慕的职业，稳定、清闲、假期多，就连很多父母也希望自己的孩子能够成为一名老师。但是真正的教师生活是这样子的吗？作为与老师朝夕相处的同学们，我们通过视频，一起回顾一下老师们的一天。（播放视频）

每一天的 6 点钟，老师都是在昏昏沉沉的浅度睡眠里被闹钟惊醒，激情满满地到校带领同学们早读，当孩子们琅琅读书声响起时，此时，老师抬眼一看表，才 7 点半而已……

而此刻，这个城市里，有些人，才刚刚从睡梦中醒来。其实，老师对同学们的点滴付出，就在身边，就在日常，我们心中有数吗？

【心中有数】

通过计算教师备课时间、批阅作业的时间数据，了解教师的付出。

活动一：用具体的数据来展示教师"备课""批阅作业"的时间

1. 老师的备课一般是在家里完成的，一写写到深夜，每篇备课至少 1000 字，每天需备 2 课时，时间至少为 2 小时。一个学期按照 100 天计算，老师每个学期需要写 100000 字教案，备课至少 200 小时。

2. 作业批改。一个班 50 人，每人 4 道题，教两个班，老师要判 400 道题，每人用 2 分钟，要用 3 个多小时判完，可是闲课、课间、学生放学后到下班可利用批作业的时间总计也不到 3 小时，这批的还是理科作业，如果作文每人何止是 2 分钟，学生的一次作文老师要批上一周左右。

设计意图：

通过观看数据，学生发现为了教育孩子，培养孩子，老师们付出了很多，对老师的付出和感恩由感性认识上升到理性认识，实现价值判断。

【学而习之】

活动二

播放 2021 年感动中国人物张桂梅的故事，请同学们讨论列举社会给予高度评价的教师的事例。

讨论中学生可能列举的以下事迹，可结合图文、视频形式展示，加深理解。

最美教师张丽莉

最美教师谭千秋

感动中国教师群体：2008 年感动中国李桂林、陆建芬夫妇

　　　　　　　　　2011 年感动中国胡忠、谢晓君夫妇

　　　　　　　　　2015 年感动中国化缘校长莫振高

　　　　　　　　　2021 年感动中国张桂梅、叶嘉莹先生

各抒己见：

看完这些事例，你有什么感受？他们是否值得被授予如此荣誉？

设计意图：

教师正是这样一个默默付出、不求回报的群体，列举社会给予高度评价的教师对社会的贡献，进一步论证教师的无私付出。

活动三

感动中国十大人物中有老师的身影，实验中学每年都要评选出感动实验最美教师，同学们，在你身边有没有这样默默付出的老师，他们是如何做的？请同学们评选出感动初三四班最美教师，并为她撰写颁奖词。

设计意图：

由教师的整个群体，迁移到身边典型的案例，激发学生对于身边教师的感恩之情。

活动四：辩论

播放《程门立雪》《学生殴打教师》对比视频。

古有《程门立雪》，如今却出现了"学生殴打教师"的情况，尊师重教在当今社会是不是就不重要了呢？请同学们辩论：

正方：尊师重教在当今社会十分重要。

反方：尊师重教在当今社会不重要。

要求：

1. 以四人为小组进行讨论，每组派一名同学作为辩手发言。
2. 辩手发言声音洪亮，论据清晰，观点明确。

设计意图：

通过辩论，使学生深刻认识到尊师重道是中华民族的传统美德，我们应该更好地继承和发扬。

【融会贯通】

活动五

播放视频：一则教师节的公益视频。感恩就如同阳光一样，能够带给我们温暖与美丽。只要长存一颗感恩之心，我们就会拥有一切美好的处世品格。感念师恩，泪水涟涟；感念师恩，无法释然。师恩是挺拔的高山令人敬仰，师恩是广阔无边的海洋无法估量；师恩是怀揣珍珠的河蚌含辛茹苦，师恩是燃烧的蜡烛光照四方！在人生的旅途中，纯纯的温馨与温暖让我们在不经意间泪流满面。

讨论：

作为初中学生，我们该做什么来感恩老师？请以小组为单位，设计你们本组在校一天的"感恩"守则，组员共同签字张贴在教室中的感恩树上，班内同学相互监督。

如认真完成每一天的作业，积极参加课堂活动，主动举手发言，见到老师礼貌问好。

设计意图：

通过视频的方式进行"尊师重教"的直观呈现，引导学生树立"感恩师长"

这一美德，并落实到实际行动中。

五、活动思路图示

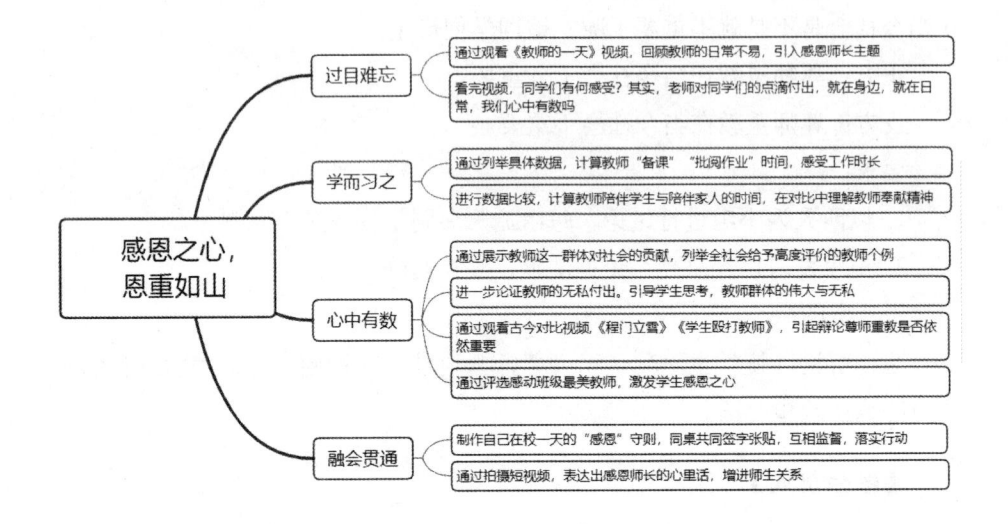

感恩之心，恩重如山
- 过目难忘
  - 通过观看《教师的一天》视频，回顾教师的日常不易，引入感恩师长主题
  - 看完视频，同学们有何感受？其实，老师对同学们的点滴付出，就在身边，就在日常，我们心中有数吗
- 学而习之
  - 通过列举具体数据，计算教师"备课""批阅作业"时间，感受工作时长
  - 进行数据比较，计算教师陪伴学生与陪伴家人的时间，在对比中理解教师奉献精神
- 心中有数
  - 通过展示教师这一群体对社会的贡献，列举全社会给予高度评价的教师个例
  - 进一步论证教师的无私付出。引导学生思考，教师群体的伟大与无私
  - 通过观看古今对比视频，《程门立雪》《学生殴打教师》，引起辩论尊师重教是否依然重要
  - 通过评选感动班级最美教师，激发学生感恩之心
- 融会贯通
  - 制作自己在校一天的"感恩"守则，同桌共同签字张贴，互相监督，落实行动
  - 通过拍摄短视频，表达出感恩师长的心里话，增进师生关系

六、拓展延伸

每个同学把想对各科老师说的心里话拍成微视频，由课代表编辑剪辑后分享给各科老师，让老师感受到同学们对老师的深深的感恩之情。

（王芳，女，二级教师，语文）

初四立志·洪恩莫忘，立志成才

——感恩社会

一、活动目标

1. 感受社会恩情，认识到感恩社会的重要性。
2. 体会祖国强大，用中华民族携手战斗的中国情铸就感恩之心。
3. 用祖国的内忧外患来深化感恩之情，激发学生勇于承接重任、立志报国的情怀。
4. 学会感恩，身体力行，激发拼搏斗志。

二、活动策略

1. 通过观看视频，产生对社会上默默付出的各行各界人士的感恩之情。
2. 通过视频、数据的展示和数据计算，对比国家给我们提供的强大支持，体会中华民族各行业劳动者、建设者携手战斗的中华情，铸就学生感恩的心。
3. 通过学习华为事件和有关案例，深化爱国之情，激发立志成才报效祖国的雄心。
4. 通过视频与交流，认识到感恩社会人人有责，唯有立志成才，方显感恩之心，方可最大价值回报社会。
5. 树立心怀感恩，回报社会之情，将感恩立足于生活学习中的点点滴滴。

三、活动准备

准备视频：《为社会默默付出的普通人》《各国新冠肺炎确诊人数和治愈人数变化》《火神山医院是怎样建成的》《支援湖北的医护人员和解放军人数》《华为孟晚舟事件》《中印边境冲突事件》《感恩社会短视频》《疫情告诉我们为什么要努力读书》《高考立志视频》

四、活动过程

【过目难忘】

有一种温暖，不需要言语，就能传递，叫感动；有一种力量，不求惊天动地，却足以震撼人心，叫感动。同学们，大家身边一定都存在着许许多多的感动，这些感动在心中留下了不可磨灭的印记。本节课就让我们感受一下社会中的那些感动吧。

1. 视频播放：《总有人为这个社会默默付出》，讲述疫情期间，负责给隔离区医务人员送盒饭的人害怕逃跑后，一位快递员主动帮忙送饭的故事。

2. 思考：视频中有哪些为社会努力付出的人？你如何看待他们的做法？请谈谈你的感受吧。

设计意图：

通过视频，来设置情景，将学生带入感恩社会这一主题；通过教师的询问与学生的思考，实现价值追问。

【心中有数】

活动一

1. 展示数据：2020年疫情捐款数据。

2. 播放视频：2020年截止到3月24日，全国各地支援湖北的医护人员和人民解放军的数量。

3. 播放视频：《火神山医院是怎样建成的》。

4. 通过视频和以上的数据，你能回答中国为何能够战胜疫情了吗？

小结：

社会各界人士都在为祖国付出努力，才使得我们这么快的控制疫情，才让我们更快地恢复正常的生活。中华民族是一家，无论任何时候，无论发生怎样的灾难，从来都不是灾区人民孤军奋战，而是中华民族的携手战斗，这种深深的中华情，铸就了无数感恩的心，凝聚成了坚强不屈的中华魂。作为中国人的我们，要懂得感恩之心，用自己的力量回报社会，实现自己的最大价值。

活动评价：

通过数据图的直观感受和比较，思考交流中国能够快速战胜疫情的原因（如凝聚力，生产制造力，科学技术等）。

设计意图：

通过观看视频，分析、交流、寻找中国快速战胜疫情的原因，感受中国的强大，激发民族自豪感。

【学而习之】

活动二

1. 思考：中国已经具备强大的凝聚力，经济、科技都在高速发展，已经处于世界前列，那么，我们中国人是否就可以高枕无忧了呢？
2. 播放视频：《中印边境冲突事件》。
3. 播放视频：《华为孟晚舟事件》。
4. 交流感想。

作为 21 世纪的中学生，长期的和平环境使我们的国防观念逐渐淡化。携笔从戎立壮志，精文尚武塑军魂，这不仅仅是一个口号、一个愿望，更是我们行动的目标，我们要努力用实际行动来捍卫国家的安全。

我们正值青春年少，有机会成为那个拯救地球的人，希望十年后，二十年后，三十年后，如果祖国需要特殊人才的时候，你是那个披挂上阵，亲自挂帅的人。小时候的我们，总觉得灾难距离我们十分遥远，其实灾难一直就在我们身边。当我们面临巨大的灾难时，一方有难，八方支援，当大人们在捐款捐物时，请捐出你游玩的时间，好好学习，做一个能为祖国做出贡献的人。

活动四

1. 播放视频：《高考立志视频》。
2. 交流感想。

一切的努力，最终要回归感恩、回报社会，实现人生价值。

活动评价：

观看视频后，能够清晰地表达出作为一个中学生，为何要通过立志学习来感恩社会，明确将感恩转化为奋发图强的力量。

设计意图：

中国的综合国力虽然已经位于世界前列，但是还有很多国内外的压力存在，从而激发学生立志为祖国强大而读书的意识和意志。

【融会贯通】

活动五

1. 播放视频：《感恩社会短视频》。
2. 讨论：感恩社会，作为中学生的我们可以做哪些事呢？

活动六

1. 讨论：感恩社会，作为中学生的我们可以做哪些事呢？
2. 小组一起整理、制作并填写"感恩社会，始于行动"的评价表。

活动评价：

1. 能说出中学生能做到的用实际行动践行感恩社会的工作。
2. 激发学生感恩社会、感恩家人和老师的热情，将感恩落实到日常生活的点滴小事中。

设计意图：

感恩社会不是口号，更要落实到生活中的每一件力所能及的小事中。

五、活动思路图示

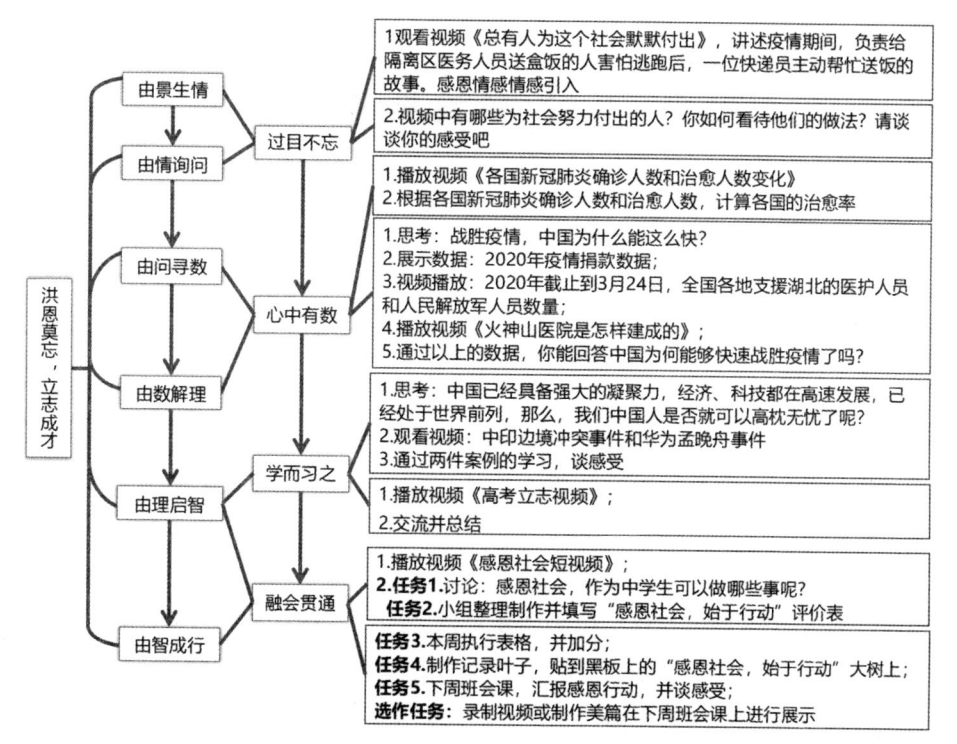

```
洪恩莫忘，立志成才
├── 由景生情 ──┐
├── 由情询问 ──┤ 过目不忘
│              │   1.观看视频《总有人为这个社会默默付出》，讲述疫情期间，负责给
│              │     隔离区医护人员送盒饭的人害怕逃跑后，一位快递员主动帮忙送饭的
│              │     故事。感恩情感情感引入
│              │   2.视频中有哪些为社会努力付出的人？你如何看待他们的做法？请谈
│              │     谈你的感受吧
├── 由问寻数 ──┐
│              │ 心中有数
│              │   1.播放视频《各国新冠肺炎确诊人数和治愈人数变化》
│              │   2.根据各国新冠肺炎确诊人数和治愈人数，计算各国的治愈率
├── 由数解理 ──┤
│              │   1.思考：战胜疫情，中国为什么能这么快？
│              │   2.展示数据：2020年疫情捐款数据；
│              │   3.视频播放：2020年截止到3月24日，全国各地支援湖北的医护人员
│              │     和人民解放军人员数量；
│              │   4.播放视频《火神山医院是怎样建成的》；
│              │   5.通过以上的数据，你能回答中国为何能够快速战胜疫情了吗？
├── 由理启智 ──┤ 学而习之
│              │   1.思考：中国已经具备强大的凝聚力，经济、科技都在高速发展，已
│              │     经处于世界前列，那么，我们中国人是否就可以高枕无忧了呢？
│              │   2.观看视频：中印边境冲突事件和华为孟晚舟事件
│              │   3.通过两件案例的学习，谈感受
│              │   1.播放视频《高考立志视频》；
│              │   2.交流并总结
└── 由智成行 ──┘ 融会贯通
                  1.播放视频《感恩社会短视频》；
                  **任务1.**讨论：感恩社会，作为中学生可以做哪些事呢？
                  **任务2.**小组整理制作并填写"感恩社会，始于行动"评价表
                  **任务3.**本周执行表格，并加分。
                  **任务4.**制作记录叶子，贴到黑板上的"感恩社会，始于行动"大树上；
                  **任务5.**下周班会课，汇报感恩行动，并谈感受。
                  **选作任务：**录制视频或制作美篇在下周班会课上进行展示
```

六、拓展延伸

1. 在诚·毅日记中记录你每天的感恩行为，让感恩成为习惯。

2. 本周执行表格，并加分。

3. 制作记录叶子，贴到黑板上的"感恩社会，始于行动"的大树上。

4. 下周班会课，汇报感恩行动，并谈感受。

选做任务：录制视频或制作美篇在下周班会课上进行展示。

（陈影，女，二级教师，语文）

公民素养教育

一、概述

近年来，社会上出现了多种公民素养缺失的现象，社会和家庭中的部分不良影响也使学生在对待自己、他人、环境和世界等方面出现了认知和行为上的偏差，近年来的极端、偏激事件也屡见不鲜。作为教育工作者，这种忽视"人"的现象不是我们所期望的，这与当今社会对"立德树人"的要求也背道而驰。

面对现实，学校需要协同家庭和社会，聚焦学生的现实生活问题并加以修正，以为社会培养合格公民为明确目标，通过主题班会的开展，向学生渗透国家意识、社会公德意识、环保意识、责任意识和公民素养教育。因此，我们计划实施初中德融数理，知行合一主题班会教育。

二、进阶性主题介绍

陶行知先生曾说，"生活即教育"，"社会即学校"。初中学生的公民素养教育是培养学生良好行为习惯的教育，是提高学生个人修养、完善学生人格不可或缺的教育，为学生的长远发展系好第一粒扣子。我们在这一教育主题的实施过程中基于社会主义核心价值观对公民层面的价值准则要求，结合学校诚·毅文化对不同年级的学生提出了不同的进阶性培养目标。

初一明理·明确自我职责，明事理

——公民素养之国家意识、社会公德意识培养

尽管我国粮食生产连年丰收，对粮食安全还是始终要有危机意识，特别是近年来出现的疫情和各种灾害带来的影响更是给我们敲响了警钟。

为培养学生的国家意识，就要着眼小处，从校园行为抓起。浪费现象在校园里依旧可见：室外课忘记关掉的室内灯和屏幕；食堂里吃不完的食物，等等。面对这种情况，从初一年级开始培养学生的节约意识，杜绝校园浪费；同时家校合作，父母引导孩子厉行节约，并以身作则，进而形成社会公德意识，关注社会浪费现象，珍惜粮食、珍惜他人的劳动成果，逐渐形成学生关注粮食安全与资源保护的国家意识。

初二修身·践行自立自强，思修身

——公民素养之国家意识、环保意识培养

随着国家对环保工作的大力落实，我们看到更多的蓝天白云与整洁的街道，全国各大城市对垃圾分类的推行让我们了解了垃圾分类对资源保护的重要性。烟台作为全国文明城市，在此项工作中需要每一位市民的践行，因此在校园里加强对垃圾分类知识的普及宣传与践行，可以培养学生垃圾分类的习惯，加强环保意识，为国家环保工作尽一分微薄之力。

初二阶段要求学生修身以立德，"大处着眼、小处着手"，从随手可做的垃圾分类开始，提高学生的个人修养，提升学生的环保意识，提高合格公民的责任感。

初三担当·明确社会责任，勇担当

——公民素养之责任意识培养

中国是负责任的发展中大国，作为国家的一分子，每个中国人都应具备责任意识。培养初中学生的责任意识对社会的安定、家庭和睦和初中学生的健康成长都有重要的意义。

处于青春期、叛逆期的初三学生出现对规则的漠视，对责任意识的淡漠等现象应引起我们的注意，需要借助教育的力量让学生深入理解责任的含义，唤醒同学们的责任心，借以修正初三学生在叛逆期的不良行为，树立担当意识，增强学生对社会的责任意识。

初四立志·做合格的数字公民，知规范

——公民素养之数字公民素养培养

网络是把双刃剑，它虽然是学生认识世界的一个重要窗口，但其中的不良信息也会对初中学生产生不可估量的影响。网络世界的数字素养教育已经成为教育界新的关注点。

当下，学校应肩负起数字时代公民教育的责任。初四作为毕业年级，学生即将面向社会或新的教育阶段开启新的人生历程，学校要引导学生理解数字时代公民的权利和义务，在尊重法律和道德的前提下践行积极的数字社会规范。学生在享受数字时代便利的同时，也要学会如何有效地规避数字生活带来的危害。从提升数字技能、保护数字隐私到合理文明地参与网络空间，学生需要明确个人在网络空间中的权利和义务，学会保护自己的网络隐私和名誉、规范自己的网络足迹，能够平衡线上和线下的生活，构建健康积极的心理，提升自身的数字公民素养。

初一明理·明确自我职责，明事理

——公民素养之国家意识，社会公德意识培养

一、活动目标

1. 论证节约的重要性。
2. 认识我们现代社会仍需节俭。
3. 树立勤俭节约意识，实现由浪费到节俭的转化。

二、活动策略

1. 学生通过数据的计算，深刻认识节约的重要性。
2. 学生通过辩论，认识到追求美好生活品质的今天也同样要做到勤俭节约。
3. 学生树立起勤俭节约意识，在每天的点滴小事中做到节俭。

三、活动准备

1. 录制前期学生在午餐时的浪费现象。
2. 让学生周末在家以"随手拍"的形式记录他"周末一天中的浪费"现象。
3. 制作节约环保周末时间安排表。

四、活动过程

【过目难忘】

同学们,让我们过目难忘的也许是一抹灿烂的微笑,也许是一个温暖的怀抱,也许是一片撑开的天空。生活中的过目难忘不全是鲜花雨露,生活中的过目难忘还有触目惊心!

(播放视频)视频中的这些浪费行为每天都发生在我们身边,这看似不起眼的生活小事,造成的巨大浪费我们心中有数吗?

【心中有数】

活动一

用具体的数据来展示我们"一顿午餐"的浪费情况:

从 11:50 到 12:10,这短短的 20 分钟午餐时间,电脑屏幕及 14 盏长明灯共消耗了 0.32 度电,平均每位同学一顿午餐浪费掉的食物,大约 75 克,50 个同学累计就是 3750 克。

活动二

放眼全国,浪费现象则更加严重,让我们一起观看视频——《中国餐饮浪费数据报告》。

设计意图:

通过班级午餐浪费数据及国家餐饮浪费报告数据,了解我国存在的浪费现象之严重。

活动三

1. 展示图片：坐落在江西深山中的查平坦小学唯一一位教师潘宝兴在一盏昏黄灯光下授课的场景，引发学生深思。

2. 查平坦小学一个班的孩子每天用电 0.12 度。请你利用"心中有数"环节的数据，计算初中四年我们班级午餐时间浪费的电可供这里的学生在灯光下学习多少天？（数据：查平坦小学一个班的孩子每天用电 0.12 度，20 分钟的午餐时间，电脑屏幕及 14 盏长明灯共消耗 0.32 度电；初中四年共上学 840 天）

计算可知，840 天共浪费：840×0.32=268.8 度电

可供这里的孩子在灯光下学习 268.8÷0.12=2240 天，相当于六年多，这是足以支撑他们念完整个小学的光！

活动四

同样饱受贫困困扰的还有宁夏西海固山区的大堡小学。请你利用"心中有数"环节的数据，计算全班 50 位同学，一顿午餐浪费掉的饭菜可供一名大堡小学的学生吃几顿免费营养餐？初中四年呢？（数据：大堡小学学生一顿午餐所补充人体必需营养素为 140 克，平均每位同学一顿午餐浪费掉的食物，大约包含了人体必需营养素约 75 克。初中四年共上学 840 天）

计算可知，全班每天浪费：75 克×50=3750 克，可供一名大堡小学同学吃 3750÷140≈27 顿，如果是初中四年，则一共浪费 75 克×50×840=3150000 克，可供大堡小学同学吃 3150000÷140=22500 顿午餐。

设计意图：

通过与贫困学校进行数据对比，计算浪费数据，进一步论证节约的重要性。

活动五：辩论

你浪费的，正是别人难以得到的。可是总有同学认为需要节约的年代早已过去，物质生活日益丰富的今天就应该随心所欲，你觉得他的观点正确吗？分组进行辩论。

正方：当今时代，我们更应做到勤俭节约。

反方：当今时代，我们更应追求生活品质。

要求：

1. 以四人为小组进行讨论，每组派一名同学作为辩手发言。

2. 辩手发言声音洪亮，论据清晰，观点明确。

活动评价：

1. 能用完整而条理清晰的语言表述对查平坦小学老师在昏暗灯光下授课的场景的思考以及政府为大堡小学免费提供营养午餐事件的思考。

2. 能正确计算出一天午餐时间浪费掉的电可供查平坦小学的学生在灯光下学习多少天；饭菜可供一名大堡小学的学生吃几顿免费营养餐，初中四年浪费掉的饭菜可供一名大堡小学的学生吃几顿免费营养餐，并分享结果。

设计意图：

通过辩论，引导学生认识到追求美好生活品质的今天也同样要做到勤俭节约。

【学而习之】

通过视频、随手拍等直观方式进行"浪费"现象的呈现，引导学生树立"勤俭节约"这一美德。

活动六

我国自古以来就倡导"节约为荣，浪费可耻"，齐声诵读，感悟"节俭之美"。

活动七

播放视频：现代最美节俭人——马旭和颜学庸。

讨论：作为初中生的我们，应该做些什么？

设计意图：

通过经典诵读及观看视频，引导学生深化"勤俭节约"这一传统美德。

【融会贯通】

活动七

1. 在我们日常生活中真的做到节约环保了吗？

展示周末不同时间的"随手拍浪费"照片。请设计一份节约环保的周末时间安排，限时 5 分钟。

2. 请同学上台进行分享。
3. 展示老师的节约环保的时间安排。

活动八

请以小组为单位，设计你们本组在校一天的节约守则，组员共同签字张贴，互相监督。

活动评价：
1. 能说出中学生能做到的用实际行动践行勤俭节约的事情。
2. 激发学生厉行节约，反对浪费的热情。把节约贯彻到日常生活的每件小事中。

设计意图：

通过节约环保的实践，引导学生自觉修正自己的行为，将勤俭节约这一美德落实到每天的生活中去。

五、活动思路图示

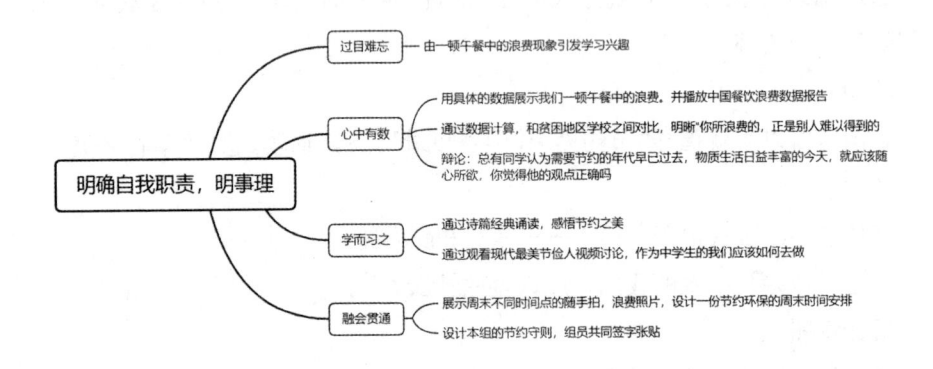

明确自我职责，明事理
- 过目难忘 —— 由一顿午餐中的浪费现象引发学习兴趣
- 心中有数
  - 用具体的数据展示我们一顿午餐中的浪费。并播放中国餐饮浪费数据报告
  - 通过数据计算，和贫困地区学校之间对比，明晰"你所浪费的，正是别人难以得到的"
  - 辩论：总有同学认为需要节约的年代早已过去，物质生活日益丰富的今天，就应该随心所欲，你觉得他的观点正确吗
- 学而习之
  - 通过诗篇经典诵读，感悟节约之美
  - 通过观看现代最美节俭人视频讨论，作为中学生的我们应该如何去做
- 融会贯通
  - 展示周末不同时间点的随手拍，浪费照片，设计一份节约环保的周末时间安排
  - 设计本组的节约守则，组员共同签字张贴

六、拓展延伸

在诚·毅日记中记录你每天的节约行为，养成勤俭节约的好习惯。

（张晓征，女，中学二级教师，地理）

初二修身·践行自立自强，思修身

——公民素养之国家意识，环境意识培养

一、活动目标

1. 了解生活垃圾的危害，体会垃圾分类的必要性。
2. 掌握四种垃圾类型，并在生活中合理地实践。
3. 体会垃圾分类带来的益处。增强环保意识，树立正确的价值观。

二、活动策略

1. 学生通过体会数据，深刻认识垃圾分类的重要性。
2. 学生通过知识竞赛活动，检验对垃圾分类知识的掌握情况。
3. 学生树立起环保意识，在每天的点滴小事中做到环保。

三、活动准备

1. 搜集垃圾分类相关视频，制作 PPT 课件。
2. 布置学生课下搜集垃圾分类的相关资料，并做好笔记。
3. 准备知识竞赛题目。
4. 准备变废为宝的废品。

四、教学过程

【过目难忘】

活动一：垃圾的价值

观看垃圾围城的照片，让学生谈感受。同学们请看这张图片，满地的垃圾快要堆成山了，而这样的景象在全国好多城市中都出现了，同学们请思考，垃圾如果不及时处理，会给我们的日常生活带来怎样的灾难？带着这样的问题,一起走进我们的身边看一看。

一天结束后,教室里的垃圾桶里有什么?废纸张、半截橡皮、铅笔头、塑料瓶、没吃完的果核……其实,垃圾只是"放错了地方的资源"。垃圾的价值很大程度上取决于分类程度。在混合倾倒的过程中,虽然同学们节省了时间和存放空间,但是忽视了垃圾的价值,相反,垃圾分类则能产生不少的价值。

我们日常生活中的垃圾去了哪里呢?它们通常是先被送到堆放场,然后再被送去填埋。填埋的费用非常高昂,一吨垃圾的处理费用约为200元至300元不等。也就是说,人们一边在大量消耗资源,另一边又在大量地产生着废弃物。

设计意图:
激发学生的认知冲突,让学生体会到垃圾带来的严重危害。

活动二:垃圾之多

2015至2018年间,山东省产生的生活垃圾约1亿吨,相当于每天产生7.5万吨生活垃圾,这是一个什么概念呢?经过调查可知,每吨生活垃圾的占地面积约为0.083平方米,而学校操场的占地面积约为9000平方米,同学们动手算一算,山东省产生的生活垃圾几天可以填满学校的操场?结果是不到两天,所以垃圾分类工作没有处理好的话,将会带来很严重的后果。

在烟台,常住人口的700万,每人每天生产1公斤左右的生活垃圾,经过计算可知,烟台每天会产生超过700万公斤的生活垃圾,这相当于2000头成年大象的重量。

设计意图:
通过了解山东省以及我们生活的城市——烟台,每天产生的生活垃圾的现状,体会每天产生的生活垃圾之多,感受垃圾分类的必要性和紧迫性。

活动三:垃圾分类

国内垃圾分类叫苦连天,瑞典人为什么在忙着抢垃圾呢?因为他们的垃圾已经不够用了!垃圾不够用?让我们一起走进瑞典的垃圾分类……

观看视频可知,4吨垃圾能产生1吨燃油能源,一个12人的垃圾厂一年能赚 4000 万，所以，我们说垃圾就是放错了地方的资源。

设计意图：

对比瑞典，认识到如果做好垃圾分类，那么将省下多少资源，提出观点"垃圾是放错了地方的资源"。让学生体会垃圾分类的重要性，激发学生心中行动的欲望。

【学而习之】

体会了环保以及垃圾分类的重要性，那么对于垃圾分类的知识你了解多少呢？教师先介绍四种垃圾分类的基本知识，然后通过举办活动使学生积极参与到垃圾分类的过程中。

活动四：知识竞赛

学习完垃圾分类的知识，你能记住多少呢？下面进入知识竞赛环节。

规则：

1. 以小组为单位，实行计分制。小组派 1 人回答，组员可以在规定时间内补充答案。第一名的小组获得"环保卓越组"的荣誉称号，第二名的小组获得"环保冲锋队"的荣誉称号，第三名的小组获得"阳光小组"的荣誉称号。

2. 分必答题和抢答题两个环节。基础分 10 分，答对 1 题加 3 分，答错 1 题扣 2 分。

3. 答题时间 30 秒，超时不得分。

知识竞赛题目：

必答题：

1 组：我国城市一般把垃圾分为几类？它们分别是什么？四类。可回收物、厨余垃圾、有害垃圾、其他垃圾。

2 组：四种垃圾分别应该投放到什么颜色的垃圾桶里？可回收物——蓝色桶、厨余垃圾——绿色桶、有害垃圾——红色桶、其他垃圾——灰色桶。

3 组：请列举两种厨余垃圾。菜梗菜叶、骨头内脏、果皮果壳、残枝落叶、剩菜剩饭、茶叶渣、废弃食用油等。

4 组：请列举两种可回收物。玻璃、牛奶盒、金属、塑料制品、橡胶制品、饮料瓶、毛绒玩具、包、拉杆箱、衣服、旧锅盆刀等。

5 组：请列举两种有害垃圾。电池、灯管灯泡、墨盒、水银体温计、染发剂壳、笔芯、过期药品、指甲油、油漆桶、X光片、过期药品、杀虫剂等。

6组：请列举两种其他垃圾。大棒骨、榴梿壳、椰子壳、粽子叶、动物粪便、尘土、卫生纸、湿纸巾、陶瓷、烟盒等。

抢答题：

1. 西瓜皮属于哪种垃圾？厨余垃圾。

2. 旧衣服属于哪种垃圾？可回收物。

3. 纸巾属于哪种垃圾？其他垃圾。

4. 电池、废弃灯管属于哪种垃圾？有害垃圾。

5. 易拉罐、罐头盒属于哪种垃圾？可回收物。

设计意图：

利用小组的力量调动课堂氛围，激发学生的学习兴趣。

活动评价：

优秀：具有强烈的环保意识和丰富的环保知识，能答对至少95%的题目，并能清晰阐述自己的理由。

良好：掌握大部分环保知识，具有环保意识，能答对至少80%的题目。

合格：掌握日常生活中基本的环保知识，具有环保意识，能答对至少70%的题目。

活动五：帮垃圾找"归宿"

活动任务：利用所查资料，将下列垃圾投放到合适的垃圾桶内

活动要求：

1. 小组内讨论答案，限时5分钟。

2. 随机抽取1个小组说答案，答对加3分。

3. 设置自由抢答环节，能列举四种垃圾类型的其他例子，一个例子加1分。

4. 总结出四种垃圾类型的小组加5分。

垃圾投放

设计意图：

通过活动，检验学生对垃圾分类知识的掌握情况，巩固所学知识，并激发学生掌握更多知识的欲望。

【融会贯通】

体会垃圾分类的必要性，养成环保意识，帮助学生树立正确的价值观。

活动六：变废为宝

活动内容：

通过同学们的大胆创意和灵巧双手，将生活中废弃的易拉罐、空水瓶或废弃文具、玩具等所谓的"垃圾"变成新的可利用的物品或艺术品等。

设计意图：

化所学知识为学生的行为，通过动手操作来保护环境，培养正确的价值观。

活动流程：

1. 在班级中设置专门的"废物"收集箱，开展"废物"征集活动。

2. 小组长负责整理收集来的"废品"，从中挑选可以使用的"废品"，用以制作作品。

3. 在规定时间内，每个小组制作一个"变废为宝"的作品。

4. 每个小组推选1个代表向全班介绍小组的作品，要阐明作品的利用价值。

5. 投票选出你认为好的 3 个作品。要考虑环保性、美观性、创新性以及利用价值。

6. 举办作品展。

五、活动思路图示

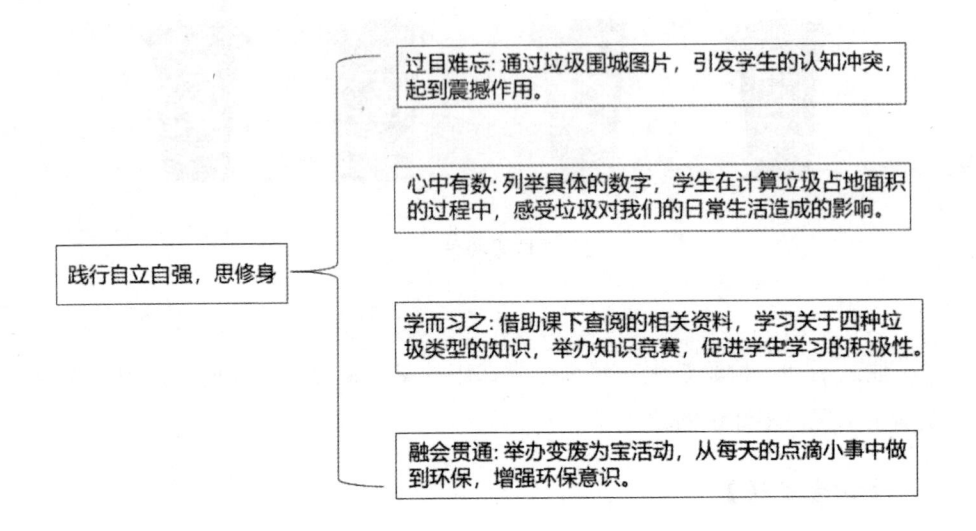

践行自立自强，思修身
- 过目难忘：通过垃圾围城图片，引发学生的认知冲突，起到震撼作用。
- 心中有数：列举具体的数字，学生在计算垃圾占地面积的过程中，感受垃圾对我们的日常生活造成的影响。
- 学而习之：借助课下查阅的相关资料，学习关于四种垃圾类型的知识，举办知识竞赛，促进学生学习的积极性。
- 融会贯通：举办变废为宝活动，从每天的点滴小事中做到环保，增强环保意识。

六、拓展延伸

环保意识的养成绝非一朝一夕，把课堂学到的环保知识应用到日常生活中，在班级内组织义工小团队，以美篇的形式记录活动过程，宣传环保知识，增强环保意识。

（李梦婷，女，中学二级教师，数学）

初三担当·明确社会责任，勇担当

—— 公民素养之责任艺术培养

一、活动目标

1. 让学生深入理解责任的含义，了解它的作用和影响，以及在思想上唤醒同学们的责任心。

2. 通过本次活动，对学生进行"心中有他人"的教育，使学生具有责任意识。

二、活动策略

1. 通过数据的计算，深刻认识责任的重要性。
2. 通过活动，认识到责任的重要性，并将责任感落实到行动中去。
3. 树立起责任意识，在每天的点滴小事中做到有担当。

三、活动准备

借助视频、调查问卷、情景剧等多种形式，使学生"知责任、明责任、负责任"。

四、活动过程

【过目难忘】

活动一：观看《责任在心中》公益视频

设计意图：
通过观看视频，了解各行各业对社会的责任感，让学生在心中树立承担社会责任的意识。

【心中有数】

在料峭的春风里，在夏日炙烤的热浪里，在淅淅沥沥的秋雨里，在凛冽寒风的雪地里，我们总会在校门口看到他们忙碌着的身影，他们就是我们的导护人员，有恪尽职守的交通警察，有尽职尽责的保安人员，有爱岗敬业的老师们，更有可亲可敬的家长朋友们。他们用自己的身躯承担守护校园安全的责任，他们用自己的责任心书写着勇于担当。这是社会、学校、家庭为学生们筑起的安全线，更是一幅责任守护的感人画卷。

活动二：我的守护，你来计算

2020—2021学年度第二学期在校天数：106天

每天导护人员安排：保安 4 人，老师 8 人，家长 8 人，交警 4 人

每天导护时间安排：早 6:20—7:10 晚 17:10—18:00

请同学们计算本学期安全导护需要安排多少人次进行导护，计算出导护总时长及节省的人力资源。

导护人次：（4+8+8+4）×2×106=5088 人次

导护时长：50×2×2×5088÷60=16960 小时

个人工作量，每月 21 天，每天 8 小时：16960÷21÷8=100 月

每月工资 3000 元：100×3000=30 万元

我们习以为常的导护竟然耗费如此多的人力和时间，这是一份充满爱心的守护，更是一份沉甸甸的责任。

设计意图：

通过计算数字，激发学生的认知冲突，让学生体会社会、学校、家庭对他们的责任担当。

【学而习之】

活动三：责任名句小竞答

1. 高尚、伟大的代价就是责任。——丘吉尔
2. 人生须知负责任的苦处，才能知道尽责任的乐趣。——梁启超
3. 有良知的人有责任心和事业心。——苏霍姆林斯基
4. 天下兴亡，匹夫有责。——顾炎武
5. 先天下之忧而忧，后天下之乐而乐。——范仲淹《岳阳楼记》
6. 苟利国家生死以，岂因祸福避趋之——林则徐

字里行间强烈的责任感透出一种真诚、积极的人生态度，这就是我们中华民族生生不息的民族魂。

设计意图：

通过竞答，激发学生负责任的积极性。

活动四：责任不 NG

情景剧一：

数学课堂上，同学们都在认真听讲，只有小凯在默默分神。

情景剧二：

全员参与的大扫除期间，班干部小林偷偷跑去打篮球了。

情景剧三：

小飞把自己的脏衣服堆在卫生间，等妈妈周末帮他洗。

我们请参与表演的同学们谈谈你们的真实感受。

以上三幕，是我们大部分学生的缩影，有的同学觉得很难为情，这就是你们改正行为的开始。老师希望你们有则改之，无则加勉。

设计意图：

通过责任不NG这种直观的方式进行"不负责"现象的呈现，随机抽取学生直接对情景剧中的现象进行评价，让学生在具体的场景中去判别负责任行为和不负责任行为，引导学生树立责任担当意识，内化于心。 活动五：担当少年我评选

每一大组推选出一名担当少年，并合作为他（她）书写一份颁奖词。

设计意图：

树立班级中负责任的榜样，让学生从身边的榜样身上学习如何负责任。

【融会贯通】

活动六："照镜子"

对照下列问答表诚实作答，为自己的责任感评分，了解自己的优缺点。

1. 上学时，你通常会比预计时间提前出门，保证自己准时到校吗？是___ 否___
2. 你发现自己脚下有纸屑，你会主动拾起扔进垃圾桶吗？是___否___
3. 你会把零用钱储蓄起来吗？是___否___
4. 发现朋友违规，你会作出善意的提醒吗？是___否___
5. 外出的你找不到垃圾桶时，你会把垃圾带回家吗？是___否___
6. 你会坚持运动以保持健康吗？是___否___
7. 你不吃垃圾食物和其他有害健康的食品吗？是___否___

8. 你永远将最重要的事列为优先，完成后再进行其他娱乐活动吗？
 是＿＿否＿＿

9. 当你正玩得兴起时，妈妈请你帮忙去买酱油，你会放弃玩耍吗？是＿＿否＿＿

10. 当你收到下发的试题，你会第一时间改错吗？是＿＿否＿＿

11. 没有警察时，你也会遵守交通规则吗？是＿＿否＿＿

12. 你经常拖延交作业吗？是＿＿否＿＿

13. 你经常帮忙父母做家务吗？是＿＿否＿＿

14. 你会认真对待每一科作业吗？是＿＿否＿＿

15. 每天出门前，你有照镜子的习惯吗？是＿＿否＿＿

16. 当你作业做到很晚还未完成时，你会继续努力直至完成吗？
 是＿＿否＿＿

"是"得1分，"否"不得分，请计算自己的得分。

分数为13～18：你是个非常有责任感的人。你行事谨慎、懂礼貌、为人可靠，并且相当诚实。

分数为9～12：大多数情况下你都很有责任感，只是偶尔有些率性而为，没有考虑得很周到。

分数为8分以下说明你的责任感有所欠缺，这会使你难以得到大家的信任。希望你能正视自己的缺点，努力培养自己的责任感，承担起对自己、对他人、对社会的责任。

设计意图：

通过诚实作答，为自己的责任感评分，让学生自我审视。

活动七：责任担当

请以小组为单位，设计你们本组在校一天的"责任担当"守则，组员共同签字张贴，互相监督。

活动评价：

1. 能说出中学生能做到的用实际行动践行责任的工作。
2. 激发学生负责任、有担当的热情。把责任意识贯彻到日常生活的小事中。

五、活动思路图示

明确社会责任，勇担当
- 过目难忘：了解各行各业对社会的责任感，让学生在心中树立承担社会责任的意识
- 心中有数：激发学生的认知冲突，让学生体会社会、学校、家庭对他们的责任担当
- 学而习之：通过名句竞答、责任不NG、为担当少年写颁奖词等活动，使学生与他人对照，明确责任意识，强化责任感的落实
- 融会贯通：通过让学生自我对照和设计"责任担当"守则等活动，自我践行社会责任，勇于担当

六、拓展延伸

在诚·毅日记中记录你每天的负责任行为，养成负责任有担当的好习惯。

（车笛，女，中学一级教师，英语）

初四立志·做合格的数字公民，知规范
——公民素养之数学公民素养培养

一、活动目标

1. 利用数字技能，学会保护个人隐私。
2. 能搜索和过滤各类信息和数据，提升数字公民素养。
3. 自觉抵制不良信息，正确对待网络谣言，增强数字文明意识，做文明数字公民。

二、活动策略

1. 通过展示网络谣言与"键盘侠"的危害，提高数字公民文明意识。

2. 学生通过参与活动，认识到密码设置不能忽视，提高隐私保护意识。

3. 学生树立起网络规则意识，能合理制订健康网络使用计划并执行。

三、活动准备

1. 搜集数字化发展视频和个人网络不文明行为，制作PPT课件。
2. 设计烟台开发区中学生数字技术调查问卷，并形成调查报告。
3. 准备数字技能培训相关知识。

四、活动过程

同学们，随着信息技术的快速发展，数字世界已向我们敞开大门。数字技术给我们带来便利的同时，也引发了一系列的社会问题。学生是接受数字技术最快、受其影响最深的群体。作为信息时代的公民，我们应该如何规范地、负责地使用各种信息技术，以参与社会活动，促进社会发展，这是数字公民的基本内涵。

【过目难忘】

活动一

分别观看现代数字化发展视频和个人平时网络使用隐患视频，让学生谈谈感受。

设计意图：

激发学生的认知冲突，让学生体会到数字化技术革新给人类带来便利的同时，如何保护个人隐私、负责任地使用数字技术。

活动二

介绍什么是数字公民？作为信息时代的公民，应该如何规范地、负责地使用各种信息技术，以参与社会活动，促进社会发展。

设计意图：

学生了解数字公民素养基本内涵，明确当代数字公民的责任与担当。

【心中有数】

截至 2020 年 12 月，初中类、高中与高职类学历的网民群体占比分别为 40.3%、20.6%，大学本科及以上占比为 9.3%，中学生已经成为网络中的主力军，但是 80% 以上的中学生不太了解全国青少年网络文明公约，30% 的同学没有网络公约意识。现阶段中学生，因为数字文明意识薄弱，对待谣言和不良言论没有明确的底线和态度。

活动三

展示典型的网络谣言，并给出谣言造成的直接和间接精神和经济损失。然后进行班级讨论：你们在网络中遇到谣言时该如何做？

青少年想要辨认出网络上的信息是真是假，必须掌握一些知识，生活常识和网络知识。掌握知识后才能对网络谣言进行合理的分析并识破它。告诉周围的同学一起抑制网络谣言。

不信谣，不传谣。谣言止于智者。作为新一代的青少年，代表的是国家的希望和未来，对于明知是谣言的网络信息，不相信，不传播，并引导周围的人不传播这些网络谣言。使谣言无传播的环境。

作为青少年更需要对网络谣言保持高度的警惕性，并坚持做网络舆论的维护者。对于网络谣言需要全社会的监督和抵制。自从有新的网络规定，对网络谣言的发布者、传播者都要追究其法律责任。

不仅仅是网络谣言，不当言论也是我们需要关注的重点，切不可为了博取眼球，丧失法律道德底线！

设计意图：

通过讨论对待网络谣言和不当言论的做法，提升数字公民的责任与担当。

活动四："键盘侠"——迷路的责任感

网络中有些不分青红皂白攻击别人的人，称为"键盘侠"。小到普通人，大到名人大腕，一旦惹上他们，便会遭受网络暴力，轻则抑郁，重则轻生。"键盘侠"在虚拟的世界里，借着匿名和隐蔽，不加约束，暴露自己的阴暗面。有人是为了宣泄私愤，有人是盲目跟风，有人是博人眼球，还有人自以为在维持社会正义，但却在每一次不负责的言论后，陷别人于痛苦的深渊。

其实，"键盘侠"只是以"侠义"之名，施"语言暴力"之实；以"责任"之名，行"胡作非为"之事。很多事件我们只是旁观者，作为一个旁观者，最需要的就是理智和冷静。毫无依据地评断是非，无异于不负责任地推波助澜。所以，不明真相的责任感，比实际作恶更可恶。要知道，雪崩的时候没有一片雪花是无辜的。

设计意图：

通过"键盘侠"事件，激发学生的认知冲突，让学生体会到数字公民责任要在理智和明智的前提下发扬。

【学而习之】

活动五

数字公民的素养还体现在数字技能的使用上，针对本区域中学生的数字技能水平进行调查，进行统计分析数据，并结合信息技术，课下制作分析报告图表，形成自己的调查报告。

烟台开发区中学生数字技术调查问卷

Q1：你目前所读的年级？（单选）

　　初一　　初二　　初三　　初四

Q2：你的性别？（单选）

　　男　　女

Q3：你知道全国青少年网络文明公约吗？（单选）

比较了解　　略有了解　　不知道

Q4：你一般使用哪些方式上网？（可多选）

　电脑上网　　手机上网　　平板电脑（Pad）上网

Q5：您在家学习遇到问题时，会上网搜索资料吗？

　从来没有　很少发生　偶尔发生　经常发生　总是如此

Q6：你一般每天上网多长时间？（单选）

　1个小时以下　1~2小时　3~5小时（超过2小时算3小时）

　超过5小时

Q7：你通常上网都做些什么？（多选）

　上网课　　聊天　　玩游戏　　听音乐看电影

浏览新闻　　　查找学习资料　　　网购　　　逛论坛
发微博　　　收发邮件　　　其他（请注明）

请各位同学根据自己的态度在括号中选填一个数字代表同意的程度，从1到5依次表示：完全不同意、不同意、不确定、基本同意、完全同意。

1. 我能熟练使用计算机的基本操作（键盘打字、整理文件、上网游览等）。
（　）
1　　2　　3　　4　　5

2. 我能熟练使用数字化工具编辑图片或视频。（　）
1　　2　　3　　4　　5

3. 我能通过阅读使用说明，很快掌握新设备或软件的使用。（　）
1　　2　　3　　4　　5

4. 我几乎每天都会上网查找资料，并能自我控制上网时间。（　）
1　　2　　3　　4　　5

5. 我能判断网上信息的真假、分辨健康和有害的信息。（　）
1　　2　　3　　4　　5

6. 我能自己解决一些电脑故障（网络问题、电脑病毒、内存不够等）。
（　）
1　　2　　3　　4　　5

7. 我每天都会用QQ、微信等社交工具进行在线交流，并能遵守网络文明公约。（　）
1　　2　　3　　4　　5

8. 我会使用计算机语言编程（比如python），并尊重他人知识产权。（　）
1　　2　　3　　4　　5

9. 会与同学合作并分享收集的数据资料，了解并能遵守有关信息使用的法律和法规。（　）
1　　2　　3　　4　　5

10. 数字技能的掌握能提升我的学习能力。（　）
1　　2　　3　　4　　5

11. 我经常参加学校开展的数字技术课程。（　）
1　　2　　3　　4　　5

12. 学校布置的作业经常需要通过上网或计算机完成。（　　）

1　　　2　　　3　　　4　　　5

设计意图：

用具体的数据来反映当代中学生的网络使用情况和数字技能水平，展开针对性技能培训。

活动六：搜索引擎技巧以及各类学习软件的使用培训

有问题，找百度，百度作为国内最大的搜索引擎网站，几乎所有人都使用过，但搜索页面经常有许多广告和无效的信息，对我们的使用造成了一些困扰，其实搜索引擎一般都会具有一些高级的搜索技巧，掌握这些技巧之后就可以过滤掉一些不想要的噪音，迅速找到自己想要的信息，下面就给大家分享一个搜索技巧。

搜索技巧：我们可以将完整不可拆分的关键词用""双引号或者《》书名号括起来进行搜索，这样百度就不会将关键词拆分后搜索了，得到的结果也是完整的关键词。比如：搜索 "德融数理知行合一"和《德融数理知行合一》，这样"德融数理知行合一"是不会被拆分成"德融数理"和"知行合一"两个词再检索的。

各学科学习软件推荐：

历史：全历史；地理：华夏万象；政治：时事政治、全世界；化学：烧杯；物理：赛学霸、物理实验室；生物：高中生物；语文：纸条；数学：洋葱学院；英语：英语魔方秀；时间管理：番茄ToDo。

【融会贯通】

活动七

根据小吴的个人信息，为其设计密码，并学习一种密码设置规则。

小吴（Daniel Wu）

生日：1974年9月30日

个人信息：183 cm/79公斤/天秤座/A型

手机：×××××

如果有些密码出现重复或者雷同，那么就意味着这些密码是有安全隐患的。

1. 设置密码要求不少于 6 位。

2. 尽可能地陌生。很多人喜欢用自己的姓名、昵称、出生日期、电话号码或者其他一些使用频率比较高的词作为密码的内容。

3. 尽可能地复杂。使用数字、字母，甚至与字符相结合。

4. 不要使用同一个密码。

5. 定期更换密码。

6. 不要保存密码。

学习安全系数较高的密码设置规则：

密码第一位：我名字拼音的第三个字母，大写：X；

第二位：#

第三位：服务商的首位字母小写或数字，如 QQ，就是：q

第四位：生日最后一位数字：0

第五位：数学老师的姓氏小写字母就是：c

第六位：&

按此规则，我的 QQ 密码是：X#q0c&；163 邮箱：X#10c&。这样密码由大小写字母混合、数字、字符组成，而且每个账号的密码都不一样，只要记住你的密码规则，就可以记住你所有账号的密码，再也不会忘记密码。

设计意图：

通过设计密码，感受个人隐私泄露就在身边，学习密码设置规则，提高数字公民的隐私保护意识。

活动八

1. 发布争做合格数字公民的倡议书。

数字世界法律法规不虚拟，积极践行网络道德规范；合理限制地使用手机，不沉迷、能抽离，平衡线上和线下生活；提升数字技能、保护网络隐私和名誉，合理文明地参与网络讨论，明辨真假不传谣，规范自己的网络足迹，主动参与到抵制网络有害信息的行动中去。

2. 制订个人网络使用计划。

小组每位成员制订自己每周以及假期的网络使用计划，包含手机、电脑、平板电脑等具体使用时间段和使用频率，并附加一个长期或短期的学习目标。

设计意图：

激发学生的规则意识，文明合理地使用网络的规范意识，对数字健康内化于心。

五、活动思路图示

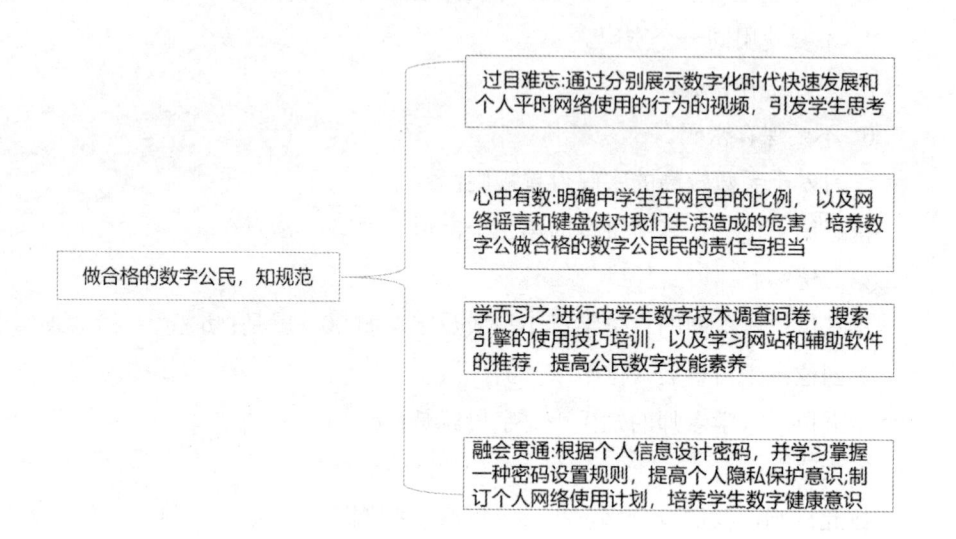

做合格的数字公民，知规范
- 过目难忘：通过分别展示数字化时代快速发展和个人平时网络使用的行为的视频，引发学生思考
- 心中有数：明确中学生在网民中的比例，以及网络谣言和键盘侠对我们生活造成的危害，培养数字公做合格的数字公民民的责任与担当
- 学而习之：进行中学生数字技术调查问卷，搜索引擎的使用技巧培训，以及学习网站和辅助软件的推荐，提高公民数字技能素养
- 融会贯通：根据个人信息设计密码，并学习掌握一种密码设置规则，提高个人隐私保护意识；制订个人网络使用计划，培养学生数字健康意识

六、拓展延伸

学生明确自己在网络空间中的权利和义务，学会保护自己的网络隐私，能管理电子产品的使用时间，能够平衡线上和线下的生活，通过个人网络使用计划的跟踪，培养学生的数字健康意识。

（陈学鑫，男，中学二级教师，数学）

生命健康教育

一、概述

青少年是社会主义事业的建设者和接班人,青少年的生命质量决定着国家和民族的前途与命运。现代社会物质生活的日益丰富和社会环境的纷繁复杂,使初中生的生理成熟期明显提前,极易产生生理、心理和道德发展的不平衡现象。

同时,随着社会竞争的加剧,个体的生存压力越来越大,青年学生的生理和心理问题也越来越多,如对生命不够珍惜,世界观价值观出现问题。因为开展生命教育是促进初中阶段学生身心健康成长的必要条件,所以迫切需要开展生命健康教育,培养初中生形成科学的生命观,进而为学生树立正确的世界观、人生观和价值观奠定基础。

二、进阶性主题介绍

初一明理·感悟生命,重塑自我

初一的学生处在身心成长的关键时期,是形成自我认识、优良品格和综合素质的关键时期,但此时,他们的身心发展还不成熟,认识问题、分析问题和解决问题的能力有限。只有通过多种途径,利用好班会这个德育主阵地,让其感悟到生命的宝贵,实现认识生命、欣赏生命、塑造生命的目标。基于初一"明理"这一德育主题,确定初一的生命健康教育主题为"感悟生命,重塑自我"。

初二修身·敬畏生命，感恩生活

初二级部属于心理生理成长的关键期，促进初二学生树立生命道德观念，敬畏生命，增强生命责任感和使命感显得至关重要。应帮助学生在日常生活中落实自尊自律，爱惜身体，关爱生命，帮助他人，坚守生命道德底线，用感恩之心面对生活。

初三励志·珍爱生命，健康成长

初三的学生处于青春期，他们的内心充满了冲动和冷静、独立和依赖、成熟和幼稚等错综复杂的矛盾。不少学生对自身生命安全的关注远远不够，生命意识淡薄，甚至在潜意识里认为，与自己所面临的学业压力、心理矛盾相比，生命很渺小。于是，一旦遭受挫折，初三学生往往就会采取极端行为。当务之急是使其懂得个人的生命既属于自己，又属于家庭和社会。提升生命安全防范意识、认识个人的生命在集体和社会中的价值和意义，知道要从日常小事做起实现人生价值。因此，把初三的生命健康主题定为"珍爱生命，健康成长"。

初四担当·激扬生命，提升境界

初四是初中阶段的最后一年，中考是学生们人生中的第一个"分水岭"。刚刚经历过初三阶段波澜壮阔的青春激荡，迎来了稍显踏实、沉稳的阶段，不少同学对自己的人生有了初步的认识与规划，激扬的生命长河给予了每个人的生命以无限的可能。另外，初四阶段是学生三观的初步定型时期。此阶段的学生已经小有阅历，比以往任何时候更能明确责任与担当。仅仅生存，不叫生命，让生命更加丰富，更加生动，需要我们勇于担责，不懈奋斗！基于此，初四的生命健康主题为"激扬生命 提升境界"。

初一明理·感悟生命，重塑自我

一、活动目标

1. 能够清楚地认识到生命的可贵，学会珍爱自己的生命。
2. 学会热爱生命，正确看待困难和挫折，努力在日常小事中实现生命价值。
3. 树立自卫、自救的观念，形成自护、自救意识，杜绝不安全活动，珍爱生命，健康成长。

二、活动策略

1. 学生通过数据的计算，产生情感上的共鸣，深刻认识到生命的可贵。
2. 透过数据能进行理性分析、理性思考，通过体验活动产生真切感受。
3. 能倾听伙伴对于生命的感悟，以实际行动。

三、活动准备

1. 搜集人类生命孕育视频及图片。
2. 准备生活中身残志坚的例子。

四、教学过程

【过目难忘】

全体同学观看植物生命的脉动及人类生命孕育视频，展示自然界各种生命孕育的图片，感受生命的伟大与神奇。

设计意图：
让同学们见证一个个自然界生命的奇迹，感受生命的来之不易。

【心中有数】

活动一：挽救生命

我国每年大约有 16000 名中小学生非正常死亡，平均每天有 40 名中小学生因为食物中毒、安全事故、自杀、溺水等原因死亡，也就是说每天差不多有一个班的学生"消失"，专家表明，这些意外伤害事故中的 80% 是可以避免的。如果我们中学生可以树立健康的生命意识，按照每年可以避免 80% 的意外，请你计算一下，每年可以挽救多少生命。

设计意图：
用具体数据来展示生命的可贵。

【学而习之】

活动二：体验孕育生命的艰辛

请学生在胸前背上一个 5 公斤重的沙袋，来扮演怀孕的准妈妈，并规定不能用手扶沙袋，绕教室走完两圈并完成弯腰拾铅笔，系鞋带等一系列日常生活中轻而易举完成的动作，完成过后让体验者谈一谈做"准妈妈"的感受。

设计意图：
模仿孕期准妈妈，感受生命的来之不易。

活动三：事迹介绍

向同学们介绍约翰·库缇斯、贝多芬、海伦凯勒、霍金等人身残志坚的励志事迹。

设计意图：
让同学们体会到生命的顽强，提升生命的宽度。

活动四：我的人生五样

创设情境：学生想象进入人生的超市，超市里物品琳琅满目，摆满了各种各样你渴望拥有、得到的东西，同时摆满了你已经拥有的一切事物。

游戏规则：从超市摆放的物品中挑选五样你觉得最想拥有，最不愿失去的东西。它可以是最珍惜的物品或人，可以是现实中的，也可以是精神世界中的，可以是具体的，也可以抽象的。

你的人生五样是什么？按照主次顺序将它们进行排序，排出它们在你心目中的顺序。

设计意图：

让学生感受到生命的珍贵，进一步感悟生命伟大，重塑自我。

【融会贯通】

活动五：从我做起

作为青少年，如何珍爱自我，塑造自我？着眼于现在，我们应当如何做：

1. 增强防骗意识，向家人做好宣传，提高家人的防护意识。
2. 知道健康食品与垃圾食品的区别，树立健康的生活方式，不暴饮暴食，拒绝垃圾食品。
3. 增强体育运动意识，适当进行身体锻炼。
4. 培养学生的兴趣爱好，丰富自己的课余生活，陶冶情操。

知行合一：

请你点评班级中不珍惜生命的例子，并且找出班级中符合我们上述做法的例子，落实到学习生活中。

活动评价：

1. 能举出具体事例，并能对事例进行深入分析，对青少年如何塑造生命价值有所触动。
2. 能从当下和未来两个层面进行交流，语言流畅，情感充沛具有带动性。

设计意图：

从具体行动做起，感悟生命，重塑自我。

五、活动思路图示

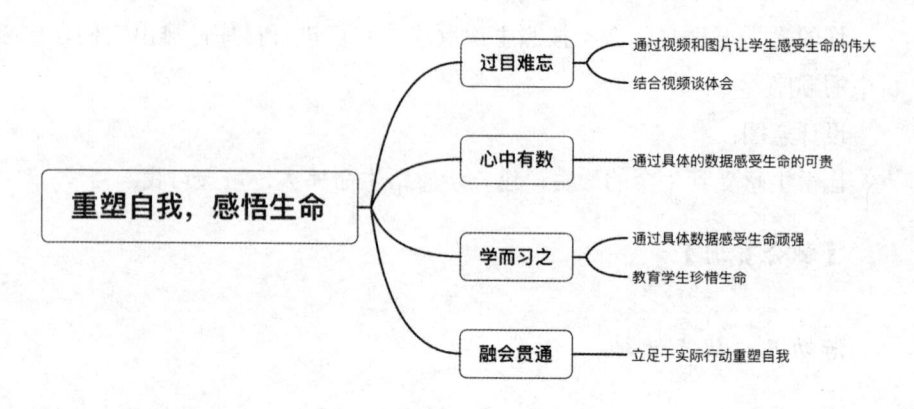

重塑自我，感悟生命
- 过目难忘
  - 通过视频和图片让学生感受生命的伟大
  - 结合视频谈体会
- 心中有数
  - 通过具体的数据感受生命的可贵
- 学而习之
  - 通过具体数据感受生命顽强
  - 教育学生珍惜生命
- 融会贯通
  - 立足于实际行动重塑自我

六、拓展延伸

每天记录一件美好的事情。每日一事可大可小，只要你觉得他们美好即可。可能记录的事情会有所重复，但是没关系，重点是我们要用心体验美好事件带来的感受。

（赵梦婷，女，中学二级教师，物理）

初二修身·敬畏生命 感恩生活

一、活动目标

1. 感受生命的神奇和可贵，树立正确的生命观。
2. 用正确的人生观、价值观和世界观看待生命和世间万物，懂得敬畏生命。
3. 心怀悲悯之心，感恩社会和国家，珍惜美好生活。

二、活动策略

1. 通过视频场景感受生命的神奇与伟大，使学生萌发出对生命的敬畏之情。
2. 通过解读数据，感受生命的代价与神奇，深化对生命的敬畏感与责任感。

3. 通过案例分析和情境体验，感受生命的责任与价值，学会关心、爱护他人生命，感恩美好生活。

三、活动准备

1. 书籍《我很重要》。
2. 小卡片。

四、活动过程

【过目难忘】

播放视频《大自然母亲会说话》，通过视频，学生体会到大自然的神奇力量，树立对生命、对大自然的敬畏之情。

【心中有数】

活动一：生命的代价

我们的身体构成也是非常神奇的，以骨骼和眼睛为例。

骨骼：成年人骨的精确数据因人而异，一个正常的成年人有206块不同形状和大小的骨骼。人骨骼的强度像花岗岩一样，一块火柴盒般大小的骨头能够承受9吨的重量，承受能力是混凝土的3倍。

眼睛：眼睛蒙黑1分钟，它的寻光敏感程度就能增加10倍；蒙黑20分钟就能增加到原来的6000倍；蒙黑40分钟增加到原来的25000倍。人的眼睛能在夜间看见40千米以外的灯光，可以辨别出超过800万种深浅不同的色调。

设计意图：

得出结论，我很重要。每个学生都应该有勇气说出自己很重要。（毕淑敏《我很重要》原文对应）提升对生命的敬畏感和责任感。同时通过数字的呈现，感受人体神奇的构成，提升对生命的敬畏感，爱惜自己的身体。

结论：身体发肤，受之父母，不敢毁伤，孝之始也。（《孝经·开宗明义章》）

【学而习之】

活动二：敬畏生命，应当做到珍惜自身生命

小组讨论：

结合自身实际，从居家生活，学校生活，心理健康等诸多方面谈谈对珍爱生命的理解。

教师总结：

1. 养成健康的生活方式。
2. 学会自我防护。
3. 维持稳定的心理健康状态，合理宣泄情绪。

设计意图：

将对生命的敬畏之情落实到具体的行动当中，爱护自己的身体，呵护精神健康。

活动三：敬畏生命，还要做到爱护他者生命

呈现照片《男儿膝下有黄金》。人们都说"男儿膝下有黄金"，而上海市第三批支援湖北医疗队队员、上海交通大学医学院附属仁济医院 37 岁的医生余跃天，"跪"在地上整整 10 分钟，从患者胸腔中缓缓抽出 500 毫升的气体，终于让一位呼吸困难的患者转危为安。这是对患者的爱护，对他者生命的无上敬畏。

如果把一个人类细胞和一个植物细胞放在一起，那它们是非常相似的。在生命的河流中，我们来自同一个遥远的源头。所以平等看待自然万物，这是我们敬畏生命应有的态度，一点儿都不过分。

设计意图：

将对生命的敬畏由自我拓展至他人。

活动四：敬畏生命，更应感恩当下

展示照片：《落日余晖下的背影》。

2020 年 3 月 5 日，武汉大学人民医院东院，复旦大学附属中山医院援助湖北医疗队队员刘凯医生，在护送病人做 CT 的途中停了下来，让已经住院近一个月的 87 岁老先生好好地欣赏了一回日落。

一个病人，一个医生，金色的阳光洒在他们身上，两个人就这样静静地欣赏着落日的余晖，享受这难能可贵的一刻，这就是对"珍惜当下"最好的诠释。

设置问题：

身为初二的学生，我们该如何做到珍惜美好生活，感恩当下，让青春散发出该有的色彩？

活动评价：

1. 能正确解读图片传达出的信息，与图中人物共情。
2. 能够从图片情景联想到自身实际，立足自身谈谈如何珍惜美好生活。

设计意图：

通过直观的图片冲击，反思、感受当下的美好生活。

【融会贯通】

呈现几种因生活中、学习中的不愉快伤害自己身体，乃至放弃生命的极端案例，让学生学会设身处地地分析事件发生的原因及思考理性解决问题的办法，将所学运用到实践中，真正有所践行。

经过一番设身处地地深入思考，学生更加深刻地体会到生命对自己，对家人，对社会的重要意义，深化对生命的敬畏意识，感恩当下的美好生活。

最终落实到学生能够合理安排自己的日常生活，有规划的生活。能够从自我生命的爱惜，走向对他人生命的关怀，有感恩意识，珍惜美好生活。

最后，以小卡片的形式书写本节课的收获与感悟，彼此分享交流，然后以汪国真的《热爱生命》进行最后的情感升华。

活动评价：

1. 能结合自身经历说出具体问题的具体解决方法。
2. 在分析案例的同时，做到自我反思，提升生活状态和生活境界。

设计意图：

将前面所学真正落实到具体问题的解决，深化对生命的认识，践行对生命的责任，感恩当下美好生活。

五、活动思路图示

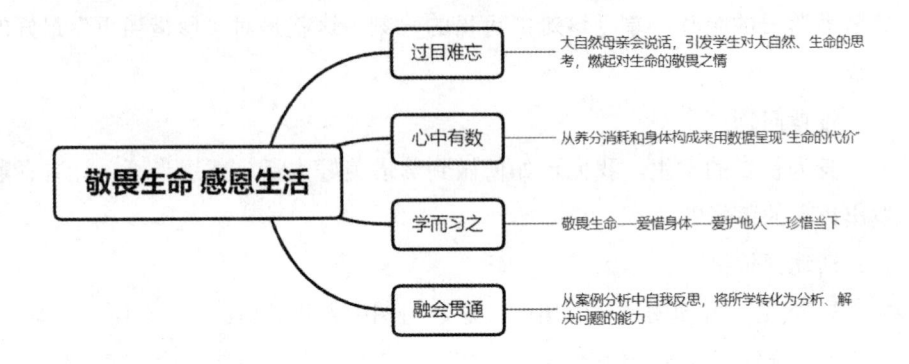

```
                  ┌─ 过目难忘 ── 大自然母亲会说话，引发学生对大自然、生命的思
                  │              考，燃起对生命的敬畏之情
                  │
                  ├─ 心中有数 ── 从养分消耗和身体构成来用数据呈现"生命的代价"
  敬畏生命 感恩生活 ┤
                  ├─ 学而习之 ── 敬畏生命——爱惜身体——爱护他人——珍惜当下
                  │
                  └─ 融会贯通 ── 从案例分析中自我反思，将所学转化为分析、解
                                 决问题的能力
```

六、拓展延伸

以修身日记的形式记录爱护身体，帮助他人，以及生活中的小美好。

（姜晓玲，女，中学二级教师，道德与法治）

初三担当·珍爱生命 健康成长

一、学习目标

1. 认识到生命的宝贵，生命来之不易。
2. 提升热爱生命，珍爱生命的意识。
3. 树立正确的生命价值观，实现自我生命价值。

二、活动策略

1. 通过观看视频，产生情感共鸣，体会生命的来之不易。
2. 通过解读数据、呈现事实、独立思考达成珍爱生命共识。
3. 通过案例分析、情景剧再现，填写珍爱生命班级公约等活动，实现由知到行的转换。

三、活动准备

1. 师生共同收集关于生命、珍爱生命、实现生命价值的事例、图片、视频。
2. 反映疫情期间医护工作者工作状况的数据。
3. 行动卡。

四、活动过程

【过目难忘】

观看母亲孕育生命的视频。

师：通过这个视频，相信同学们感受到了生命的伟大与神奇，同时也能感受到母亲孕育一个生命的艰辛。

让同学们通过观看视频见证一个个自然界生命的奇迹，感受生命的来之不易。

【心中有数】

活动一：热爱热爱

实际上，一个生命的诞生到成长，除了母亲怀胎十月的孕育，更离不开家庭、学校、社会及国家的培育，接下来我们通过一组数据来进行感知。

1. 一个生命的孕育、成长需要父母花费多少时间（假设父母每天花在孩子身上的交流、接送、辅导等时间是 2 小时）？

　　怀孕 =10 个月

　　出生后 =2×365×16=11680 小时 =4 年的工作日

2. 一个生命的成长需要父母花费多少的金钱？

按照计幼儿（0～7 岁）一个月花费 1000 元；中小学生（7～16 岁）每年花费约 1.5 万元至 2 万元，另外现在还有各类的补习和培训费。

　　幼儿 =7×12×1000 元 =84000 元 =8.4 万；中小学 = 9×1.5 万 =13.5 万

　　其中，还不包括你生病的费用，你的零花钱，等等。

3. 从小到大需要多少个老师的辛勤付出？

幼儿园至少 6 个老师；小学至少 10 个老师；中学至少 10 个老师。

4. 需要哪些人的关爱？

亲戚、同学、朋友等。

5. 国家社会提供哪些条件才能茁壮成长？

教育、医疗，等等。

通过以上的数据分析，你有什么感悟？

生：我们的生命不仅仅属于我们自己，在我们成长的过程中，更承载着家庭、社会、国家的倾心培育，所以，我们要热爱生命，珍爱生命。

设计意图：学生们在科学严密的计算中完成了价值判断：我们的生命不仅仅属于我们自己，在我们成长的过程中，更承载着家庭、社会、国家的倾心培育，所以，我们要热爱生命，珍爱生命！

【学而习之】

活动二：珍爱生命

小组讨论：生活、学习中如何热爱生命、珍爱生命？

既然同学们已经认识到生命的重要性，那在日常生活中、学习中，我们应该怎样热爱生命，珍爱生命？

接下来，我们以小组为单位，进行 3 分钟的讨论，把大家想到的进行分享交流，并确定一个中心发言人进行分享，一名同学做好记录。

3 分钟后小组进行分享：

A 组：进出校门、上下楼梯要有秩序，防止发生校园踩踏事件。课间休息不追逐打闹。

B 组：遵守交通规则，不横穿马路，不私自骑自行车上路。

C 组：珍惜生命，就是要正视生活中遇到的困难、挫折，热爱生活，以积极乐观的心态面对生活。

师总结：同学们说得特别棒，没错，珍爱生命不仅仅是避免身体受伤害，更是要有健康的心理状态，以积极乐观的态度面对挫折，热爱生活。

设计意图：通过小组活动增强学生珍爱生命的意识，引导学生在日常学习生活中关爱自我，热爱生命。

活动三：分享观点

现实生活中，在我们周围或多或少仍存在一些漠视生命的现象，如果是你，遇到以下情况，会怎样劝说。（PPT展示：①双手撒把骑车；②青少年自残；③虐待小动物等漠视生命的例子）

同学畅所欲言，进行分享。

教师总结：生命是人生最宝贵的东西，没有任何等价物，任何东西都不能代替它。生命对于每个人来说，只有一次，失去了就不可复得。我们既要珍惜自己的生命，也要珍惜他人的生命。

设计意图：列举生活中漠视生命，虐待动物等例子。通过学生对问题不同的理解，进行正向观点阐述。

【融会贯通】

活动四：生命的价值

PPT展示两位已经白发及鬓仍然为祖国鞠躬尽瘁，辛苦付出的中国工程院院士钟南山和李兰娟。他们用实际行动告诉我们：做一个有责任、有担当的人，这才是生命的价值体现！引导学生积极畅谈自己心中实现人生价值的名人事例，同学们可能会举例为国争光的奥运健儿，与病魔顽强抗争的保尔，为国捐躯的边防战士……

此时，PPT展示春夏秋冬、风雨无阻为我们上学、放学导护的保安，日复一日，送走一批批学生的食堂阿姨，这些人也在自己的岗位上默默坚守着，默默奉献着自己的生命。

教师总结：生命虽然平凡，但也能时时创造伟大。伟大在于创造和奉献。每个人的生命都有自己独特的使命。无数在平凡岗位上创造社会价值的普通人，就是在用认真、勤劳、善良、责任、勇敢书写自己的生命价值。

设计意图：意在使同学们体会平凡岗位也能实现自己的生命价值。

活动五：回归自我

有的同学会说：我现在只是一名中学生，力量微弱，没有什么英勇壮举，是不是就没办法实现自己的生命价值？

请先独立思考这个问题。假如你的同桌就是这为同学，你该如何劝导他？请以角色扮演的形式呈现。学生表演完，教师进行总结：中学生的生命价值是学习文化知识，但死学文化也不行，拓宽视野增长见识才是自我践行实践生命价值的最佳路径。

生命的意义不在于马到成功，而在于不断求索。正如屈原所言：路漫漫其修远兮，吾将上下而求索。用此信念去拥抱生活，热爱生命，生活才更充实，生命才更有价值。

现在再来谈一谈作为青少年，如何珍爱生命，实现自我？

着眼于现在，我们应当如何做；着眼于未来，我们应当如何做？引导学生从着眼于现在，着眼于未来两个角度进行阐述，并最终落实行动。

依次在课上总结的班级公约进行签字，张贴在教室宣传栏中互相监督后续的落实。

1. 帮助家长做力所能及的事情，注意自己的个人防护，同时也向家人宣传防护知识。

2. 积极主动进行网上学习，配合老师和家长完成学习任务。

3. 居家拒绝暴饮暴食，要学习室内体育运动知识，适当进行身体锻炼。

4. 培养兴趣爱好，如阅读、绘画、朗诵、演讲、书法、唱歌、跳舞等，丰富自己的生活，陶冶自己的情操。

设计意图：通过以上两个活动，回归自我角色，认识到在平时的学习生活中应珍爱生命，使学生珍爱生命的意识能够内化于心，外化于行。

五、活动思路图示

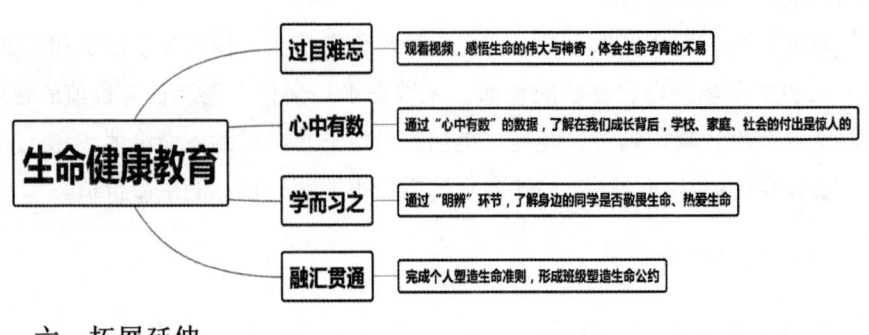

生命健康教育
- 过目难忘：观看视频，感悟生命的伟大与神奇，体会生命孕育的不易
- 心中有数：通过"心中有数"的数据，了解在我们成长背后，学校、家庭、社会的付出是惊人的
- 学而习之：通过"明辨"环节，了解身边的同学是否敬畏生命、热爱生命
- 融汇贯通：完成个人塑造生命准则，形成班级塑造生命公约

六、拓展延伸

1. 填写"珍爱生命，我在行动 ing"行动卡，并粘贴在侧墙的生命树上。

2. 组织参与一次"走近敬老院"义工活动，采访"夕阳老人"谈谈他们对生命的感悟，并将自己的收获进行总结，办一期"解码生命 花young青春"的主题板报。

设计意图：

将珍爱生命的宣言落实到实际生活中，延伸至课堂之外，化无形为有形。

（倪美媛，女，中学二级教师，数学）

初四立志·激扬生命，提升境界

一、活动目标

1. 加强生命价值的教育，感染学生，使学生珍爱生命健康成长。
2. 教育学生树立正确的价值观、是非观，有明辨是非的能力。
3. 培养学生努力实现自身价值的意识。
4. 培养学生为祖国贡献自己的一分力量的意识。

二、活动策略

1. 通过案例分析、数据分析认识生命的意义。
2. 通过制定方案将提升自身价值落实到实践中。

三、活动准备

1. 师生共同收集一天内为班级做贡献的和谐之音。
2. 搜集资料，了解各行各业奉献自我，实现价值的实例。

四、活动过程

【过目难忘】

活动一：播放视频

2020年是极不平凡的一年，疫情席卷而来，面对可怕的病毒，无数的医护工作者和各行各业的英雄们挺身而出,直面被病毒感染的危险,奋勇向前,最终战胜疫情。

提出问题:他们的行为对你有什么触动?

引出本节课的主题:激扬生命,提升境界。

活动二:出示图片(校园欺凌行为和游戏成瘾行为)

提出问题:他们的行为你认同吗?为什么?

设计意图:通过对比中学生存在的错误行为与抗疫一线医护工作者的感人事迹让学生意识到树立正确的人生观和价值观对自身和社会都有益,错误的行为只会害人害己。

【心中有数】

视频一:展示背着妈妈上学的男孩的视频,给学生视觉冲击。

设计意图:

现阶段学生家庭条件优越,反而不珍惜学习机会,同时,青春期的学生叛逆心理较重,对家长的爱并不珍惜,展示此视频与学生的认知发生冲突,引导学生说出作为中学生,应该珍惜学生时光,努力学习,才能实现生命价值。

视频二:展示 12 年后,背着妈妈上学男孩的后续故事。

视频中展示 12 年后刘秀祥成为一名乡村中学的副校长。同时出示相关数据,从数据中展示男孩的所作所为:他想用自己的亲身经历,告诉那些像他一样艰苦贫穷,处于迷茫中的孩子,他能走出大山,重写自己的人生,他们也一定也能。刘秀祥放弃了 55 万的年薪,回到农村教学一线,最多的时候,他同时兼任年级部主任、团委副书记、政教处主任、历史教研组长、文科组党支部书记 5 个重要职位,兼任 3 个班的班主任、担任 5 个班的教学工作,每周多达 40 节课。问他累不累,他说虽然很累,但是很快乐。当教师 7 年多的时间,2500 多个日日夜夜,刘秀祥几乎没有休息过。除了教学,刘秀祥周末做得最多的事就是骑着摩托车,跑遍望谟县的各个乡镇,挽救因为生活休学的学生。先后骑坏了 8 辆摩托车,每天走 5 万多步,把 400 多个孩子,从工地又重新拉回到校园。刘秀祥还到各地演讲,用自己的事迹鼓励更多的人追逐梦想。至今,他已经到各地演讲超过 1100 场,牵线一对一资助贫困学子 1700 多人。

设计意图：

通过数据展示男孩12年来不放弃自我的追求，努力实现自身价值的实例，让学生意识到即使外界条件艰苦，也应该坚守初心，实现生命的价值。

【学而习之】

活动三：先有国后有家

有的学生不参与班级值日，屡教不改，他说：打扫卫生耽误学习，值日一次加2分，课上抢答一次难题加2分，值日是一件不划算的事情。

学生辩论：值日划算吗？

通过学生辩论。引导学生说出值日是为班级做出贡献，同时能够培养自己的动手能力，学习是提升自身的知识水平和学习能力，两者兼顾并不冲突。

设计意图：

现阶段学生容易滋生自私自利的思想，认为对自己有用的才是有价值的，通过此环节纠正学生的这种观念，培养学生的奉献精神，纠正学生的价值观和是非观。

作为班级的一员，建设优秀的班集体需要大家齐心协力，同样的，国家的建设也需要我们的奉献。先有国，再有家，有的人不是不顾家，而是身后有整个国家。

活动四：为了国家

出示2020年中印边境冲突，4名牺牲边防英雄的照片，他们用勇敢、忠诚、鲜血甚至生命捍卫国土，他们不是不顾家，而是身后有整个国家。

引导学生说出在花样的年纪他们选择将国家放在第一位，甚至牺牲自己的生命，作为中学生也应该树立报国理想，努力贡献自己的一分力量。

提出问题：作为中学生的我们应该如何为国家贡献自己的一分力量？

设计意图：将学生的视线转入国家层面，为祖国贡献自己的一分力量，实现生命的价值。

【融会贯通】

活动五：分享事例

学生分享一件自己做过的一件有意义且印象深刻的事例。

活动六：五年规划

学生制定一份个人五年规划。

设计意图：

学生通过事例分享，回顾自己做过的有意义的事情，提高学生的奉献意识，通过制定具体规划，将"我想"落实到"我做"。

五、活动思路图示

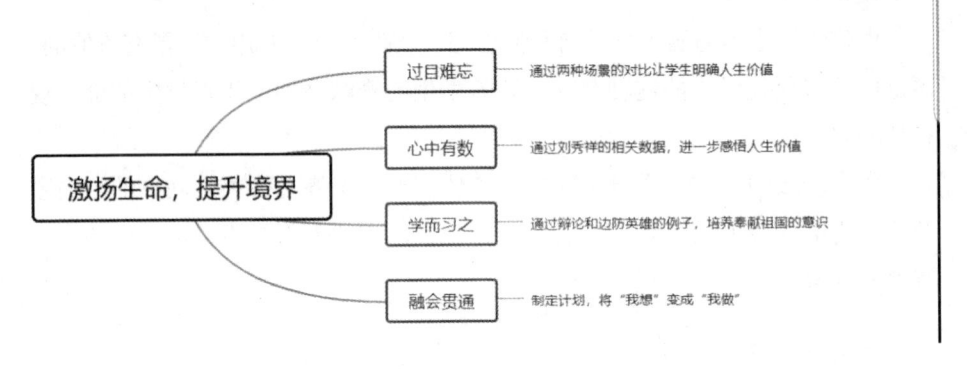

激扬生命，提升境界		
	过目难忘	通过两种场景的对比让学生明确人生价值
	心中有数	通过刘秀祥的相关数据，进一步感悟人生价值
	学而习之	通过辩论和边防英雄的例子，培养奉献祖国的意识
	融会贯通	制定计划，将"我想"变成"我做"

六、拓展延伸

制定每日打卡并在诚·毅日记中记录。

（刘红霞，女，中学二级教师，物理）

传统文化教育

一、概述

中华优秀传统文化是中华民族的精神命脉。2012年，教育部颁布了《完善中华优秀传统文化教育指导纲要》，要求在中小学开展中华优秀传统文化教育，以爱国主义为核心，包括家国情怀、社会关爱和人格修养三方面的教育，培养青少年学生的道德品质、理想人格和政治素养，明确了中小学在中华优秀传统文化教育中所应承担的责任。

改革开放以来，我国的传统文化教育得到快速发展，学校教育成为弘扬和继承中华优秀传统文化的主阵地，为了辐射周边，各个学校相继开设了形形色色的传统文化课程，例如国学课堂、传统节日踏寻、传统习俗的建模等特色课程。进一步深化了青少年对传统文化的理解，培养他们对祖国传统文化的热爱。但是目前看来，对于传统文化的传承，我们还有许多不尽人意的地方，主要表现在：一是部分学校只重知识的讲授，轻视文化内容的浸润。在具体的实践中，只停留在知识点灌输的层面，缺少了传统文化的认知、道德浸润、人文素养的挖掘与探究；二是部分学校的传统文化教育体系化不足；对传统文化的教育理念、教育精神认识不到位，对传授的内容缺少规划与系统地整合，对教学环节缺乏顶层设计和整体设计；三是教育教学中的技术性问题突出。主要表现为专业从事传统文化教育教学的教师太少，对古典文化的学习力和整体素质有待提升；四是全社会的关注度、支持度有待形成。目前，部分地区开设的传统文化教育的主体还是教师，场所还局限在校园，手段还主要来源于课本，还没有完全形成全社会参与、多元化支撑的良好态势。

学习中华优秀传统文化对青少年的成长意义重大，青少年正处在世界观、人生观、价值观形成的关键时期，面对社会上的一些不良诱惑，难以有较强的辨别能力和正确的应对能力。学习优秀传统文化，有利于提高青少年的道德修养、家国情怀，有利于提高学生辨别是非的能力、自我判断的能力，增强青少年的文化自信力。

综上所述，开展关于优秀传统文化的主题班会，提高学生的优秀传统文化素养，对培养学生全面发展具有重要意义。

二、进阶性主题介绍

传统文化主题班会，突破原有的知识理论说教，根据学生不同年龄的身心发展水平，增强学生对我国传统文化的理解和热爱，明确自己弘扬和传承优秀传统文化的责任。

根据"诚·毅"的德育目标，我们具体分析了四个年级的特点，初一是学生学习成长的重要转折点，对文学的认识处于直观和感性的阶段，因此通过文学篇让学生感受文学的魅力，明白文化传承的意义，我们确定了"陶冶性情，明文学之魅"的文学篇主题。

初二学生自主意识增强，有自己的想法，能够对"西方节日在我国盛行"等问题有辩证的看法，因此通过节日篇让学生深入了解我国传统节日的习俗，修正自己日常的举止言行，我们确定了"积累修身，悟节日之俗"的节日篇的主题。

初三是学生三观形成的关键时期，通过艺术篇让学生知道什么是真正的艺术，所以，确定培养正确审美观的"赏心悦目，品艺术之美"为艺术篇主题。

初四的学生从稚嫩走向成熟，通过传承篇，让学生分析我国传统文化在传承中出现的问题，主动承担起文化传承的使命。因此，确定"经典传承，立仁德之志"为传承篇的主题。

初一明理·传统文化之文学篇

一、活动目标

1. 感受诗词的画面美、韵律美。

2. 认识到基于汉字的中国诗词是一脉相承的，在学习中要用心体会诗心。

3. 鼓励学生在当下生活的情境中，运用或创造诗句表达情感，传递力量，使学生从诗词中学会诗意地生活。

二、活动策略

1. 通过诗词诵读和观看视频，学生可以直观感受中华诗词的内涵美和韵律美。

2. 通过数据和诗词赏析，学生可以体会诗词的意境和作者的情感。

3. 通过具体实例和数据，说明古诗词在当今时代仍具有强大的魅力，以及世界对中国文化的认可。

4. 通过情境假设、诗词演绎、建立公众号等方式，鼓励学生在当下准确运用诗词，用诗词点缀生活。

三、活动准备

1. 课件、资源、数据搜集。
2. 提前准备公众号。

四、教学过程

【过目难忘】

活动一：直观感受，赏中华诗词

活动：尝试说出有关"月"的诗句。

观看"飞花令"，数一数他们共说出多少关于"月"的诗句。

设计意图：短时间内通过大量诗词使学生直观感受中华诗词的丰富与韵律美。

追问：提到"月"你想到了什么？

设计意图：使学生明白"月"不仅有它的具体含义，更有"团圆""思乡""纯洁"等意蕴，这种纵隔千年传承下来的意象、情感，是文学赋予的无穷魅力。

【心中有数】

活动二：品经典文学，寻文学基因

中国文学是世界文学领域中的瑰宝。它有诗歌、散文、小说不同的文体以及词、赋、曲等多种表现形式，在各种文体中，又有丰富多样的表现手法，从而使中国古典文学绽放出壮丽辉煌的愿景。

诸子百家散文：《老子》《墨子》《庄子》《荀子》《韩非子》《淮南子》《孟子》《大学》《中庸》等。

诗经词曲文集：《周易》《尚书》《全唐诗》《全宋词》《乐府诗集》《尔雅》《楚辞》等。

史书传记：《史记》《汉书》《后汉书》《三国志》《春秋》《资治通鉴》《战国策》等。

百科学术杂书：《山海经》《水经注》《黄帝内经》《本草纲目》《齐民要术》《天工开物》《梦溪笔谈》《文心雕龙》等。

小说：《战国策》《烈女传》《西游记》《三国演义》《水浒全传》《金瓶梅》《红楼梦》《聊斋志异》《老残游记》《儒林外史》《官场现形记》《啼笑因缘》等。

设计意图：通过对中国古典文学的了解，可以让学生初步掌握中国经典文学，培养学生的热爱、喜爱、珍爱之情。

情感升华：现在我们有很多同学诵读诗词，只求应付考试、会背会写，根本不去体会古人那一颗颗诗心，要知道中国古人作诗，是带着身世经历、生活体验，融入自己的理想意志而写的，因此希望同学们在今后的诗词学习中理解每句诗、用好每句诗！

学生讨论：诗词在当下还可以用吗？

【学而习之】

活动三：融入当下，展诗歌活力

通过观看朱广权巧妙地运用古诗词进行新闻播报的视频，让学生感受到古诗词在当下仍有鲜活的生命力。

共通情感，铸磅礴力量

漂洋过海的援助物资包装上演了一场"环球诗词大会"。这不禁让人感慨短短诗句总能在某一个瞬间直抵人心，又润物无声。

使学生感受到诗词那种直达心灵、鼓舞生命的力量，同时也可以感受到世界对中国、对中国文化的认可。

活动四：诗词传承，架交流之桥

继《中国汉字听写大会》《中国成语大会》《中国谜语大会》之后，2017年春节，中央电视台又特别推出了大型文化益智节目《中国诗词大会》。据悉，全国共有5万多名诗词爱好者报名参加，选手身份从农妇到教授吸引人群之广泛。

这些来自不同岗位的普通人在《中国诗词大会》的舞台上，以文会友，用优美的古诗词你来我往，绽放出各自的精彩。

设计意图：借助于对诗词的喜爱，将传统文学进行传承，唤起学生对古典文学的热爱，开始走向文学。

活动五：兴发感动，照亮当下生活

活动：运用诗词不仅可以表达情感，更可以传递正力量。请你以小组为单位进行选题，并用合适的诗句作答。

选题1："人生难得知己，知己贵在相知"

如果你最好的朋友要转学了，你想在纪念卡片上留下什么诗句？

选题2：中华民族是一个崇尚英雄，英雄辈出的民族。

请你寻找我们"身边的英雄"，并用诗句向他们致敬！

选题3：奋斗是一种情怀，更是中华民族的精神所在。你自己或者身边的同学在学习生活中遇到低谷时，你想用哪句诗来给自己或他人力量呢？

设计意图：通过活动，使学生在理解诗词的基础上，抒发自己的感受，将诗词运用于当下生活，这才是诗词传承的重要意义。

【融会贯通】

活动六：创新诗词，致敬热爱的生活

以小组为单位创作打油诗，或将诗歌绘成画，或将古词改编为合适的歌曲，并组织进行成果展示。

冬天天冷成绩淡，夏天学的直冒汗。
要问现在怎么办，废话少说抓紧干！

——烟台开发区实验中学 2019 级某同学

设计意图：通过活动，使传统文学与现代生活融合碰撞。

五、活动思路图示

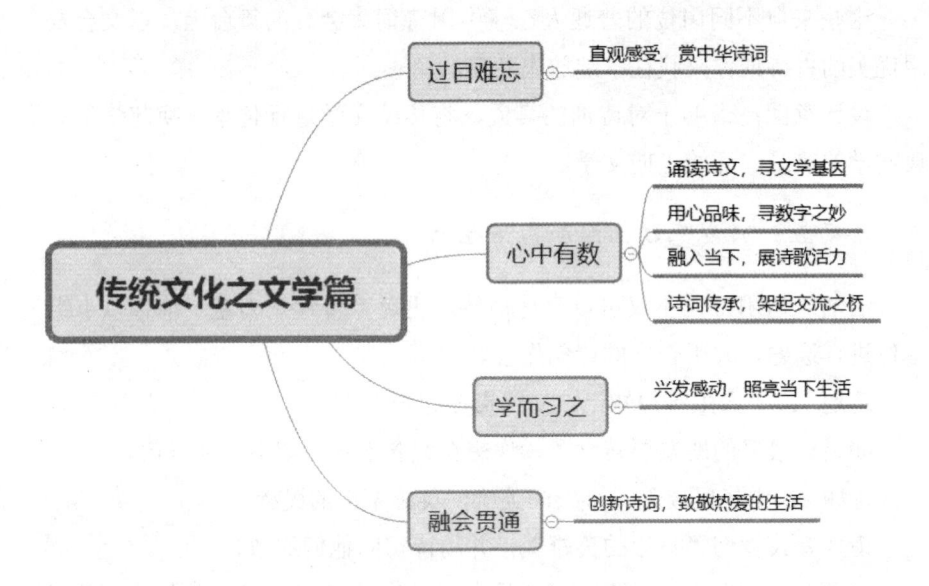

```
                          ┌── 过目难忘 ── 直观感受，赏中华诗词
                          │
                          │              ┌ 诵读诗文，寻文学基因
                          │              ├ 用心品味，寻数字之妙
传统文化之文学篇 ─────────┼── 心中有数 ──┤
                          │              ├ 融入当下，展诗歌活力
                          │              └ 诗词传承，架起交流之桥
                          │
                          ├── 学而习之 ── 兴发感动，照亮当下生活
                          │
                          └── 融会贯通 ── 创新诗词，致敬热爱的生活
```

六、拓展延伸

为了展示成果，起到宣传的作用，建立班级公众号。
以班级为单位，探讨开设什么宣传模块；
以小组为单位，选择擅长模块进行建设。
人生自有诗意，无论我们生活在哪里，
只要诗意充盈在我们心中，自会有一番广阔的天地！

（遇雅男，女，中学二级教师，地理）

初二修身·传统文化之节日篇

一、活动目标

1. 了解我国传统节日及习俗，并了解其丰富的内涵。
2. 通过收集资料，培养学生的学习能力和语言表达能力。
3. 通过对中国传统节日的探究，培养学生对中国传统文化的挚爱之情。

二、活动策略

1. 学生通过收集、交流传统节日的资料来领悟传统文化的魅力。
2. 学生通过展示、交流，加深对传统节日习俗的内涵理解。
3. 通过辩论，学生加强对传统节日的保护 。

三、活动准备

学生搜集有关传统节日的微视频、课件、纸质资料等素材并展示。

四、教学过程

【过目难忘】

同学们，让我们过目难忘的也许是一抹灿烂的微笑，也许是一个温暖的怀抱，也许是一片撑开的天空。生活中过目难忘的不全是鲜花雨露，生活中过目难忘的还有触目惊心！

（播放视频）中国人过了几千年的端午节，却有一些中学生说不清楚端午节的由来，这对于每一个中国人来说，意味着什么可想而知，作为中国人，你怎么看？

学生各抒己见。

小结：此事充分说明，保护和弘扬民族优秀传统文化是多么迫切、多么重要啊！但是，现实中，依然有人对我国传统节日不了解，有崇洋媚外心理，不重视中国的传统节日。

【心中有数】

"你收到了几个苹果啊?"

"收到你们的苹果和礼物,很开心!"

圣诞节的来临给校园带来了一股送礼热,苹果一词也成为当天出现频率最高的词汇。在校水果店苹果5元一个(平时2元一个),可谓达到了"天价",但学生们还是乐此不疲,一个班级45名学生,如果有20个人买苹果,学校共48个教学班,我们的学生为了追洋节浪费了多少钱?

圣诞节苹果消费:5×20×48=4800元

2×20×48=1920元

浪费:4800-1920=2880元

修缮青云村老宅子的门庭一个80元,一个圣诞节学生们浪费掉的费用可以为青云村修缮多少门庭:

2880÷80=36个

如果烟台市有260所初中,每所初中有30个教学班,那么单是一个圣诞节学生们浪费掉的钱可以为青云村的老宅修缮多少个门庭?

(5-2)×30×20×260÷80=5850个

通过对比,我们可以看到部分学生还是存在崇外心理,对于我们传统的冬至节、中元节、重阳节等,学生知之甚少,传统节日有多少?作为华夏儿女,传统的习俗我们传承了多少,为此我们做了问卷调查。

设计意图:通过数字告知学生,一味地崇外、媚外会丢弃根本,也会造成一定的经济损失,从而唤起学生对传统节日的重视。

活动一:完成调查问卷

调查结果:

1. 你所知道的传统节日有哪些?

春节	中秋节	端午节	清明节	重阳节
100%	100%	95%	95%	60%

2. 你是否知道这些传统节日有什么习俗（可做简要回答）

春节	中秋节	端午节	清明节	重阳节
扫尘，贴春联，贴窗花，倒贴福字，贴年画，守岁，放爆竹，长辈给压岁钱，食俗，蒸年糕，包饺子	吃月饼，赏月，猜灯谜，观潮	包粽子，吃粽子，赛龙舟，吃咸蛋，挂艾叶菖蒲，饮雄黄酒	插柳，扫墓，植树	登高，吃重阳糕，赏菊并饮菊花酒，插茱萸和簪菊花

3. 你是否知道这些传统节日习俗的来源？（可做简要回答）

春节	中秋节	端午节	清明节	重阳节
传说一个怪物"年"的故事	嫦娥奔月的传说	纪念爱国诗人屈原	二十四节气之一，最重要的祭祀节日，是祭祖和扫墓的日子	一个神仙故事，他是道教中人。（基本上是没有人了解）

4. 你最喜欢过的传统节日是哪一个？

春节	中秋节	端午节	清明节	重阳节
95%	84%	78%	43%	13%

5. 你一般怎么度过这个传统节日？

隆重庆祝	按习俗度过	像平时一样
37%	54%	19%

6. 传统节日和外国节日你喜欢哪个？

传统节日	外来节日
68%	32%

设计意图：通过调查，了解学生的对传统节日的认可度，培养学生热爱传统文化，传承传统文化。

活动二：节日习俗大放送

师生展示收集的资料，或者自己制作的成品，课前，同学们搜集自己最感兴趣的传统节日的习俗资料，课上一起展示，共同分享，小组比赛传统节日的习俗知多少。

设计意图：通过PK，加大学生对传统节日的了解，也让节日习俗深入人心。

【学而习之】

活动三：比对汉族与少数民族的习俗

中国的传统文化源远流长，我国由56个民族组成，请问各位同学是否了解过少数民族的传统节日？在习俗的异同中，作为不同的民族，我们要怎样继承？

例：少数民族节日知多少

民　族	主要节日	时　间
白族	火把节	农历六月二十四日
蒙古族	那达慕大会	农历七月至八月
苗族	四月八	农历四月初八

设计意图：通过搜集，把握不同民族的习俗，通过比对，加深理解。

活动四：申遗方案

通过比对，学生们发现民族之间有许多习俗是相通的，放映非物质文化遗产申遗的片段，加强学生对民族传统文化的保护意识。

我们国家非常重视保护非物质文化，出台了一系列保护和弘扬非物质文化的政策。相信大家在假日里与家人共度这些传统节日的时候，中华民族优秀传统文化的种子也一定会在大家心中生根发芽，开出绚丽的花朵，代代相传，发扬光大。请大家针对某一个传统节日，写一份申遗申请方案，组间分享交流。

任务或活动评价：师生共同交流有关传统节日的资料，在学生的民族自豪感被充分激起时，让学生看那段视频资料，听老师无比惋惜的叙述，使学生在强烈的反差中受到心灵的震撼，从而唤起更加强烈的爱国之情，激发保护、弘扬民族优秀传统文化的欲望！相信从这次活动开始，会有更多的人加入保护、弘扬民族传统文化的行动中来。

设计意图：通过推荐方案，来唤醒学生的爱国之情。

【融会贯通】

活动五：我们来思辨

有的学生喜欢过洋节，而摒弃我们的传统节日，作为华夏儿女，你认为我们是要继承传统节日，还是要继续推捧我们的洋节？

正方：传统节日，我来继承，因为_____
反方：西方节日，我来参与，因为_____
设计意图：通过思辨，让学生明白中国的传统节日的融入人心，修身明理，将其发扬光大。

活动六：传统节日文化要传承

春节期间，我们走亲访友，家家户户贴着春联或者福字，表达着美好的祝愿。让我们用自己的笔墨记录下这温馨的一刻。传统的节日中更有许多优美诗句，我们能将其融入于心吗？

1. 展示设计的春联，注意对联的对仗。
2. "心中有丘壑"，积累的诗句大比拼。

任务或活动评价：表演写春联、搜集古诗等活动既锻炼了学生手脑，又巩固了有关传统节日的相关知识，更是对学生切实开展弘扬民族优秀传统文化的举措，可谓一举多得。

设计意图：通过自己的积累，将传统节日铭记于心，并发扬光大；通过动手写春联，感悟传统节日的文化浸润。

五、活动思路图示

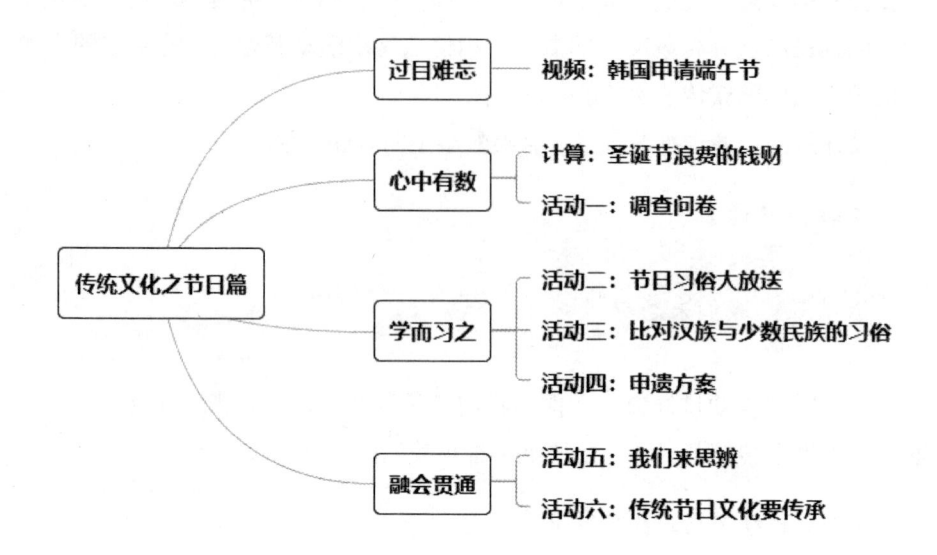

```
                  ┌─ 过目难忘 ──── 视频：韩国申请端午节
                  │
                  │                ┌ 计算：圣诞节浪费的钱财
                  ├─ 心中有数 ─────┤
                  │                └ 活动一：调查问卷
                  │
传统文化之节日篇 ─┤                ┌ 活动二：节日习俗大放送
                  │                │
                  ├─ 学而习之 ─────┼ 活动三：比对汉族与少数民族的习俗
                  │                │
                  │                └ 活动四：申遗方案
                  │
                  │                ┌ 活动五：我们来思辨
                  └─ 融会贯通 ─────┤
                                   └ 活动六：传统节日文化要传承
```

六、课后作业或达标检测

为家乡传统节日录一段小视频进行宣传。例如渔灯节。

（王志艳，女，中学二级教师，地理）

初三担当·传统文化之艺术篇

一、活动目标

1. 了解祖国丰富的传统艺术，感受艺术之美。
2. 树立保护与传承传统艺术的责任担当意识。

二、活动策略

1. 通过鉴宝活动，使学生直观地感受传统艺术的魅力和价值。
2. 通过数据和苏绣的制作过程，使学生体会传统艺术的难度之高。
3. 通过具体实例和数据，说明传统艺术在当今时代仍具有强大的生命力，以及世界对中国文化的认可。

4. 通过学习传统艺术背后的故事，激起学生的保护与传承意识，力图将一流的宝贵资源大力传承。

三、活动准备

1. 认识我们现代社会仍需继承传统艺术。
2. 树立传承和创新传统艺术的担当意识。

四、活动过程

【过目难忘】

同学们，传统艺术是我们的文化宝库中的瑰宝，今天我们一起走进"鉴宝"现场，去了解认识那些令人震撼的艺术瑰宝。

（出示凤袍、瓷器、书法照片）学生竞猜拍卖价格，让学生体会到文化艺术的价值之高。

【心中有数】

通过苏绣的刺绣过程和《清明上河图》的相关数据，了解传统艺术工艺之高，难度之大。

活动一

用具体的数据来展示苏绣的刺绣过程和《清明上河图》的绘制规模。

通常，一件普通的 30×30 厘米规格的绣品就要用 15 天来完成，因此，对刺绣者的要求也是非常严格的，刺绣者不仅要具备相当的艺术修养，还要懂得一些基本画理，同时，还要有耐心细致、一丝不苟的劳动态度和持之以恒、刻苦钻研的精神。

《清明上河图》宽 25.2 厘米，长 528.7 厘米，绢本设色。作品以长卷的形式，采用散点透视构图法，生动地记录了中国 12 世纪北宋汴京的城市面貌和当时社会各阶层人民的生活状况。是汴京当年繁荣的见证，也是北宋城市经济情况的写照。

《清明上河图》在中国乃至世界绘画史上都是独一无二的。在 5 米多长的画卷里，共绘了 814 个各色人物，牛、骡、驴等牲畜 73 匹，车、轿 20 多辆，大小船只 29 艘。房屋、桥梁、城楼等各有特色，体现了宋代建筑的特征。

设计意图：通过苏绣的刺绣过程和《清明上河图》的数据，了解传统文化艺术工艺之高，难度之大，感知传统文化艺术的价值。

活动二

出示《人类非物质文化遗产代表作名录》，为学生分析截止到 2021 年的中国非物质文化遗产申遗数据。

设计意图：让学生认识到传统艺术在当今时代仍具有强大的生命力，认识到世界对中国文化艺术的认可。

【学而习之】

通过观看视频和编写申遗推荐信展示传统文化艺术魅力，进一步论证传承中国传统艺术的重要性。

活动三

1. 播放视频：李玉刚在悉尼歌剧院的精彩表演。感受传统艺术与当代艺术的结合，体会京剧的形式美、音律美等艺术特色，引发学生思考我国传统文化艺术走向世界的原因。

2. 如果你是中国传统艺术的传播者，为了更好地宣传中国传统艺术，请你为传统艺术申遗写一封推荐信。

设计意图：观看视频和写申请书，感受传统艺术之美，进一步论证传承中国传统艺术的重要性。

活动四：辩论

在日新月异的今天，部分学生认为我们需要紧跟时代潮流与时俱进，摒弃传统艺术，不断接受新文化艺术，以适应时代发展。观点正确与否，你怎么看？请大家针对不同的看法进行辩论。

你觉得他的观点正确吗？分组进行辩论。

正方：当今时代，我们更应继承传统艺术。

反方：当今时代，我们更应追求新文化艺术。

要求：

1. 以四人为小组进行讨论，每组派一名同学作为辩手发言。
2. 辩手发言声音洪亮，论据清晰，观点明确。

活动评价：

1. 辩论时立场明确，语言清晰流畅。
2. 有论据支撑论点。
3. 学生通过辩论，认识到在继承的基础上追求新文化艺术。

设计意图：以辩论的形式激发学生树立保护与传承传统艺术责任的担当意识。

【融会贯通】

传承传统艺术，应该怎样做？

活动五

文化多元的今天，网络文化、西方文化逐渐向我国现实生活渗透，而且在西方文化的冲击下，越来越多的人开始盲目崇尚西方文化，否定中国传统文化，这对传统艺术的继承与发展产生了不利的影响。因此，要充分挖掘传统艺术所具有的当代价值，从而为人们树立良好的文化自信，并为我国建设文化强国提供有力的精神支撑。

随手拍活动：展示周末"文化艺术"照片，配文分享艺术故事，通过了解传统文化艺术学习到了什么精神（匠心、乐观、爱国、民族自豪），限时5分钟。

设计意图：

通过视频、随手拍等活动，引导学生观察生活中的艺术，认识到艺术蕴含的中华民族传统文化及艺术发展现状不容乐观，唤醒学生传承传统艺术的担当意识。

五、活动思路图示

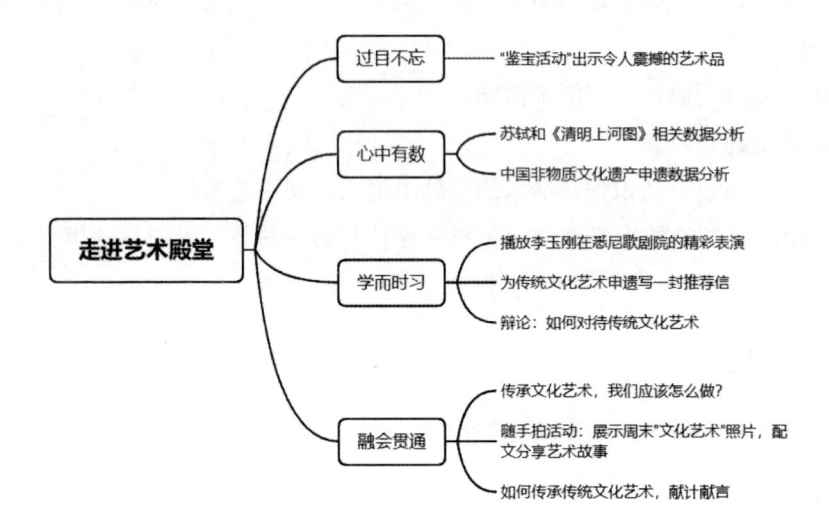

走进艺术殿堂
- 过目不忘 ——"鉴宝活动"出示令人震撼的艺术品
- 心中有数
  - 苏轼和《清明上河图》相关数据分析
  - 中国非物质文化遗产申遗数据分析
- 学而时习
  - 播放李玉刚在悉尼歌剧院的精彩表演
  - 为传统文化艺术申遗写一封推荐信
  - 辩论：如何对待传统文化艺术
- 融会贯通
  - 传承文化艺术，我们应该怎么做？
  - 随手拍活动：展示周末"文化艺术"照片，配文分享艺术故事
  - 如何传承传统文化艺术，献计献言

六、拓展延伸

在诚·毅日记中记录你每天的的学习进度，督促自己继承并发扬传统技艺，一周后举行班级传统文艺艺术展。

（张冰洁，女，中学二级教师，语文）

初四立志·传统文化之传承篇

一、活动目标

1. 认识当今社会对于传统文化的传承。
2. 领悟传统文化价值，激发传承发扬传统文化的志向。

二、活动策略

1. 学生通过数据的计算，深刻认识当今社会中的文化传承。

2. 学生通过讨论，认识到传承传统文化的重要性。
3. 学生树立起继承传统文化的意志，立志为中华文明之流传而努力。

三、活动准备

1. 认识我们现代社会中传统文化的渗透。
2. 了解传统文化对于现实生活的指导意义，树立传承文化的意识。

四、活动过程

【过目难忘】

同学们，炎炎华夏五千年，大浪淘沙，代际更替，中国的传统文化依然在流逝的岁月长河中熠熠生辉。不论是唐诗宋词、传统神话，还是圣贤语录、儒家精神，依然绽放在我们生活的每个角落！

（播放视频）视频中领导的讲话应用了大量的诗词典故，"国无德不兴、国之本在家、绝知此事要躬行、只留清气满乾坤、天下为公行大道"，等等。

同学们，你能说出多少句这样的古语佳句呢？

【心中有数】

当今社会，多元的文化使中国传统文化看似与社会生活疏离，但有这么一群人，守着这么一方沃土，静静传承着我们的传统文化。通过孔子学院和国际汉语教师的报告数据，了解当今社会中的文化传承。

活动一

用具体的数据来展示世界各地致力于汉语传播的机构和人员。

孔子学院最重要的一项工作就是给世界各地的汉语学习者提供规范、权威的现代汉语教材；提供最正规、最主要的汉语教学渠道。

2004年，全球首家孔子学院在韩国首尔正式设立。截至2018年12月，中国已在154个国家和地区建立548所孔子学院和1193个中小学孔子课堂，现有注册学员210万人，中外专兼职教师4.6万人。（新加坡中小学课堂中1名教师负责5名学生，但在国外的孔子学院中，1名教师负责50名学生，对比两个比例，你发现了什么？）

1∶5 VS 1∶50=1∶10

设计意图：用直观的数据让学生感受到世界各国对中国儒家文化的渴求，传播中国的传统文化是时代的需要。

活动二

在中国的传统文化中，儒家文化深入人心，在孔圣人的家乡曲阜，只要是中国的传统节日，能当场背出30句论语，即可免费游览"三孔"。你能免费游曲阜吗？

请思考：为什么会有这样"天上掉馅饼"的好事？

设计意图：用免门票的事例让学生初步感知国内对于传承传统文化的重视。

【学而习之】

活动三

图片展示：一幅世界地图上密布大大小小的孔子学院。

小组讨论：请同学们思考，为什么要在世界各地兴办大量的孔子学校，促进汉语和中华传统文化的传播？请大家思考，作为外国人，他们为什么要传播中国传统文化？同学们以四人一组进行讨论，并推荐一位小组成员作为代表发言。

设计意图：通过不同的小组成员的思维碰撞，学生可以认识到中国传统文化对世界的意义。

活动四

通过刚才的思维碰撞，很多同学认为输出中国传统文化的主要原因在于中华文明历史悠久，很多精神文明成果是经过时间和实践检验的，那么，儒家思想的道德准则是什么？仁、义、礼、智、信。

播放小视频，简单解释仁、义、礼、智、信的含义。

思考："仁、义、礼、智、信"这类传统文化对我们的当今社会生活仍具有指导意义吗？他们过时了吗？

请同学分享自己的观点，要求：观点鲜明、条理清晰。

老师总结：儒家思想对于我们生活的方方面面仍具有指导意义，小到同学相处、待人接物，大到国家交往、人生抉择，时时刻刻彰显着流淌在我们血液中的儒家文化情怀。

设计意图：以一个方面为切入点，让学生明确传统文化对于现代生活的意义，现代社会传统文化仍需传承和发扬。

活动五：辩论

当今社会，物欲横流，许多人打着传播传统文化的幌子"招摇赚骗"，比如兴建寺庙、放生拜佛，之前发生的国学幼儿园全素食就是对中国传统文化的一种扭曲。那么问题来了，封建迷信是不是传统文化的一部分呢？

正方：封建迷信是传统文化的一部分。

反方：封建迷信不是传统文化。

要求：

1. 以四人为小组进行讨论，每组派一名同学作为辩手发言。
2. 辩手发言声音洪亮，论据清晰，观点明确。

活动评价：

1. 能用完整而条理清晰的语言表述对传统文化与封建迷信的关系之间的思考。
2. 学生通过辩论，正确认识到传统文化的内涵。

设计意图：通过批判性思维的调动，学生能够正确认识传统文化，并了解其中的内涵。

【融会贯通】

通过视频等直观的方式进行传统文化传播人员的案例呈现，引导学生树立传承传统文化的意识。

活动六

播放"翻译大师"许渊冲的视频，引入孔子学院去世工作人员、著名外交大臣等案例，让学生认识到在传承中国传统文化中做出巨大贡献和牺牲的人们。

任何一种事物的传承，都会面临着困难，传统文化也不例外。请同学分享在传承传统文化的过程中可能会遇到哪些问题?

思考:作为中学生的我们,可以做些什么促进中国传统文化的传承?

设计意图:概括传统文化传播的现状,让同学们明确问题,带着问题出发。

活动七

假如学校要建设一间"孔子学堂",请以小组为单位,设计你们孔子学堂的课程大纲,包括科目、时间、要求、目的等。

活动评价:

1. 能全面了解中国传统文化的内容和内涵。

2. 激发学生树立传承传统文化的意识。

设计意图:引导学生树立传承传统文化的意识。

五、活动思路图示

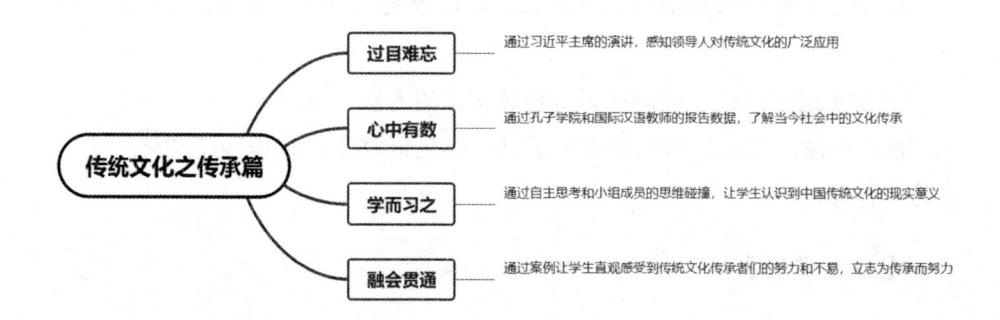

传统文化之传承篇
- 过目难忘:通过习近平主席的演讲,感知领导人对传统文化的广泛应用
- 心中有数:通过孔子学院和国际汉语教师的报告数据,了解当今社会中的文化传承
- 学而习之:通过自主思考和小组成员的思维碰撞,让学生认识到中国传统文化的现实意义
- 融会贯通:通过案例让学生直观感受到传统文化传承者们的努力和不易,立志为传承而努力

六、拓展延伸

在诚·毅日记中记录你对传统文化传承的感受和思考。

(岳亚倩,女,中学二级教师,英语)

励志成才教育

一、概述

学校教育,以育人为上,而育人的根本是"励志"。励志成才教育在培养学生思维,培育学生品质方面起着至关重要的作用。

初中阶段是学生形成正确的价值观、世界观和人生观的关键时期。青少年有了一定的文化基础,他们已经初步具有了辨别好坏的能力。然而,他们仍然对生活和未来的一些大计划感到困惑,这需要老师和家长的参与,引导他们做出正确的价值判断和价值选择。

现在的初中生大部分都是独生子女,生长环境优越,缺少吃苦耐劳的精神,抗压能力不足。学生进入青春期之后,比较叛逆,他们向往自由和独立,不愿与老师、家长沟通,师生关系和亲子关系比较紧张。同时,部分家长只关注到了孩子的物质需求,而没有真正地关注到孩子的精神需求。孩子提不起学习兴趣,学习动力不足及没有形成正确的学习观而导致学生在学习及成长过程中感觉到困惑与迷茫,是初中生面临的一个比较普遍和严峻的问题。

心理学研究发现,一个人如果没有受到激励仅能发挥其能力的20%~30%,如果受到正确而充分的激励,其能力将发挥80%~90%。教学不仅仅是教授学生知识,更重要的在于唤醒和激发,给学生动力,使他们不断前进,不断发展自己,并对自己的生活充满信心,由此,励志的重要性显而易见。

通过励志成才教育,激发和唤醒学生的内在动力,使学生产生内驱力,做到自律自觉,最终实现成人成才。同时,励志教育能够给予学生心理辅导,引导学生以乐观积极的心态和科学的方法处理问题,树立正确的自我意识,及时调节情绪,提高抗挫能力。

励志成才教育能够引领学生树立远大理想,激励他们积极坚定地朝着自己的目标前进，同时逐渐树立正确的人生观、价值观和世界观，并且努力培养学生良好的意志品质。

二、进阶性主题介绍

初一明理，主题为寻找榜样，明确方向。初一的学生刚刚踏入初中校园，处于成长的关键时期，是形成自我意识、自我认知的关键阶段，易受身边人物或者事物的影响，榜样的引导和带动会帮助他们树立正确的价值观，磨炼自己的品格，实现全面发展。榜样教育既能引导学生向榜样学习，又能引导学生规范约束自己的行为，提高思想境界和道德标准，养成良好的学习和生活习惯。

初二修身，主题为明确目标，引领成长。初二的学生面临会考的压力，为了能够更加顺利自如地迎接会考，明确学习目标尤为关键，而学习目标具有导向作用，能够激励并制约学生的言行举止。通过制定明确的学习目标，学生能够产生积极向上的心态，产生强大的学习动力，不同的目标会让学生分清主次，把握重点，攻克难关。

初三担当，主题为严格自律，塑造自我。初三的学生正处在青春期的高峰期，极易产生逆反心理，在思想、行为、心理等方面具有一定的复杂性和特殊性。严格自律能够让学生及时反思自己的思想和行为，取长补短，不断完善自我，养成良好的行为习惯，建立良好的人际关系，努力克服学习和生活的困难和挫折，自信勇敢地迎接中考的挑战。

初四立志，主题为认识自我，规划人生。初四的学生对自己的认识不够全面，人生定位不够清晰，对未来的人生缺少系统性地规划，为了使得个人成长和社会发展相协调，使他们初步具有基本明确的人生目标是很有必要的。规划认识教育能够启发学生进行自我探索，对自己的人生有初步的规划，站在人生的不同阶段看待现在的自己，树立长远的目标和理想。

初一明理·寻找榜样，明确方向

一、活动目标

1. 明确什么是榜样。

2. 感悟榜样的力量。

3. 寻找榜样，向榜样学习。

二、活动策略

1. 学生通过视频和图片对比，深刻认识到什么是榜样。

2. 学生通过数据的呈现，认识到榜样的力量。

3. 学生树立榜样意识，寻找身边的榜样，并向榜样学习。

三、活动准备

1. 认识到我们需要榜样的引领。

2. 寻找榜样，向榜样学习。

四、活动过程

【过目难忘】

活动一：播放视频《感动中国》（时长2分钟）

同学们，视频中出现的人物是不是我们的榜样？

呈现名人照片，再问同学们，他们是我们的榜样吗？这时候学生的回答并不一致，请同学们说出自己的理由。由此，你觉得什么是榜样呢？

设计意图：
这一活动让学生初步感知什么是榜样，学会辨别是非，避免走入误区。

【心中有数】

活动二：感受榜样的品质

榜样就是我们应该学习的人或事，或是能够给予我们动力与目标的人或事。我们能从榜样身上学习什么？下面通过以下数据来寻找答案吧。

1. 抗疫初期，400万名志愿者在全国65万个社区中坚守岗位，有的每天只休息两个小时，他们无私奉献，分布在抗击疫情的每一个角落，排查检测、

宣传教育、消毒杀菌，兢兢业业。（乐于奉献、勇于担当、恪尽职守）

2. 从 1999 年神舟一号，2001 年神舟二号，2002 年神舟三号飞船发射升空到 2002 年神舟四号，再到 2003 年神舟五号载人飞船发射成功，神舟六号、神舟七号……中国航天人一直走在奋斗的路上。（爱岗敬业、严谨刻苦、锲而不舍）

3. 近日，一份"学霸作息时间计划表"引发了无数关注，作息表上面非常详细地记录了学霸一天的安排。比如：凌晨 1 点睡觉、清晨 6 点起床、6 点 40 开始学习，晚上 9 点到凌晨 1 点都精细到每分每秒。（奋斗拼搏、严格自律）

请同学们计算一下"学霸作息时间计划表"中，学霸们平均每天学习几小时。

通过这些事例和数据，我们能够感受到榜样身上体现的爱岗敬业、乐于奉献、助人为乐、大公无私、刻苦拼搏等美好的品质，而这些正是我们所要学习的地方。

设计意图：
通过数据分析和解读引导学生感受榜样的美好品质，激励学生向榜样学习。

【学而习之】

活动三：小组分享

"同学们，你还知道哪些榜样事迹？你想向他们学习什么？"学生和小组成员一起分享榜样人物和事迹，最后选一名代表总结发言。

设计意图：
榜样都是经过磨炼和沉淀形成的，他们身上都有难能可贵的品质，能够引导学生树立正确的榜样观、价值观。

活动四：写一写，读一读

刚才在分享的过程中，我听到大部分同学都在谈论榜样人物，其实榜样无处不在，除了我们大家耳熟能详的榜样人物，在我们的身边就有很多榜样。

留心观察，你会找到在学习、生活等各方面值得你学习的榜样，你发现了吗？写一写，读一读：请写下自己认为班里表现最好的同学的优点（学习、体育、特长、品质等各方面皆可），接着读一读，大家共同分享班级榜样事迹和品质。

设计意图：

从遥远的榜样过渡到身边的榜样，让学生着眼身边人，发现不同方面的榜样，主动向榜样学习。

【融会贯通】

活动五：找一找、学一学

心有榜样，就是要向榜样学习，取长补短，日积月累，你也会成为他人的榜样。下面请完成你的"榜样激励卡"，从三个不同的方面如行为习惯、学习特长、意志品质等设定不同的目标。

设计意图：

通过找一找学一学两个活动，让学生记录自己的榜样和目标，激励学生向榜样学习，取长补短，全面发展。

榜样激励卡

姓名	
我的榜样	
自我剖析	
目标	
座右铭	

五、活动思路图示

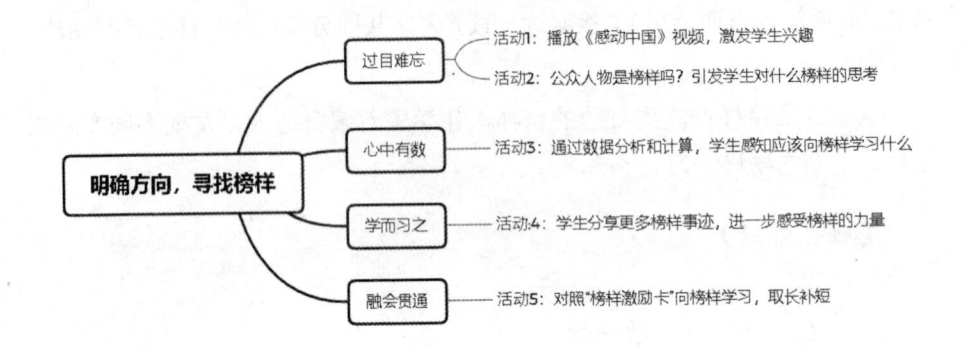

明确方向，寻找榜样
- 过目难忘
  - 活动1：播放《感动中国》视频，激发学生兴趣
  - 活动2：公众人物是榜样吗？引发学生对什么榜样的思考
- 心中有数
  - 活动3：通过数据分析和计算，学生感知应该向榜样学习什么
- 学而习之
  - 活动4：学生分享更多榜样事迹，进一步感受榜样的力量
- 融会贯通
  - 活动5：对照"榜样激励卡"向榜样学习，取长补短

六、拓展延伸

将每日为实现目标所做的努力记录在诚·毅日记中，缩小与榜样之间的差距。

（张锦玲，女，中学一级教师，数学）

初二修身·明确目标，引领成长

一、活动目标

1. 感悟明确目标对学习、生活和人生的重要性。
2. 根据自己的情况制定相应的目标。
3. 在明确的目标引领下，积极行动，进行良好的自我管理。

二、活动策略

1. 学生通过实例观看、数据分析感悟到明确的目标对学习、生活和人生的重要性。
2. 学生通过情境再现，了解如何确立合适的目标。
3. 学生通过自我修正目标卡、小组讨论实现由知到行的转换。

三、活动准备

1. 让学生填写自己的诚·毅目标进阶卡。
2. 情景剧录制，调查数据收集。

四、活动过程

【过目难忘】

活动一：观看视频

学生观看体活课的一段视频。体育成绩不是特别优秀小A同学经过一个寒假回来上体活课，他的跑步已经进步到了班级的前3名。当大家看到视频中冲到终点的小A同学，都特别惊喜，纷纷投以羡慕的眼神和鼓励的掌声。

根据小A同学的表现，抛出问题：大家觉得他是如何做到的，此处从学生们给出的回答中提炼出关键词：坚持，严格，自律，明确的目标等，引出本节课的主题——目标。

设计意图：
身边同学切身的变化引发学生认识到目标对我们会产生重要的影响。

活动二

青年时代树立了立志报国，现身革命的目标，把时间和精力花在有价值的事情上的一代伟人毛泽东，告诉我们，目标为我们提供了明确的方向和拼搏的动力，形成持续的行动力，对人生具有重要作用。

学生通过观看视频和名人故事，获得情感上的认知：目标对我们的人生具有重要的影响和作用。但是，有的学生会心存疑问，目标真的有这么重要吗？通过这个问题启发学生对目标重要性的思考。

设计意图：
通过名人故事让学生认识到目标对人生具有重要的影响。

【心中有数】

活动三

学生阅读一份关于目标对人生影响的调查，调查对象是各方面条件都差不多的人，猜一猜25年以后这些人不同的生活状态，通过猜测引起学生对目标重要性的深度思考。

结果显示，只有13%的人目标清晰，其中3%的人目标清晰且长久，最后他们收获了成功的人生，成为各行各业的顶尖人才。10%的人有清晰的短期目标，他们成为专业人士。60%的人有模糊的目标，他们生活平淡。27%的人一直没有目标，他们几乎生活在最底层，失业是常有的事，靠救助维持生活。

下面按照初二级部600名同学计算一下：

有清晰的长期目标人数：600×3%=18人

有清晰的短期目标人数：600×10%=60人

有模糊目标人数：600×60%=360人

没有目标人数：600×27%=162人

同学们，你是属于哪种情况呢？

清晰、明确的目标能够让我们找到努力奋斗的方向，增强学习动力，坚定学习信念，形成持续行动力；清晰、明确的目标对我们的学习、生活和人生具有强大的引领作用。

相信很多同学都认同目标对我们的重要作用，而且很多人也都做过各种各样的目标和计划，大目标，小目标，学习目标或者德育目标，但是这些目标对于他们的作用好像并没有那么明显，是什么原因呢？学生自由发言。结合学生的实际情况追问，引发学生思考该如何确定目标。

设计意图：

通过研究数据证明目标对人们潜在的影响力，让学生明确清晰明确的目标能让我们找到努力的方向，提供不竭的动力。

【学而习之】

活动四

学生通过观看前半段情景剧中这两位同学确定目标的过程，也来找一下平日里我们设立目标时出现的问题，如过于随意，对自己缺乏全面具体的分析等，在没有对自己的优缺点进行深刻的剖析，就草率设立目标，基本就石沉大海。而这也是很多同学在自己的学习或者生活中常犯的错误。一时兴起，为了古筝考级成功，一开始坚持每天打卡，坚持不到一个周，因为难度的加大，慢慢打卡周期越来越长，最后考级失败。目标的确立决不能脱离自己的实际情况，一定要以自己的能力为依托，制定严谨详细的目标。发现了问题，我们应该如何确立目标呢？

继续看完情景剧，学生发言分享应该如何确立目标。此处学生们的发言不全面，需要教师的追问和引导，让学生总结出确立目标要清晰准确；设定的目标要依据客观现实，不能好高骛远，要根据自身特点，才能精准定位；长远目标可以分成不同的短期目标，一一分解更易实现；还要定期调整规划。

通过此活动让学生认真感受和学习，要从实际出发，确立明确的目标，以此来指导后面的任务和日后的学习生活。通过以上的学习，重新审视自己的目标，修正自己的诚·毅目标进阶卡。选择优秀的目标卡进行展示，同学们共同学习。

设计意图：

通过观看视频情景剧，认识到自己在平日目标的确立过程中出现的问题；引导学生认识到目标的确定要符合自己的实际情况，并且分阶段实施，并能完善、修正自己的目标卡。

【融会贯通】

有同学感慨，自己也确立了清晰明确的目标，符合自己实际的长期目标和短期目标，可是一个月过去了，短期的小目标还没有效果，其原因会是什么呢？问题出在落实环节。下面小组讨论一下，就如何有效落实自己的目标给出小组的意见。

活动五

这一模块以小组合作的方式进行，发挥集体的智慧来出谋划策。从培养目标意识，明确目标重要性到学习如何确定目标，审视修正自己的目标，最终落实才能真正实现目标对我们人生的引领作用。这也实现了知行合一的转换。小组讨论完进行分享汇总，同时，教师需要引导学生给出丰富、全面的意见。最后丰富自己的目标卡，可以在家中张贴，指导自己的行动。

评价量表

等级	评价标准
优秀	说出3条以及3条以上的具体措施
合格	能说出1~2条具体的措施

最后，教师进行课堂总结：目标是人生之舟的航向与明灯，有目标的指引，我们才有可能顺利到达成功的彼岸。我们在学习和生活中会经常需要设立不同时期的人生目标，有了目标的指引，再结合刚刚大家给出的行动意见，相信每个人距离自己的目标和梦想都会越来越近！

设计意图：

引导学生确立目标，积极落实目标，树立正确的自我管理意识。

五、活动思路图示

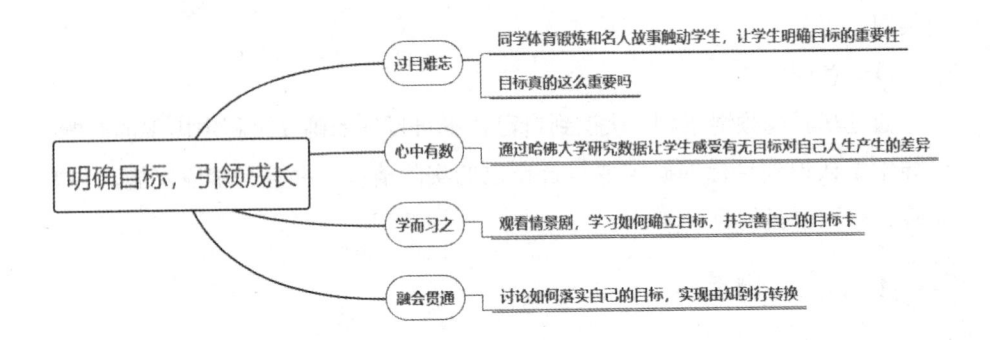

明确目标，引领成长
- 过目难忘
  - 同学体育锻炼和名人故事触动学生，让学生明确目标的重要性
  - 目标真的这么重要吗
- 心中有数
  - 通过哈佛大学研究数据让学生感受有无目标对自己人生产生的差异
- 学而习之
  - 观看情景剧，学习如何确立目标，并完善自己的目标卡
- 融会贯通
  - 讨论如何落实自己的目标，实现由知到行转换

六、拓展延伸

在诚·毅日记中记录你每天的目标落实行为，养成自我管理的好习惯。

（董壮壮，女，中学一级教师，英语）

初三担当·严格自律，塑造自我

一、活动目标

1. 认识到缺乏自律给学习和生活带来困扰。
2. 感悟严格自律对学习、生活和人生道路上的重要性。
3. 增强自律意识，提高自律能力。

二、活动策略

1. 通过播放视频的方式直观呈现自律行为，深刻认识到严格自律的重要性。
2. 通过数据的对比分析，感悟能否自律产生的巨大差距。
3. 学生树立自律意识，从小事做起，提高自律能力。

三、活动准备

1. 认识到在学习和生活中都要做到自律。
2. 树立自律意识，实现由他律到自律的转变和强化。

四、活动过程

【过目难忘】

活动一

播放《你见过凌晨四点的洛杉矶吗？》视频，让学生直观地感受视频中科比严格自律的运动生涯。

设计意图：
这一活动引导学生初步感受自律，引出本节课的主题——严格自律。

活动二

播放两个简短的情景剧（居家学习难以专注；抵御不了手机的诱惑），

连续追问"视频中的两位同学出现什么问题?原因是什么?你想给他们提出什么建议?"引发学生的反思和积极思考,发觉自己存在与之相似的不自律行为,通过询问"你有哪些不自律的表现?正确的做法应该是?"引导学生增强规范、纠正不自律行为的意识和能力。

设计意图:

通过正面视频和反面情景剧引起学生自律认知的冲突——直面自己。

【心中有数】

活动三

同学们,通过刚才的小调查可知,我们或多或少存在不自律的行为,能否自律对我们思想行为的影响短时间内并不明显,但是随着时间的推移,差距会越来越大。

通过计算公式来体验一下吧!

n 代表 n 天,1 代表每一天的努力,1.01 表示每天多做 0.01,0.99 代表每天少做 0.01。1 天,10 天,100 天的差距呢?(学生计算)

100 天就能会产生这样的差距,那一年 365 天的差距又有多大呢?(学生计算)

1 还是 1,原地踏步;如果我们每天都有进步,一年后远远大于 1;每天都会偷懒,一年后远远小于 1;看到这组数字同学们是不是感到非常震撼呢?

通过以上数据分析,你得到什么启示?

一天两天看不出来,一个月两个月也许还是看不出来,但是一年两年,甚至十年二十年,自律的人和不自律的人,终将走上截然不同的道路,收获不一样的人生。

设计意图:

通过数字,直观感受到自律对我们产生的差距到底有多大,认识到日积月累的自律会拉开人生的差距——审视自己。

【学而习之】

活动四

通过一组组的数字，我们不难发现自律对我们的身心健康发展和学习生活都起着至关重要的作用，正所谓自律者出众，不自律者出局。接下来让我们走进自律榜样，看看他们是如何做到"自律者出众"的。

榜样一：村上春树从 30 岁开始写作，已经坚持了 40 多年，创作出很多广受好评的经典之作。他写作有个习惯，每天坚持写 4000 字，一页纸 4000 字，每天写够 10 页才停下来。他每天都坚持跑步 1 小时，风雨无阻，正是他的高度自律才成就了精彩的人生。

榜样二：近日，清华大学在"校史馆"展出的一份"学霸作息时间表"上了热搜，这份作息时间表上面详细地记录了这位学霸凌晨 1 点睡觉、清晨 6 点起床、6 点 40 开始学习，连晚上 9 点到凌晨 1 点都被安排得满满当当。

榜样三：外卖小哥雷海为夺得第三季《中国诗词大会》的总冠军，没有放过任何一个等餐的机会，一到休息时间他就读诗背诗。他并没有像大多数人一样，几乎从不刷微博、看朋友圈、玩手游。他的生活里满是诗词歌赋，一有时间就跑到图书馆看书背诵诗词。

同学们，从这些榜样的身上你学到了什么？有没有补充？

总结：这些榜样的事迹告诉我们，没有什么事情是一蹴而就，真正的成功都是日积月累坚持自律的结果，他们用日积月累的自律，赢得了厚积薄发的成功！

设计意图：

通过三则事迹介绍，让学生明确自律需要坚持，坚持自律才能收获成功的人生。

活动五

其实，自律榜样无处不在，我们身边就有很多值得学习的榜样，说一说你心中的榜样。在这一环节学生会分享他们心中的榜样的自律行为，通过分享引导学生多关注身边人身边事，自觉增强自律意识，努力养成自律习惯。

设计意图：

通过呈现真实案例，寻找发现身边的榜样，引导学生认识到每个人都可以克服惰性和缺点，通过严格自律成就更好的自己——重塑自己。

【融会贯通】

通过刚才的分享，相信大家都找到了自己心中的自律榜样，向榜样学习的一个方法就是找到并纠正自己的不自律行为，进而向榜样看齐，让自己变得更加自律。

活动六

有学生说"我知道自律很重要，但是我就是做不到怎么办？"还有的说"我天生就没有自制力，这辈子也不可能做到自律了。"你怎么评价他们的观点？学生谈自己的想法，最后老师总结：这两种想法不可取，其实，自律像肌肉一样，是可以锻炼出来的！关键在于我们找到适合自己的方式。接下来学生小组合作，结合自身经历分享提高自律能力的方法和措施，要求每人结合自身的经历说出至少一种方法，最后每组选出一名代表发言。接下来老师补充几个小妙招，如：目标分解达成；每天15分钟的冥想；番茄工作法；写反思日记等。

设计意图：

通过讨论分享，增强学生的自律意识，为学生提供有效的自律方法，进而提高自律能力。

活动七

21天能形成一个良好的习惯，21天也能让我们的自律能力提升一个台阶，我倡议，从今天开始让我们开启21天自律"打卡"行动，结合自身情况，快来完成你的计划表吧！（表中例子仅供参考）

21天自律打卡

21天自律"打卡"			开始日	好的开始=成功的一半 刻意，不自然							刻意培养，让自律成习惯														
自我激励	我要…	具体目标									每天进步一点点，就是成功的一大步 刻意、自然、保持、自律								心静如水 自律成习惯						
				1	2	3	4	5	6	7	8	9	10	11	12	13	14	15	16	17	18	19	20	21	30天 60天
腹有诗书气自华	读《西游记》	每天看书半小时		√																					
我是运动达人	提高跑步耐力	每天晨跑20分钟		√																					
会考不留遗憾	提高生物成绩	每天一章节思维导图		√																					
全力以赴	提高历史成绩	每天背诵一单元		√																					
…	…	…		√																					

设计意图：

引导学生回归自我，回归学习生活，树立追求自律的人生观，努力克服惰性和不足，不断增强自律能力——超越自己。

教师最后进行课堂总结：同学们，老师相信，在今后的学习生活中，你们能用自己的实际行动严格要求自己，不论是在家，在学校，还是在社会都会严于律己，做一名新时代的好少年，希望大家通过严格的自律，培养好习惯，成就最好的自己！

五、活动思路图示

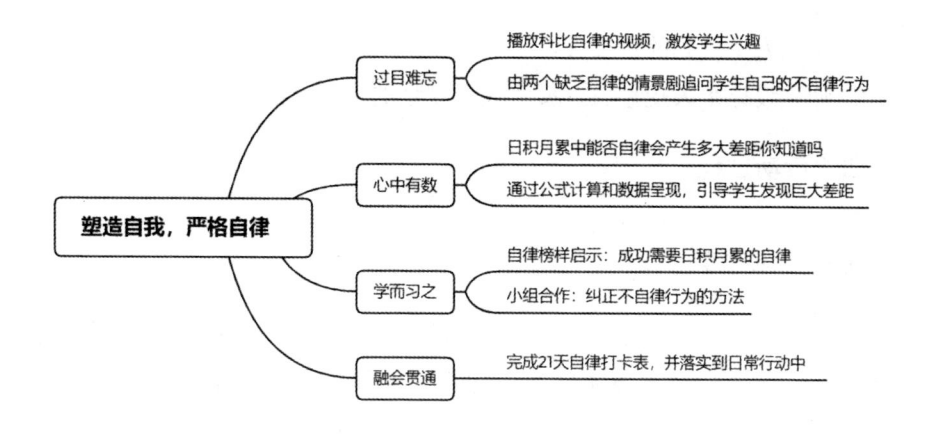

塑造自我，严格自律
- 过目难忘
  - 播放科比自律的视频，激发学生兴趣
  - 由两个缺乏自律的情景剧追问学生自己的不自律行为
- 心中有数
  - 日积月累中能否自律会产生多大差距你知道吗
  - 通过公式计算和数据呈现，引导学生发现巨大差距
- 学而习之
  - 自律榜样启示：成功需要日积月累的自律
  - 小组合作：纠正不自律行为的方法
- 融会贯通
  - 完成21天自律打卡表，并落实到日常行动中

六、拓展延伸

将每日打卡情况记录在诚·毅日记中不断激励自己坚持自律。

（刘韩，女，中学二级教师，英语）

初四立志·认识自我，规划人生

一、活动目标

1. 能正确认识自己和人生规划的重要性。
2. 明确人生目标，树立人生规划意识。
3. 结合个人特点，制定合理的个人规划。

二、活动策略

1. 通过故事启发与榜样人物分析明确人生规划的意义。
2. 通过个人分析与目标设立，明确个人规划的方法。
3. 通过榜样引领，小组合作和针对性指导实现由知到行的转换。

三、活动准备

1. 认识人生规划的重要性。
2. 师生设计个人规划表，搜集关于规划的工具方法。

四、活动过程

【过目难忘】

学生阅读《毛毛虫找苹果》的寓言故事，思考三个问题"这几只毛毛虫的区别是什么？""你更像哪只毛毛虫呢？""你更希望成为哪一只毛毛虫？"

设计意图：

形成认知冲突，引出本节课的主题——人生规划。

活动一：榜样引领

观看"90后国民学长"的李柘远的励志故事视频。

他之所以成功，是因为他有清晰的人生目标，并做了合理的人生规划。

"你有清晰的人生目标吗？""你对自己的人生做过规划吗？"

设计意图：

通过榜样引领，引导学生认识到人生规划的重要性。

【心中有数】

通过报告数据，认识人生规划对个人发展的重要性。

活动二：个人专业满意程度调查

阅读首都师范大学2011年"关于大学生对自己专业满意程度"的调查。

调查结果显示，在填报高考志愿时，只有27%的学生选择了理想专业，有18%的学生并不清楚自己要选择什么样的专业，需要家长帮助选择；还有55%的学生的专业是随便选的，他们没有明确的人生目标，只是完成父母的愿望。这些数据能够反映出当代大学生没有明确的人生目标。

73%的学生认为树立准确的目标非常重要，但是只有19%的人树立了准确的目标，制定目标后，有15%的学生会根据实际情况不断调整自己的目标。有5%的学生在制定完目标后会坚持地朝着既定目标努力奋斗，直到达成。还有75%的学生会因为各种原因中途放弃或无法完成既定目标。还有58%的学生认为应该要树立目标却还在考虑之中。

关于是否制定人生规划的问题，调查结果显示选择了自己理想专业的27%的学生。在他们进入大学之后，有21%的学生已经有了详细的人生规划，奔着他们的人生目标，在不断地努力着。不管遇到什么困难，他们只要想道：我还有追求，就会咬紧牙关，向着目标靠近。

同学们，每个人都是独一无二的，每个人的职业生涯都有自己的独特性。只有明确了目标，规划了人生，找到人生的方向才能激发我们的潜能，发展我们的特长，向着我们的人生目标拼搏奋斗。

设计意图：

通过数据分析，引导学生总结发现设定目标和人生规划对个人成长的重要性。而人生规划的前提就是明确人生目标，并在成长的过程中制定并落实好每一个小目标。

【学而习之】

用不同形式的工具，引导学生正确认识自己，明确自己的人生目标，制定自己切实可行的人生规划。

活动三：认识自己

填写个人 SWOT 分析表，分析个人成长的愿景与兴趣，同时依据自身的成长经历分析个人内部的优势与劣势以及要面临的机会与挑战，然后在小组内分享自己的分析结果。

设计意图：

通过 SWOT 分析，引导学生正确认识自己。

活动四：自我评估

依据个人分析确定一个人生目标，如将来想从事的职业或者步入大学后想学习的专业，并写出选择的理由。通过学生确定理由的数量计算个人的期望值。

设计意图：

通过计算个人目标期望值，引导学生进行准确的自我评估，不断完善充实个人目标。

【融会贯通】

引导学生确立个人规划表，明确个人发展和努力方向，树立积极向上的自我管理意识。

活动五：目标规划

学生利用个人规划表制定目标。教师指导学生利用剥洋葱法将长期目标分解成一个个阶段性的小目标，完成个人规划表。

这一模块先让完成的比较优秀的学生代表分享自己的个人规划表，做好榜样示范，然后以小组合作的方式进行组内交流，发挥集体的智慧来出谋划策，做好同伴的带动，接着让学生修订自己的个人规划。最后教师给出针对性的建议和多元化的评价。

活动评价：

1. 能明确人生目标，并将目标分解成短期目标，制定可行的短期规划。
2. 能根据自身情况有针对性地制定个人规划表。

设计意图：

利用个人规划表制定目标，继续完善修正个人目标规划。

五、活动思路图示

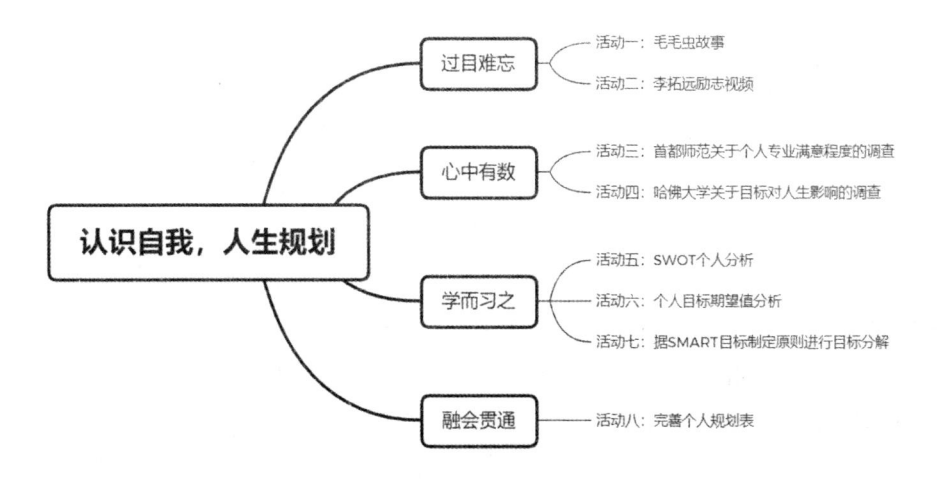

认识自我，人生规划
- 过目难忘
  - 活动一：毛毛虫故事
  - 活动二：李拓远励志视频
- 心中有数
  - 活动三：首都师范关于个人专业满意程度的调查
  - 活动四：哈佛大学关于目标对人生影响的调查
- 学而习之
  - 活动五：SWOT个人分析
  - 活动六：个人目标期望值分析
  - 活动七：据SMART目标制定原则进行目标分解
- 融会贯通
  - 活动八：完善个人规划表

六、拓展延伸

完善个人规划表，并利用每日计划打卡，养成个人规划的好习惯。

（王丽，女，中学二级教师，数学）

安全知识教育

一、概述

随着人们生活水平的提高，中学生的生活空间大大扩展，交流领域也不断拓宽。在校期间，他们除了进行正常的学习、生活外，还需要走出学校参加各种社会实践活动。在这种情况下，如果缺乏必要的社会生活知识，尤其是安全知识，势必会导致各种安全问题的发生。因此，加强中学生的安全教育，增强安全意识和自我防范能力，已迫在眉睫，刻不容缓。

安全无小事，抓好安全工作是维护学校正常秩序，提高教育质量的基础。学校应创新学生安全教育理念，增强对学生的主体性教育，强化学生安全责任意识，提高其自我防范能力，发挥学生的校园主体作用，以适应当前安全形势的要求。

二、进阶性主题介绍

初一明理·拒绝校园欺凌，争做明理少年

——安全知识之预防校园欺凌教育

校园欺凌不仅给社会带来危害，也给青少年健康成长带来消极影响。从近几年的案件统计数据看，校园欺凌呈现出低龄化、暴力性发展倾向，其残酷性、血腥性令人震惊。一方面，校园欺凌的受虐致死、受伤情况屡见不鲜，损害受害者的自尊心、自信心，对受害学生带来巨大的人身伤害；另一方面，校园欺凌影响着学生思想观念的形成，为构建和谐社会良好秩序埋下了巨大隐患。本次主题班会的开展，旨在让初一学生明确哪些行为属于校园欺凌，深刻认识到校园欺凌的危害性，增强学生的自我防护意识，

促进学生互相关心，彼此爱护，共同进步。

初二修身·学会自我保护，自觉修身正己

——安全知识之自我保护教育

如果学生没有意识到自我保护的重要性，缺少自我保护意识，将给他们带来巨大的安全隐患。初二学生已经进入青春期，甚至已有逆反期的迹象；加上初二学生也处于好奇心特别强的时期，由于好奇心的带动，对外界的新鲜事物缺少免疫力；同时中学生的自控能力和判断能力还不够，容易导致意外事件发生。所以，中学生必须要明确自我保护的重要性，学会自我保护的方法，加强自我修正的能力。

初三担当·文明上网齐构建，网络安全共担当

——安全知识之网络安全教育

网络为学生提供了丰富的信息资源，创造了精彩的娱乐时空，成为学生学习知识、交流思想、休闲娱乐的重要平台，使学生增强了与外界的沟通和交流。但网络犹如一把双刃剑，其中一些不良内容也极易对学生造成伤害，主要表现在：许多孩子沉迷于内容低级、庸俗的网上聊天，直播打赏和网络游戏等，网络不良影响带给学生的有心理、生理的伤害，还有物质、学业的影响。所以加强中学生网络安全教育尤为紧迫。

初三的学生处于价值观、人生观构建的关键期，容易出现无法抵制诱惑的叛逆期。本次主题班会，旨在通过各项活动让学生了解网络中存在的各种安全隐患，在虚拟的网络世界中学会保护自己，理智地筛选各类资源，取其精华去其糟粕，抵制不良思想的侵蚀，提升网络安全意识的培养，同时担当起维护网络安全的责任义务。

初四立志·抵制不良诱惑，立志奋斗人生

——安全知识之抵制不良诱惑教育

世界发展日新月异，社会生活越来越纷繁复杂，在给人们带来便利的生活、高科技的享受的同时，不可避免地会出现各类不良的诱惑。初四学生正处于人生观、价值观的形成阶段，如果没有正确的价值引领，学生就容易形成错误的价值理念，在人生的道路上走偏。学生要了解生活中客观存在的形形色色的诱惑及其危害性，认识到抵制不良诱惑，树立正确的人生观、价值观的重要性；要学会对各种不良诱惑说"不"，能够做到对自己的行为负责，对自己的前途负责，并在实际生活中提高分辨是非善恶，做出正确判断的能力。

此次主题班会，旨在增强学生的法律意识和自我防范意识，自觉抵制黄赌毒和邪教等不良诱惑；通过模拟生活情境的方式让学生了解不良诱惑的危害和明确抵制不良诱惑的方法；发展独立思考和自我控制的能力，引导学生自觉抵制不良诱惑，追求科学、健康、充实的初中生活，立志为自己的人生负责。

初一明理·拒绝校园欺凌，争做明理少年

一、学习目标

1. 通过场景再现、问题引领等，让学生了解什么是校园欺凌以及校园欺凌的危害。

2. 通过数据分析、观看视频等形式，让学生懂得如何正确应对校园欺凌，保护自己；同时坚决向校园欺凌说"不"，不做校园欺凌者。

二、活动策略

1. 通过辨别校园欺凌场景引起认知冲突。

2. 通过解读数据、呈现事实、辩论与独立思考等活动对校园欺凌危害形成全面认识。

3. 通过数据结合自身实际反思、讨论追根究源，从根源杜绝校园欺凌。

三、活动准备

1. 认识到每一个参与校园欺凌的人都要承受伤害。

2. 树立自我保护与杜绝校园欺凌意识，传递正能量。

四、活动过程

【过目难忘】

活动一：辨真伪："校园欺凌"or"玩闹嬉笑"

场景一：课间，小A和小B在一起推推搡搡，不小心撞上了站在一旁的小C。小C很生气，于是与小A、小B争吵起来。

场景二：小D学习成绩很差，每次为完成老师布置的作业，将小E的作业拿来抄。小E不同意，小D就利用下课时间不断用语言骚扰小E，小E不堪其扰，只能将作业给小D抄。

问题一：场景一和场景二属于校园欺凌吗？请给出你的判断并说明理由。

设计意图：

通过呈现两个学生平日学习生活中熟悉、屡见不鲜的场景，引发学生思考"小事件"背后引人深思的实质。

问题二：日常生活中，一些同学遭遇校园欺凌却全然不知，以为仅仅是不礼貌行为；另一些同学在目睹一些行为时也无动于衷，以为只是同学间的"嬉笑怒骂"。你有见过这些行为吗？

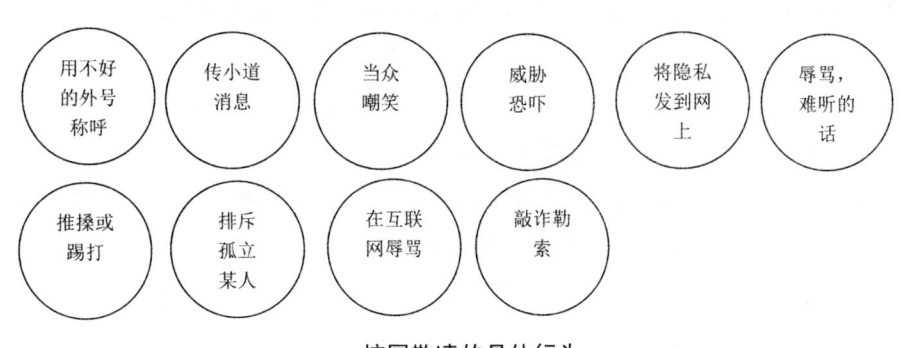

用不好的外号称呼　　传小道消息　　当众嘲笑　　威胁恐吓　　将隐私发到网上　　辱骂，难听的话

推搡或踢打　　排斥孤立某人　　在互联网辱骂　　敲诈勒索

校园欺凌的具体行为

《中国校园欺凌调查报告》指出，语言欺凌是校园欺凌的主要形式，其次是社交欺凌、身体欺凌、网络欺凌等。

首先，语言欺凌行为发生率明显高于社交、身体以及网络欺凌行为。有将近50%的初中生受过言语辱骂、威胁。

其次，有 38% 的初中生、高中生受过社交上的欺凌。有近 20% 的初中生在学校受过身体上的暴力伤害，包括但不限于扇嘴巴、拳打脚踢等。

最后，网络威胁，网络暴力作为校园暴力的新载体，发生率提高到 15.3%。

设计意图：

通过感知真实场景，结合"辨真伪"活动引发思考。再通过呈现关键词与数据分析相结合的形式，使学生明确界定校园欺凌行为的含义。

【心中有数】

活动二：播放视频

数据一：联合国教科文组织的数据显示，全球每年有 2.4 亿学生遭受过校园欺凌，占总学生的三分之一。全球有 1/3 的青少年曾遭受过校园欺凌。

数据二：浙江大学《青少年攻击性行为的社会心理研究》调查显示，49% 的学生承认对其他同学有过不同程度的暴力行为。87% 的学生表示曾遭受过其他同学的不同程度的暴力行为。

数据三：根据某调查数据显示，校园欺凌涉案小学生占 2.52%，初中生占 33.96%，高中生占 22.64%。

同学们，接下来再通过几组数据，让我们更客观地感受校园欺凌带来的后果和伤害。

高达 78.4% 的受害者因欺凌事件而对校园安全产生怀疑，51.1% 的受害者认为社会黑暗，用恶意去揣测他人的受害者占 44.3%。

因此，以暴制暴的观念在受害者心中形成，并逐渐蔓延，甚至付诸行动，即受害者整体倾向于"应当用暴力制服暴力"；同时，有超过四成的受害者在欺凌事件发生后，采取过以暴制暴的行为。校园欺凌使受害的学生由于受到暴力伤害的投射反应，出现各种违纪和越轨行为，甚至反过来去欺凌其他弱小的同学。因为很多学生从小都被父母灌输"别人打你，你就打回去"的扭曲价值观。

在各类违纪和越轨行为中，遭受过校园欺凌的学生的发生率几乎是没有受过校园欺凌的学生一倍以上。

校园欺凌事件对受害者产生了一定的心理影响。将近一半的受访者至今仍旧受到消极的心理影响，有部分受访者受到的影响较为严重。

设计意图：

通过观看视频，结合实际数据，更直观地了解到校园欺凌对于学校和学生群体与个体的不良后果与严重危害。

活动三：校园欺凌成本卡

防欺凌应该秉承热炉效应，碰到的那一刻就付出代价。让烫手的孩子不会再碰那个热炉。只有这样孩子才会知道，损坏他人财物是需要付出代价的，从而少了些肆无忌惮和为所欲为。情节严重的，需要上升为刑事案件，让肆意为恶的人受到法律的制裁。

校园欺凌成本卡

★ 欺凌成本 = 直接成本 + 附加成本 + 风险成本

▲ 直接成本 = 5日到15日拘留 + 500元至1000元罚款 + 至少5000元医药费 + （严重的）追究刑事责任……

▲ 附加成本 = 心情沮丧郁闷 + 名誉形象受损 + 家人朋友担心 + 同学他人鄙视 + 自己内心恐惧 + 学习生活就业蒙受的巨大隐性损失……

▲ 风险成本 = 受害人轻伤、致残甚至死亡 + 3年以下有期徒刑、拘役或者管制 + 3年以上有期徒刑、无期徒刑或者死刑 + 高额的赔偿金……

对欺凌者而言，由于长期欺负别人，内心得到极大满足，以自我为中心，对同学缺少同情心；对旁观者而言，会因为帮不到受害者而感到内疚、不安，甚至惶恐；对受害者而言，伤害极大，他们通常身体和心灵受到双重创伤，且极易留下阴影，很难平复；同时校园欺凌还会影响学校、班级的整体纪律和风气。

设计意图：

通过计算校园欺凌施暴者的欺凌成本，了解校园欺凌给参与者带来的代价之严重。

活动四：辩一辩

校园欺凌中，谁的问题最大？欺凌者 or 受害者 or 旁观者？

校园欺凌的最可怕之处在于其欺凌者、受害者、旁观者都是孩子。谁来承受校园欺凌的后果？

有的同学认为校园欺凌中，受害者不懂得正确反抗。

有的同学认为欺凌者贪图一时之快。

有的同学认为校园欺凌受害者是别人，跟旁观者无关。

你觉得以上观点正确吗？分组进行讨论。

要求：

1. 以四人为小组进行讨论，每组派一名同学总结发言；

2. 发言同学声音洪亮，论据清晰，观点明确。

设计意图：

引发学生对于校园欺凌后果的认知冲突，以明确校园欺凌危害到了每一个人，不仅限于受害者或欺凌者，以驱动学生真正认识到校园欺凌的危害性与杜绝校园欺凌的必要性。

【学而习之】

活动五：角色扮演

学生上台展示欺凌行为如何正确化解。扮演结束后，三类角色分别谈各自感受。

设计意图：

分角色扮演校园欺凌化解场景，正确示范、引导学生思考、实践化解校园欺凌。

活动六：脑力风暴——应对校园欺凌，我们能做什么？

假如我是受害者，我会怎么办？假如我是旁观者，看到自己的同学小A正遭受欺凌，我会怎么办？

请以小组为单位，选择受害者、旁观者角度，假设不同情况，并列举对策。

将讨论结果以表格的形式呈现，例如（仅供参考）：

应对校园欺凌的对策

身份	地点	情况	对策
受害者			
旁观者			

任务或活动评价：

1. 能说出中学生怎样做到用实际行动应对校园欺凌。

2. 能激发学生自觉抵制校园欺凌，积极应对校园欺凌的情感和理性思考，把拒绝校园欺凌贯彻到日常生活中。

设计意图：

活动五的情景剧给活动六小组头脑风暴提供示例和思路，引导学生在面对校园欺凌时机智地采取不同对策，保护个人利益，也鼓励旁观者积极伸出援手。

【融会贯通】

活动七：寻根究源——不做校园欺凌者

数据：在校园欺凌的主要原因分析中，日常摩擦占了绝大多数，其次是钱财纠纷等。

集思广益——杜绝校园欺凌的发生，我们可以做什么？

要求：

1. 小组头脑风暴，结合具体场景或事例，列举、发表本组观点。

2. 整合各组观点，形成"杜绝校园欺凌"倡议书。

3. 以小组为单位，在倡议书上签字，并在组内互相监督落实。

设计意图：

通过反思、交流与整合思路形成倡议书，在学生心目中埋下杜绝校园欺凌的种子。同时以小组为单位，将倡议化作行动，在日后的学习生活中监督落实，外化于行。

五、活动思路图示

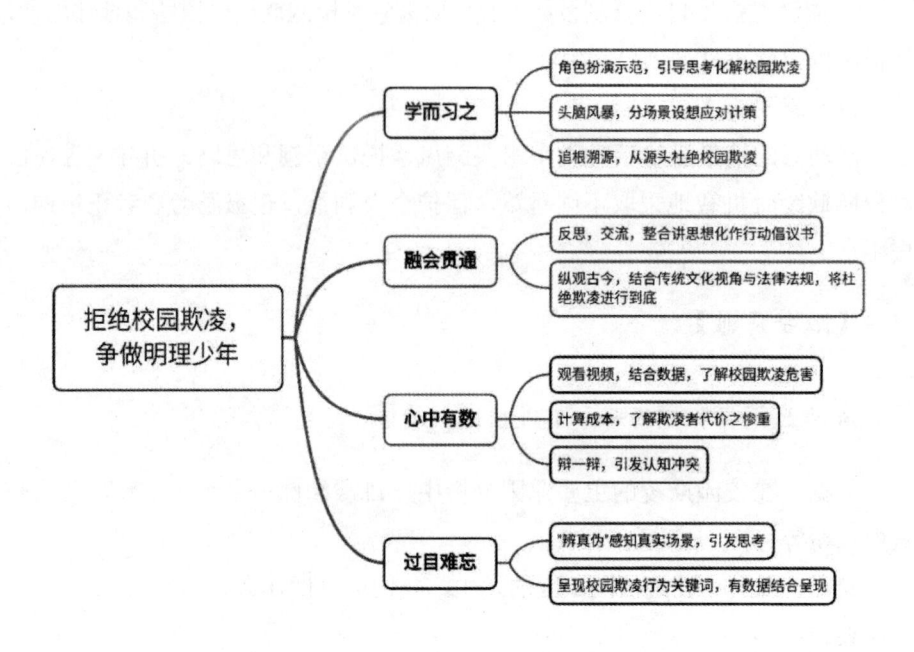

拒绝校园欺凌，争做明理少年

- **学而习之**
  - 角色扮演示范，引导思考化解校园欺凌
  - 头脑风暴，分场景设想应对计策
  - 追根溯源，从源头杜绝校园欺凌

- **融会贯通**
  - 反思、交流，整合讲思想化作行动倡议书
  - 纵观古今，结合传统文化视角与法律法规，将杜绝欺凌进行到底

- **心中有数**
  - 观看视频，结合数据，了解校园欺凌危害
  - 计算成本，了解欺凌者代价之惨重
  - 辩一辩，引发认知冲突

- **过目难忘**
  - "辨真伪"感知真实场景，引发思考
  - 呈现校园欺凌行为关键词，有数据结合呈现

六、拓展延伸

杜绝校园欺凌非一朝一夕。课后，老师布置学生完成拓展阅读，阅读《将相和》，从传统文化中汲取力量，体味宽容的力量；阅读相关法律知识，学习法律知识，树立法律意识，学会用法律武器维护自身权益；在阅读中思考，写下自己的感悟，并在思考中践行，落实在日后的点滴行动中。（杜少慧，女，中学二级教师，英语）

【参考文献】

赵忠平．提高校园欺凌的成本［J］中国德育．2016，12.

初二修身·学会自我保护，自觉修身正己

一、活动目标

1. 提升自我保护意识，学习自我保护的方法。
2. 辨识安全隐患，防患于未然，对生命的价值有更清楚地认识。

二、活动策略

1. 学生通过具体数据，深刻认识学会自我保护的重要性。
2. 学生通过辩论，认识到美好生活的背后依然有潜在的危险。
3. 学生树立起自我保护意识，从日常小事做到自觉修身。

三、活动准备

1. 用知识问答、故事讲述、即兴表演等活动形式让学生了解"自护"知识，并提高学生对"自护"知识的运用能力，培养学生各方面的能力。
2. 形成良好的学习和宣讲安全知识的氛围，培养学生自我保护的意识和能力，为学生的健康成长打好基础。

四、活动过程

【过目难忘】

"拉起手唱起歌，跳起舞来，让我们唱一首友谊之歌。"这首歌有动人的旋律，温暖的歌词，同学们，你们可曾想过，拉起手有时会致自己于危险中，甚至付出生命的代价。

请跟随老师一起观看视频。

活动一：观看视频

广东省惠州市博罗县罗阳一中 8 名同班男同学相约东江岸边烧烤，觉得有点热出了汗，想到江边水浅处洗洗，但没想到江边地势复杂，看上去浅浅

的水会突然变深，其中一个同学沉了下去，4 名同学情急之下就想着用手拉手借力的方式去救这个同学，没想到掉进水中的这个同学紧拉不放，被拉的同学也只好紧拉另外的同学，由于水中沙底下陷，于是一个个往江中沉去。至当晚 9 点 50 分，5 名学生的遗体全部被打捞上岸。令人痛心的是，当天下午 3 时许，同样在广东省梅州市五华县也有 4 名初中学生因同样的方式溺水。此外，就在 10 天前，湖南省湘乡市育塅乡 4 名小学生也是结伴出去玩水，其中 1 人落水后，另外 3 人手拉手去救，结果都沉入了水底。

看到同伴落水，其他人手拉手相救，不论是出于正义还是出于本能，从近年来报道的情况来看，都潜伏着巨大的危险，由此而酿成的悲剧年年都会频现。手拉手救人其实最危险。因为人一旦落水就会处于极度恐惧的心理状态，只要能抓住一个东西，就会当成最后一根"救命稻草"抓住不放。这样，组成人链救人的人，往往会被溺水者死死抱住，人链因此容易断掉，造成更多的人落水。

设计意图：
观看视频，通过"手拉手溺水"事件辨析见义勇为和自我保护，引发学生思考如何进行自我保护。

【心中有数】

世界卫生组织在 2014 年首次发布的《全球溺水报告》显示，全球每小时有 40 多人溺水死亡，每年共有 37.2 万人溺水死亡，半数以上溺水死亡者不足 25 岁。

活动二：小辩论
如果有人落水，中学生的我们为了自我保护而见死不救吗？
正方：先做好自我保护，再救人。
反方：只顾自保，是胆小鬼的行为。
设计意图：通过呈现数据和学生辩论，引起学生对溺水事件的警觉，更有效地探索自我保护的方式。

活动三：集思广益

究竟该采取何种方式营救？

请展开小组讨论，看哪些观点更可行。

①器材救护，如救生圈、鱼竿、竹竿、木板、衣物、绳子等都可作为救生器材抛给落水者拉他上岸。②拨打求救电话。③大声呼喊及时求助成年人的帮助。④"旱鸭子"切不可贸然下水。

活动四：课堂讨论

谁是你最好的保护人？答案：自己。

问题一：溺水事件如何从根源避免？

请同学们谈谈你的看法。

老师将邀请几位同学进入"情景剧场"，表演下面两个场景中的应对办法。

场景一：两同学在南山公园里划船游玩，其中一人突然调皮地晃动小船。

场景二：一周前约好今年去游泳，可是感冒还未痊愈，同学说"今天不去从此就绝交！"

问题二：如果不幸溺水，如何自救？（知识普及）

1. 必须保持冷静，要相信人即使不会游泳也可以在水中漂浮，因为水有浮力，落水后人体也会随着水的浮力起伏。

2. 要保持体力，不要在水中胡乱扑腾，顺着水的起伏，脚用力向下蹬，手向下划水，当头露出水面时尽量呼吸空气。

3. 如果附近有人，可以大声呼救。

4. 当救援人员展开营救时，一定要冷静，按照救援人员说的去做；当救援人员靠近时，千万不要一把抱住救援人员。

5. 在四周无人的情况下，需要展开自救。首先看好方向，深吸一口气后憋住，手和脚同时划水。（不会游泳的人憋气后也可以短暂漂浮在水面）。当气尽后，不要紧张，待露头时继续之前的动作直至岸边。

6. 只要是有浮力的塑料瓶都是溺水者生命救援神器。溺水者将其压在脖子处，可以尽可能多地正常呼吸。

7. 在游泳中，若小腿或脚部抽筋，千万不要惊慌，可用力蹬腿或做跳跃动作，或用力按摩、拉扯抽筋部位，同时呼叫同伴救助。

设计意图：

通过深入研讨，学习更多有实际意义的自我保护方法。

【学而习之】

同学们，安全隐患不止溺水一项，还有多种隐患就藏在我们身边。如何防范要从自我修身做起。

活动五：组间讨论

我们身边的安全隐患还有什么？说说看。

活动六：观看下列图片

如果你是主人公，该如何自我保护。

图片一：大课间集体下楼时，你后面的同学疯闹推搡。

图片二：美术课上小童拿出新买的美工刀向你炫耀。

图片三：公交站点，陌生人以身体不适为由向你求助。

设计意图：

通过呈现多种安全隐患，使学生明确学会自我保护的重要意义，并学会在不同的事件中做到自我保护。

【融会贯通】

我们应如何强化安全意识，学会自我保护。

活动七：请制作"自我保护"倡议书

1. 要时刻保持高度的安全意识，认真学习相关的安全自护自救知识，切实提高自我防护能力。

2. 要注意课间休息文明，不追赶打闹，进出教室不奔跑，不在班门口玩耍。

3. 要注意运动安全。上体育课前要做好准备活动，运动时要遵照老师的要求，不剧烈碰撞，不违规运动。防止运动器材伤人。

4. 要注意用电安全。不乱动教室内的电源开关和插座，不要用湿布擦电器开关。

5. 要注意食品安全。不到无牌无证的小摊小贩购买食物，不吃不洁食物，不食过期食品。

6. 注意交通安全。不在马路中间行走，要走人行道，注意来往车辆，在十字路口，要做到红灯停、绿灯行。

以上，请同学们谨记，审视自己的行为，有则改之，无则加勉。

设计意图：

通过让学生制定倡议书，学会预防，学会将修身之道用于不同类别的安全实例中，真正做到融会贯通。

五、活动思路图示

拒绝校园欺凌，争做明理少年
- 过目难忘：感知真实场景，"辨别真伪"，引发对什么是校园欺凌的思考；校园欺凌行为"关键词"与数据呈现结合，明确校园欺凌的含义
- 心中有数：观看视频，结合数据，更直观地了解到校园欺凌的不良后果与严重危害；通过计算了解校园欺凌给参与者带来的代价之严重；通过辩论引发认知冲突，认识到杜绝校园欺凌地重要性
- 学而习之："角色扮演"示范、引导思考、实践"如何化解校园欺凌"；引导学生在面对校园欺凌时机智地采取不同对策
- 融会贯通：通过反思、交流与整合思路形成倡议书，将倡议化作行动，在日后的学习生活中监督落实，外化于行

六、拓展延伸

向家人和朋友普及自我保护的方法，并搜集更多自我保护的方法制作班级"自我保护"安全手册。（邹丽，女，中学一级教师，语文）

【参考文献】

世界卫生组织. 全球溺水报告［N］. 光明日报，2014-11-22.

初三担当·文明上网齐构建，网络安全共担当

一、活动目标

1. 论证网络安全的重要性。
2. 认识我们目前面临的网络内容多样化、网络诈骗等不安全因素的存在。
3. 树立网络安全意识，担当互联安全监督员。

二、活动策略

1. 学生通过网络诈骗等案例中的数据统计，深刻认识网络安全的重要性。
2. 学生根据案例写出做法及建议，形成互联网络安全监督书。
3. 学生树立安全网络意识，反思日常生活中的网络不安全行为，提出倡议。

三、活动准备

1. 认识我们目前面临的网络内容多样化、网络诈骗等不安全因素的存在。
2. 树立网络安全意识，担当互联安全的责任。

四、活动过程

亲爱的同学们，网络为我们提供了丰富的信息资源，成为同学们学习知识、交流思想、休闲娱乐的重要平台。但其中一些不良内容也极易对学生造成伤害。今天我们开展"文明上网齐构建，网络安全共担当"主题班会，让同学们清楚地认识到网络上存在的各种不安全的隐患，抵制不良思想的侵蚀，学会在虚拟的网络世界中保护自己。

【过目难忘】

随着时代的发展，网络逐渐融入了市民的生活，一部手机就能让大家轻松完成衣食住行，一台电脑就能让大家生活惬意，让每一天过得多姿多彩。但当大家在享受娱乐、社交、购物等网络平台带来的便捷与多彩生活时，却也有人不怀好意，利用网络违法犯罪，对他人造成伤害。让我们来观看一则

新闻播报。

（播放视频）

春节本是阖家团圆的日子，抢红包也成为节日娱乐活动之一。不法分子却利用了人们的这一心理，利用网络精心设计骗局、实施诈骗。

同学们，类似这样的网络诈骗行为其实就在我们的身边，我们要提高警惕，做到心中有数。

【心中有数】

活动一

1. 山东省每年有多少类似的网络诈骗案？

从山东省人民政府新闻办召开的发布会上获悉，2020年，该省共破获电信网络诈骗案件32823起，抓获犯罪嫌疑人17139名，同比分别上升88%和119%，为民众避免和挽回经济损失45.3亿元。

2. 近年来，网络犯罪高发多发成为常态。最高检统计，2019年至2020年，检察机关共批准逮捕网络犯罪嫌疑人89167人，提起公诉105658人。

2019年我国收到网络诈骗举报15505例，人均损失为24549元。

2019年前三个月的网络诈骗案中，16岁以下青少年的人均损失超千元，男生受害者数量几乎是女生的4倍，男生占比为79.8%，人均损失1769元；女生占比为20.2%，人均损失729元。

2020年全国公安机关破获电信网络诈骗案件25.6万起，为群众避免经济损失1200亿。

【学而习之】

活动二：展示受骗案例

初中生小婷平时喜欢在某平台看网络游戏直播，听到"免费游戏皮肤"的福利，她赶紧用自己的QQ号加了群。这个群里全员禁言，只有管理员能够发消息。管理员称，要领免费皮肤的扫二维码，不仅能获得皮肤还能付500返800，付1000返2000等，小婷就这样第一次付了500，第二次付了1000，每一次都是前一次的两倍，前前后后共付了8次以后才被父母发现，后来报了案得知被诈骗，你能算出小婷被诈骗了多少钱吗？

小婷的父亲在工厂工作月收入 4000，母亲自己做小生意月收入 3000，小婷的父母要不吃不喝工作多久才能把这笔钱赚回来？

计算学生玩游戏、看直播的受骗金额，写出你的建议和做法。

活动三

请根据"小婷"事件，写一封信给出青少年学生使用网络的意见和建议。
要求：
1. 以书信格式写给青少年学生；
2. 内容涵盖网络使用的正反两方面，辩证思考，表达明确。

活动评价：
1. 能完整计算初中生小婷的受骗金额，以及她父母赚取同等金额所需时间。
2. 能通过网络诈骗案引发自我思考。
3. 能够用书信为迷失于网络的青少年提供意见和建议。

设计意图：

通过"小婷"事件警醒学生清楚地认识网络安全对自己将会造成的伤害，激发学生安全使用网络的意识。通过书信给受骗学生提建议，引导学生思考安全使用网络的方式方法。

【融会贯通】

活动四

举例说出日常生活中同学之间出现的网络不安全行为，说明这对自己生活造成的影响。

活动五

以小组为单位，设计同学们在校和居家网络安全使用的倡议书，并签字、宣读张贴，互相监督网络使用行为。

任务或活动评价：
1. 能说出日常生活中身边出现的网络不安全行为。

2. 能够以小组为单位，设计并宣读网络使用安全倡议书。

设计意图：

通过反思日常生活中的网络不安全行为，激发学生认识到网络安全对日常生活的重要影响，书写网络安全使用倡议书，互相监督，落实网络安全行为。

五、活动思路图示

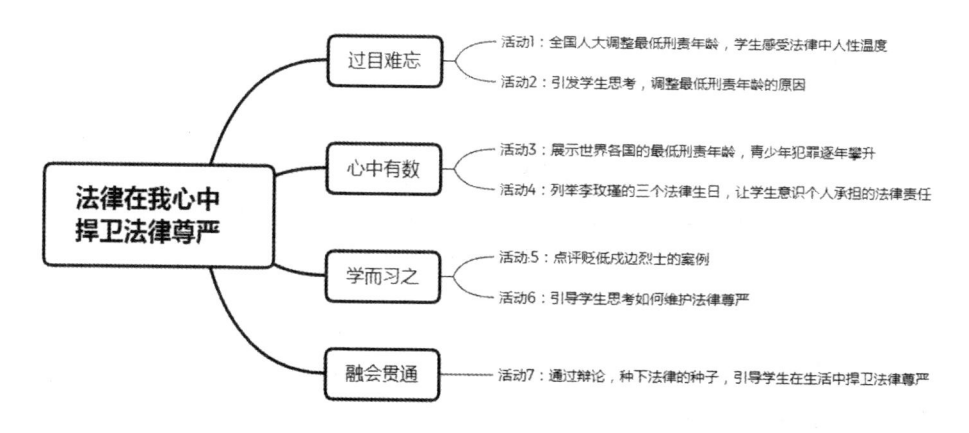

```
                    ┌─ 过目难忘 ─┬─ 活动1：全国人大调整最低刑责年龄，学生感受法律中人性温度
                    │            └─ 活动2：引发学生思考，调整最低刑责年龄的原因
                    │
法律在我心中 ───────┼─ 心中有数 ─┬─ 活动3：展示世界各国的最低刑责年龄，青少年犯罪逐年攀升
捍卫法律尊严        │            └─ 活动4：列举李玫瑾的三个法律生日，让学生意识个人承担的法律责任
                    │
                    ├─ 学而习之 ─┬─ 活动5：点评贬低戍边烈士的案例
                    │            └─ 活动6：引导学生思考如何维护法律尊严
                    │
                    └─ 融会贯通 ─── 活动7：通过辩论，种下法律的种子，引导学生在生活中捍卫法律尊严
```

六、拓展延伸

规范自己的网络使用时间，在家长监督下合理使用互联网。

（黄晓倩，女，中学二级教师，生物）

【参考文献】

1. 山东：2020年破获电信网络诈骗案件32823起．光明网．2021-01-30．
2. 最高检：网络犯罪高发多发已成常态．最高检网站．2020-04-08．

初四立志·抵制不良诱惑　立志奋斗人生

一、活动目标

1. 正确认识和区分生活中的不同诱惑，学会抵制不良诱惑。
2. 提高抵抗不良诱惑的"免疫力"，增强意志力。
3. 培养高雅情趣，充实自己的学习和生活，远离不良诱惑。

二、活动策略

1. 学生通过分析数据，正确认识不良诱惑的危害。
2. 学生通过小组讨论，组内分享，制作抵抗不良诱惑的妙计锦囊。
3. 通过完成抵制不良诱惑决心卡，增强抵制不良诱惑的决心和意志力。

三、活动准备

1. 搜集有关不良诱惑的视频、资料，制作PPT课件。
2. 制作不良诱惑百变箱。
3. 准备抵制不良诱惑决心卡。

四、活动过程

【过目难忘】

活动一：观看视频：学生生活中经历的各种不良诱惑

提出问题：
1. 视频中学生的哪些行为是错误的？
2. 这些错误行为有哪些危害？

生活中，有很多同学抵制不住不良诱惑。但是不良诱惑会对我们产生多大的危害呢？大家心中有数吗？

设计意图：
截取学生生活片段，找出其中哪些属于不良诱惑，引起学生注意。

【心中有数】

活动二：明是非，会选择

1. 你知道不良诱惑会对我们产生哪些危害吗？请举例说明。

烟草中含有数百种复杂的化学成分，大部分对人体有害。其中焦油、尼古丁等40种是有毒和有致癌作用的物质。烟中尼古丁含量最多，毒性也最大，成人服50毫克即可致死。每1000支香烟中的苯并芘含量可以高达122微克。一个人如果每天吸无过滤嘴香烟20支以上，每年可以吸入苯并芘700微克以上。这个数字比每人每年从城市污染的空气中吸入的苯并芘量还要高。

一项涉及全球2800万人的研究曾指出，饮酒没有"安全值"。只要摄入酒精，就会对健康产生不良影响。因此，最安全的饮酒量为0，只有滴酒不沾，才不会对大脑造成相关伤害。

近日，央视曝光的一项最新研究显示，一次过量饮酒对大脑影响长达6周。据北京大学第六医院神经内科主任袁俊亮称：大量饮酒以后，并不是第二天休息好了，酒精就完全代谢了。实际上，最新的科学研究表明，大量酗酒导致醉酒以后，酒精对于人体大脑的影响，无论是结构的还是功能的，可以持续大概6周。这个时间是非常长的。

不良诱惑能方便、直接地带给我们短暂的快乐，而相比之下，学习、工作都是苦的。一方是唾手可得的快乐，另一方是显而易见的痛苦。这时我们该如何选择，才能对自己的生命负责呢？

那些取得辉煌成就的人，都是吃了很多苦才成功的，为什么他们自找苦吃呢？其实他们是将目标放在了经过一定的苦而获得的更大的更长远的快乐上。因此，面对不良诱惑，我们应该提高自身的"免疫力"，以磨炼自己的意志力。

设计意图：

在是与非的选择中，让学生提高对不良诱惑的"免疫力"，增强自身意志力，促进人生长远目标的实现。

【学而习之】

活动三：记者采访

你遇到过哪些不良诱惑？你是怎样对待的？

面对学习和生活中的不良诱惑，每一个积极向上的青少年都应该自觉抵制，让我们回忆一下自己成功抵制不良诱惑的经历和当时的具体做法，与同学们分享、交流。

设计意图：

通过分享自身抵制不良诱惑的经验做法，形成班级抵制不良诱惑的妙计锦囊。

【融会贯通】

活动四：老师制作诱惑百变箱，请同学随机抽取

请说一说，应该如何抵制自己抽取到的不良诱惑？

设计意图：

增强学生抵制不良诱惑的实践能力。要把学习到的抵制不良诱惑的小方法运用到自己的实际生活中，做到学以致用。

活动五：卡片制作与交流

我坚决拒绝：_____

我能够杜绝：_____

我一定要远离：_____

我一定要增强：_____

设计意图：

增强学生抵抗不良诱惑的决心和意志力，进行积极的自我暗示。

五、活动思路图示

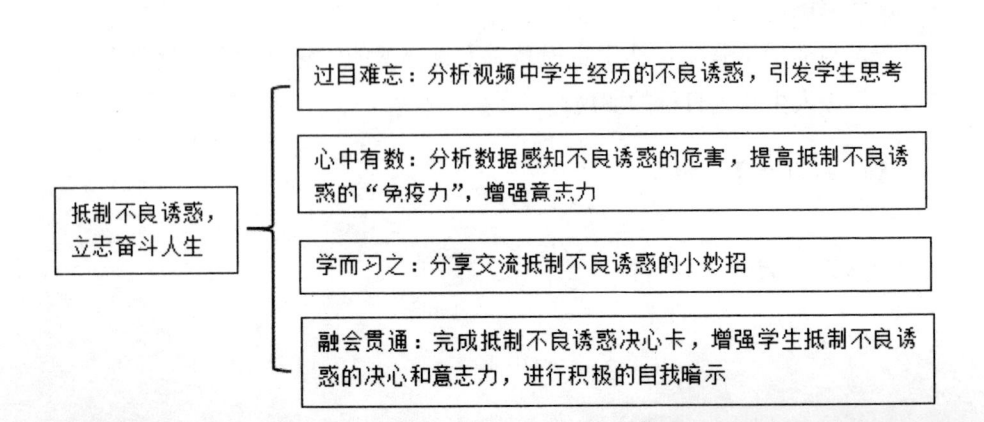

抵制不良诱惑，立志奋斗人生
- 过目难忘：分析视频中学生经历的不良诱惑，引发学生思考
- 心中有数：分析数据感知不良诱惑的危害，提高抵制不良诱惑的"免疫力"，增强意志力
- 学而习之：分享交流抵制不良诱惑的小妙招
- 融会贯通：完成抵制不良诱惑决心卡，增强学生抵制不良诱惑的决心和意志力，进行积极的自我暗示

六、拓展延伸

在诚·毅日记中记录你曾经历的不良诱惑，分享你是如何抵制不良诱惑的。在日常生活中增强抵制不良诱惑的决心和毅力。（于孟孟，女，中学二级教师，道法）

【参考文献】

1. 饮酒没有安全值［N］生命时报 2019-09-11
2. 我国登记吸毒人员已超 200 万人［EB/OL］．人民网．2013-06-26

心理健康教育

一、概述

教育部在《中小学心理健康教育指导纲要》中指出:"良好的心理素质是人的全面素质中的重要组成部分。心理健康教育是提高中小学生心理素质的教育,是实施素质教育的重要内容。中小学生正处在身心发展的重要时期,随着生理、心理的发育和发展、社会阅历的扩展及思维方式的变化,特别是面对社会竞争的压力,他们在学习、生活、人际交往、升学就业和自我意识等方面,会遇到各种各样的心理问题。因此,在中小学开展心理健康教育,是学生健康成长的需要,是推进素质教育的必然要求。"

目前,各学校也充分认识了心理健康教育对学生成长的重要性,在学校积极开展心理健康教育课程,以培养学生健康的人格。

在此背景之下,我校进行心理健康主题班会,引导学生形成良好的心理品质。心理健康教育主题班会,不仅仅单纯地传授心理健康知识,更是根据四个年级学生不同的心理发展状况,解答学生各个阶段的心理困惑,培养学生调节心理健康的能力。

二、进阶性主题介绍

由于初中四年学生心理发展规律不同,在这一主题下我们设计了四个进阶性主题。

初一明理,主题为持良好心态,享健康人生——抗挫折能力。初一学生正处在小升初的过渡阶段,学生在学习、生活、交往中会出现一系列问题,学生们如果不能正确对待这些变化,内心会出现挫败感,情绪低落,直接影响心理健康的发展。因此,通过本节班会课,让学生正确认识挫折的来源,掌握应对挫折的方法，并且树立战胜挫折的意识，做生活的强者。

初二修身，主题为掌握青春，适应身心变化——青春期教育。初二学生的生理和心理都发生了很大的变化，性意识也随之觉醒，很多同学乐意与异性交往，热心与异性同学一起参与学习、讨论。但与异性交往需要把握好"度"。如果对与异性交往处理得不恰当，会对他们的身心健康和学习产生不良影响。因此，通过这堂与异性交往的心理健康课，可以使学生树立健康的异性交往观念，把握异性交往的"度"，并以正确的方式与异性交往。

初三担当，主题为锲而不舍，掌握自我——学会自我调控。随着社会的发展，现在的初中生面临的诱惑越来越多，手机就是其中非常有代表性的一种。目前，拥有手机的中学生已不是少数，他们把手机作为个性与身份的象征，很多学生已经把拥有一部手机当作很自然也很必然的事情了。他们用手机聊天、玩游戏……在学生当中，手机是多种功能的集合体，既是通信工具，也是玩具。手机对学生学习和生活的影响是不容忽视的，一些学生利用手机短信聊天、熬夜玩游戏，影响了正常的教学秩序，也影响了自己和其他同学的休息。本节班会课力图引导学生正确认识和使用手机，并通过对手机的掌控进而能自觉抵制其他不良诱惑。

初四立志，初四学生恰好处在一个非常特殊的阶段，面临中考的压力，其承受的心理压力也会愈来愈大，容易产生对未来的焦虑、不自信等一系列心理问题。因此，必须适时对初四学生进行心理健康教育与辅导，做到科学调节，及时预防消除心理问题的滋生，以便提高心理健康水平，更好地迎接中考，圆满地完成学习任务。

初一明理·持良好心态，享健康人生

——提高抗挫折能力

一、活动目标

1. 明确挫折的概念，正确认识挫折。
2. 掌握对待挫折的方法，积极面对挫折。
3. 树立战胜挫折的意识，做生活的强者。

二、活动策略

1. 学生通过数据的计算，深刻认识挫折产生的原因。
2. 学生通过学习先进榜样人物事迹，增强战胜挫折的信心。
3. 学生通过小组合作讨论，交流总结正确对待挫折的方法。

三、活动准备

1. 心理健康小知识视频。
2. 战胜挫折名言警句。
3. 战胜挫折励志视频。

四、活动过程

【过目难忘】

视频导入（学生日常生活场景）：

场景一：小明同学升入初中后，对日益增多的科目产生不适感，感觉自己啥也学不会，内心充满挫败感。

场景二：小乔同学，在小学时学习成绩一直很好，他自己也很喜欢学习，小学老师经常表扬他。但上了中学后，他发现自己的学习成绩常常排在20名之外，这令他非常惶恐，父母也因他的成绩问题责备他，老师也不断与他谈话，他渐渐地对各科考试感到害怕。

场景三：小明和小善是刚结交的一对好朋友，关系非常好。某一天，小明突然和小溪同学非常开心地在一起玩，不理小善了。小善内心十分苦恼，不知道怎么处理。

畅所欲言：他们为什么会出现这种问题？你有没有遇到与他们类似的情况？

启发思考：升入初中后，与小学相比，为什么会产生如此大的变化？

【心中有数】

从以下两个方面分析原因：

1. 小学、初中课时量的区别。

2. 青少年心理健康。

活动一：用具体数据来展示初中与小学在学业方面的区别

小学初中课时量：

1. 小学初中课时的对比。小学一天 7 节课，一节课 40 分钟；初中一天 8 节课，一节课 45 分钟。

小学一周学习时间 =7×40×5=1400 分钟

初中一周学习时间 =8×45×5=1800 分钟

初中一周学习时间比小学多 400 分钟即 6.7 小时

2. 小学初中作业量对比。小学每天晚上写作业时间为 0.5 小时，初中周一到周五晚上写作业时间为 1.5 小时，周末作业 5 小时。

一周作业时间（与小学相比）=（1.5×5+5)-0.5×5=10 小时

设计意图：

通过数据的算计，让学生明确升入初中之后，学习时间会增加，学业负担比小学大。

学业方面：

小学步入初中后，课程增多，作业量加大，各种考试频繁进行，初中生很难一下子适应这种高强度的学习，就会产生焦虑感。尤其当成绩不理想时，这种感觉会更加强烈。

活动二：观看心理健康小知识视频

视频内容：

自我意识增强，对待事物能给出自己的判断和见解，做出自我认识与评价，但由于受知识体系的影响，很多看法狭隘。

群体意识增强，喜欢结交一些与自己志趣相投的朋友，希望与自己相互理解，一起分享生活感受，对自己周围的人也能保持良好的关系。

设计意图：

通过心理健康小知识，让学生产生正确的心理暗示，了解心理的成长。

【学而习之】

小组合作，搜集展示战胜挫折的名言警句、故事案例。

活动三：名言警句展示

1. 我以为挫折、磨难是锻炼意志、增强能力的好机会。——邹韬奋
2. 短时期的挫折比短时间的成功好。——毕达哥拉斯
3. 患难困苦，是磨炼人格之学校。——梁启超
4. 困难与折磨对于人来说，是一把打向坯料的锤，打掉的应是脆弱的铁屑，锻成的将是锋利的钢刀。——契诃夫

活动四：故事案例分享

1. 老鹰在成长的过程中，如果鹰不拔掉羽毛、指甲和喙，它就只能活40年。为了生存下去，它们必须要蜕皮。蝉为了完成飞的使命，必须要蜕皮长出翅膀；蝉要成为美丽的蝴蝶，必须要破茧而出，挣脱茧的束缚。

2. 2020年3月16日，长征七号甲运载火箭首发失利后，科研人员强忍悲痛，心里憋着一股不服输的劲，连续奋战，查清了问题的原因，并采取措施改进。最终在全体科研人员的努力下，2021年3月12日，时隔一年，火箭发射成功。

3. 追光少年——清华学生，这群学生花了一年的时间做研究，他们发现要想探测引力波必须先要制作一颗卫星，发射到宇宙中。开始他们做得很顺利，一个又一个版本的探测器被做了出来，一个又一个技术上的问题得到了解决。这群刚刚20出头的学生，眼看竟然真的要搞出卫星了。没想到最后一个月的时候因为接线错误，整个卫星板子烧坏了，相当于要推倒重来。而之前他们从立项到出成品，足足用了两年。从无到有造卫星，哪怕是已经做过一次，一个月时间也太赶了。没有犹豫很久，他们就决定再拼一把，无论如何也要在最后一个月完成这个"不可能的任务"。一个月的不眠不休，亲手把毁掉的卫星一点一点重新拼出来，这群少年终于做到了。他们成功地把两年多的心血送上了天。

启发思考：通过以上案例，你获得什么样的启示？

设计意图：

挫折不可避免，面对挫折的态度不同，结果也不同，积极者愈挫愈勇，消沉者遇挫则败。我们要正确对待挫折，变挫折为动力，就会成就美好人生！

【融会贯通】

针对"过目不忘"环节中同学们遇到的挫折，我们应该如何帮助他们战胜？

活动五：小组合作

要求：

1. 四人一组全员参与；
2. 推选一名成员代表总结发言；
3. 一人负责记录，最终由班长汇总，形成班级"应对挫折之法"；
4. 时长3分钟。

小组成果预估：

学业组：1. 制订学习计划，养成良好的学习习惯。
　　　　2. 情绪转移，寻求升华。（体育、绘画、音乐）

交友组：1. 学会宣泄，摆脱压力。（找老师倾诉）
　　　　2. 尊重他人，学会理解。
　　　　3. 积极主动，热心助人。

老师、父母：1. 心怀感恩，理解父母
　　　　　　2. 换位思考，精神胜利。
　　　　　　3. 积极赋能，坦诚相见。

设计意图：
小组交流总结应对挫折的方法。

活动六：评选榜样

通过一个学期的观察，我们发现有哪些同学可以不惧怕挫折，勇敢战胜挫折呢？让我们评选出"勇敢之星"吧！

设计意图：
发现身边榜样，增强学生克服挫折的信心。

五、活动思路图示

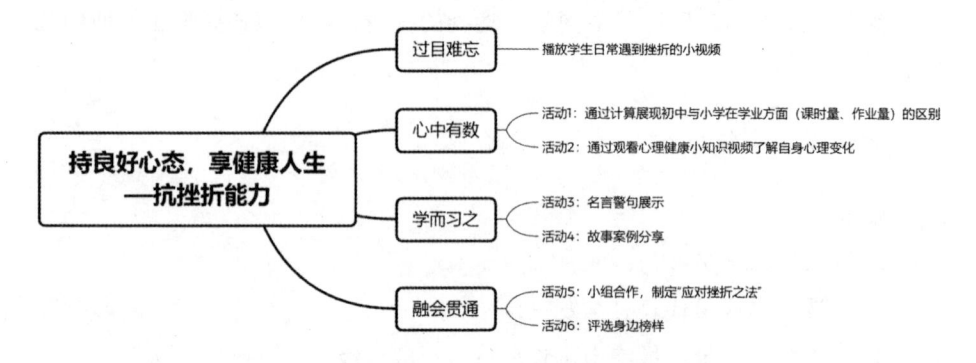

持良好心态，享健康人生
——抗挫折能力

- 过目难忘 —— 播放学生日常遇到挫折的小视频
- 心中有数
  - 活动1：通过计算展现初中与小学在学业方面（课时量、作业量）的区别
  - 活动2：通过观看心理健康小知识视频了解自身心理变化
- 学而习之
  - 活动3：名言警句展示
  - 活动4：故事案例分享
- 融会贯通
  - 活动5：小组合作，制定"应对挫折之法"
  - 活动6：评选身边榜样

六、拓展延伸

在诚·毅日记中记录自己生活中战胜挫折的点点滴滴，培养积极乐观的心态。

（李伟，女，中学二级教师，语文）

初二修身·掌握青春，适应身心变化

——青春期异性交往教育

一、活动目标

1. 把握与异性交往的"度"。
2. 树立健康的异性交往观。

二、活动策略

1. 学生通过数据分析，认识异性眼中优秀的特征，并以此引领约束自己的言行。
2. 学生通过游戏体验，把握异性交往的"度"。
3. 学生通过情景体验，学会在现实生活中约束自己在两性交往中的言行举止。

三、活动准备

1. 初二学生异性交往情况调查报告。
2. 《家有儿女》影视片段。
3. 游戏所用工具：眼罩、刻度尺。

四、活动过程

【过目难忘】

活动一：观看视频

1. 观看《家有儿女》片段，并思考：视频中刘星和鼠标的反应正常吗？如何看待这种现象？

提示：这是一种正常的反应。进入青春期，我们会有一种特殊的心理萌动。我们会愈来愈关注自己在异性面前的形象，并且渴望得到异性朋友的肯定。

2. 畅所欲言：你有过类似的想法吗？

设计意图：

通过视频中中学生异性交往的现象，引导学生联系自身实际，明确异性相吸是青春期正常现象，不要过度渲染两性关系，引导学生树立健康明朗的两性交往观。

【心中有数】

活动二：讨论思考

从男、女生角度思考，你欣赏什么样的异性，你讨厌什么样的异性？列举出欣赏异性的 3 个特征和讨厌异性的 3 个特征。

男生女生分别在黑板上板书，然后引导学生以此反省自身。

设计意图：

通过班级同学共同推选的受欢迎的性格特征和不受欢迎的性格特征，让学生以此来反省自身，明确自身在与异性交往中所存在的不恰当的言行举止，并进而约束自身的言行。

活动三：调查分析

展示初中生异性交往调查问卷数据分析，让学生明白思想品德好、学习成绩优秀才更受异性欢迎。

初中生择友倾向

择友倾向	所占比例
外貌俊秀	24.7%
学习成绩优秀	27.1%
幽默有趣	40.7%
乐于助人	42.3%
责任心强	39.4%
诚信	36.3%
家境好	2.3%
有体育、艺术或者其他特长	15.7%

总结：足够优秀才会被憧憬、被欣赏、被喜欢。因此，我们现阶段最重要的是学会自我修炼，努力成为优秀的人，才能拥有势均力敌的美好。

设计意图：

通过展示初二学生择友倾向调查报告，让学生进一步明确作为初二学生优秀的性格特征，并以此反省自身，引导自身成长发展。

【学而习之】

活动四："怦然心动"小游戏

两位男生、两位女生蒙着眼睛站到台前，老师通过调整异性间的距离（从1米，减小到0.5米，再到小于0.5米），分别采访受邀同学的感受与体会。

补充资料：

界域距离可分为四类：

一是亲密距离，小于0.5米。

二是个人距离，在0.5到1.2米之间。

三是社交距离，在1.2到3.6米之间。

四是公众距离，在3.6米以上。

总结：简单的小游戏让同学们感受到：正常的异性交往距离是1米左右，0.5米的距离会导致关系的微妙变化，同时也会吸引旁人的关注和议论，若更进一步，则是亲人的距离，在未建立亲人关系的基础上彼此靠太近，不仅相处的尴尬、不舒服，还会惹得周围人讥笑和非议。

因此，异性同学间相处，最重要的是：把握好距离，掌握好"度"。

设计意图：

通过"怦然心动"游戏，让学生能够切身体验异性交往中"度"的必要性与重要性。

活动五：情境分析

场景设置：

请同学们判断以下异性交往行为是否恰当？为什么？

1. 小荞和小善是好朋友，他们经常在一起，很少参加班里的集体活动。

2. 小红特别欣赏学习成绩好、体育拔尖的班长小浩，于是想给她递纸条，想和他做个"特别的朋友"。

3. 小霞是个假小子，和男生们称兄道弟，经常会做出摸头、搭肩等行为。

4. 小峰因为在元旦晚会上被翩翩起舞的小玲所吸引，每天偷偷地往小玲桌洞里放小玲喜欢的零食。

5. 小圆与小伟在一次创客大赛上结识，两人相互为榜样，在平时的学习中互相竞争互相进步。

总结：

异性交往的原则：

1. 要端正态度，培养健康的交往意识，淡化性别意识。

2. 要广泛交往，避免个别接触，交往程度宜浅不宜深。

3. 不必过分拘谨；不应过分随便；不宜过分冷淡；不可过分卖弄。

设计意图：

学生通过联系日常，反思与异性交往存在的"过度"的言行举止，把握在现实生活中与异性交往的"度"。

活动六：畅所欲言

在与异性交往的过程中，你发现哪些异性比你做得好的地方？能够帮助你的地方？举例说明。

正确的异性交往的作用：

1. 有利于智力上取长补短，提高学习效率。
2. 有利于情感上互相交流，丰富完善性格。
3. 有利于活动中互相激励，提高活动效率。
4. 有利于促进心理健康，提高自我评价能力。

设计意图：

通过让学生枚举异性交往中异性对自己的帮助，明确适度的异性交往带给自己的积极影响，帮助学生树立健康明朗的异性交往观。

【融会贯通】

活动七：情景再现

小雨是初二某班班长，成绩十分优秀。小佳是她的同班同学，开朗幽默。由于班里工作需要，两人经常一起交流、讨论工作学习中遇到的问题。慢慢地，他们发现彼此很投缘，也有不少共同点，就经常在一起打球聊天、下棋等，放学后也一起回家，两人对对方充满了好感，相处愉快。渐渐地，小雨出现了一些状况：上课老走神，不能集中注意力，脑海中老出现小佳的声音，成绩也不断下降了。没过多久，问题就来了：同学们开始在背后议论纷纷，甚至开他们的玩笑；班主任也开始关注他们，找他们谈话。他们该怎么样呢？

小组合作：为小雨和小佳确定最佳交友方案。

设计意图：

在情景体验中，通过为主人公找出异性交往中存在的问题，联系本节课所学知识，确定最佳交往方案，以此来反省自身，内化于行。

活动八：分享

送同学们一首小诗。作为今天活动的结束语，希望同学们能理解诗中的深刻含意，诗的名字是《早开花的苹果树》。

一棵苹果树正在冬天里做梦，

一阵暖风把梦儿吹醒。

它误以为春天已经来临，

急匆匆把枝头点红。
是你根部积蓄了过多的养分，
还是失去理智过于冲动？
也许是你太羡慕春的美好，
竟忘记应遵循的时令……
冻僵的花瓣伴着残梦，
瑟索地在寒风中飘零。
多么得不偿失啊——
减了春的光彩，
毁了秋的收成。

设计意图：

通过诗歌朗读，让学生在朦胧的诗境中理解异性交往的"度"的重要性和必要性。

五、活动思路图示

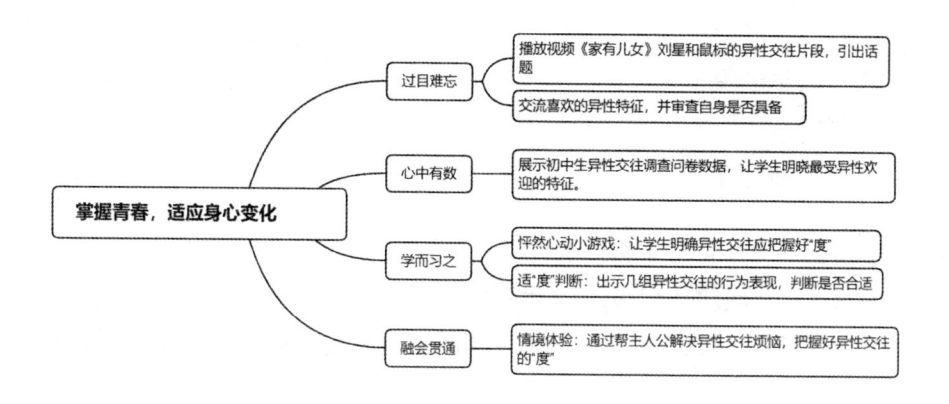

掌握青春，适应身心变化

- 过目难忘
  - 播放视频《家有儿女》刘星和鼠标的异性交往片段，引出话题
  - 交流喜欢的异性特征，并审查自身是否具备
- 心中有数
  - 展示初中生异性交往调查问卷数据，让学生明晓最受异性欢迎的特征。
- 学而习之
  - 怦然心动小游戏：让学生明确异性交往应把握好"度"
  - "适度"判断：出示几组异性交往的行为表现，判断是否合适
- 融会贯通
  - 情境体验：通过帮主人公解决异性交往烦恼，把握好异性交往的"度"

六、拓展延伸

办一份异性交往的手抄报。

（朱虹，女，中学二级教师，语文）

初三担当·锲而不舍，掌握自我

一、活动目标

1. 正确认识手机的作用。
2. 培养自我调控意识，抵制诱惑。

二、活动策略

1. 学生通过数据的计算，深刻认识人们在手机上浪费的时间。
2. 学生通过辩论，达到自我教育的目的，并清楚地认识到，在使用手机时，应注意时间场合，真正用好手机。
3. 通过签订承诺书，学生树立起自我调控意识，能实现自我调控。

三、活动准备

课件、视频、表演道具等。

四、教学过程

【过目难忘】

播放三个学生沉迷手机的视频。
1. 学生因长时间玩手机与父母发生争吵
2. 学生晚上熬夜玩手机，知道应该睡觉，但是还是忍不住熬夜继续玩下去
3. 学生因为熬夜眼神发直，上课打不起精神来，严重影响听讲质量。

【心中有数】

活动一：展示数据

调查初中生每天使用手机的时间和阅读的时间，用具体的数据来展示初

中生每天使用手机的时间。

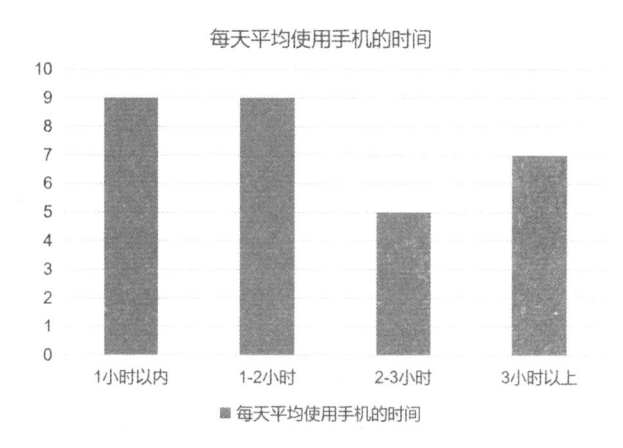

每天平均使用手机的时间

活动二：对比数据

调查初中生使用手机的目的，搜集因为沉迷手机造成亲子关系紧张的数据。

是否因手机问题与家长发生过争执

设计意图：

通过数据对比，引发学生的认知冲突，使学生认识到沉迷手机的危害性。

【学而习之】

通过对比初中生使用手机的时间和阅读时间的长短，进一步论证抵制手机的重要性。

活动三：自由辩论

学生对手机的"利"与"弊"展开讨论。
利：
方便和父母联系；
方便和同学朋友联系；
可以用来娱乐，减轻学习压力；
是时尚的表现。
弊：
扰乱课堂纪律，影响老师讲课和其他同学听课；
上课玩游戏，发信息，严重影响自己和同学的学习，学习成绩下降；
利用手机在考试中作弊；
增加了家庭的经济负担；
助长了攀比心理。

活动四：现场采访

采访主题：正确使用手机的对策。

采访对象：有手机的同学，没有手机的同学，在座的听课老师等。

中学生拥有手机已经是一种普遍的现象，处于青少年时期，他们辨别事物的能力还不是很强，要用辩证的观点去对待新事物；中学生应该有清醒的认识，手机只能作为联系家人和朋友的一种方式，但并不是唯一的方式，尤其是在校园里，手机应禁止进教室；或者只能放学后才能开机，中学生应该学会在适当的时间和地点使用手机，不能沉迷于信息和玩手机游戏当中。

设计意图：
引导学生思考说出正确使用手机的策略。

活动评价：
能说出自己的观点并陈述理由。

【融会贯通】

引导同学对本次主题班会进行更深层次的思考。生活中你还遇到了哪些对你有诱惑的事情？它是否影响了你的生活？如果影响了，你认为应该采取什么措施来抵制它的诱惑，掌控自我？

活动五：抵制诱惑

针对其他对自己有诱惑的事物，思考解决办法，并自制一份抵制诱惑的承诺书。

五、活动思路图示

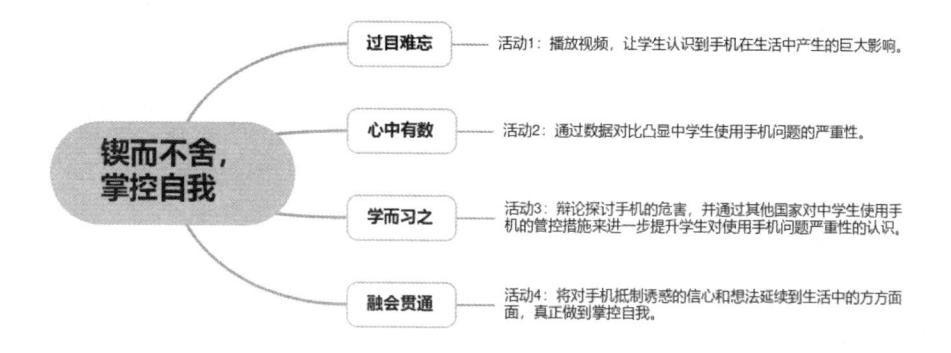

锲而不舍，掌控自我
- 过目难忘——活动1：播放视频，让学生认识到手机在生活中产生的巨大影响。
- 心中有数——活动2：通过数据对比凸显中学生使用手机问题的严重性。
- 学而习之——活动3：辩论探讨手机的危害，并通过其他国家对中学生使用手机的管控措施来进一步提升学生对使用手机问题严重性的认识。
- 融会贯通——活动4：将对手机抵制诱惑的信心和想法延续到生活中的方方面面，真正做到掌控自我。

六、拓展延伸

在诚·毅日记中记录你每天的自律行为，养成自律的好习惯。

（李妍，女，中学二级教师，生物）

初四立志·培养健康心理，走向成功人生

——如何正确应对中考压力

一、活动目标

1. 了解心理健康的重要性。
2. 认识健康的心理是积极备战中考、正确应对中考压力的必要条件。

二、活动策略

1. 学生通过数据的计算，深刻了解心理健康的重要性。
2. 学生通过体验，了解正确应对中考压力的有效途径。
3. 学生树立培养健康心理的意识，在日常生活中积极主动地进行自我调节。

三、活动准备

1. 初中毕业班学生心理健康状况调查问卷。
2. 压力必要实验工具。
3. 学生情绪记录表。
4. 信笺（"写给自己的小纸条"）。
5. 立志计划书。

四、活动过程

【过目难忘】

活动一：情景剧——小A怎么了？

内容：最近一次中考模拟成绩出来了，初四毕业班学生小A看到自己的成绩比上一次测试下降了，自己擅长的学科没有取得很突出的成绩，不擅长的学科在经过努力后也没有起色，小A很受打击，很沮丧，她觉得自己中考也一定拿不到好成绩。

小组讨论：小A怎么了？她为什么会这样？你是否跟她有相同的经历和看法？

结论：面临中考，小A的压力很大。

设计意图：

使学生关注毕业班学生的心理现状——中考压力较大。

活动二：数据展示

面临中考，小A感受到了莫大的压力，也背负着很多心理负担，也有很多同学在跟小A经历着同样的事情，负担着同样的心理压力，其实，据世界卫生组织估计，全球每年自杀未遂人数达1000万人以上；造成功能残缺最大的前10位疾病中有5个属于精神疾病；中国心理精神疾病负担到2020年上升至疾病总负担的1/4。在中国，目前保守估计，大概有1.9亿人在一生中需要接受专业的心理咨询或心理治疗。

设计意图：

通过报告数据，了解有关心理健康问题的现状。

【心中有数】

活动三：完成中考生心理健康状况调查问卷

从调查问卷中提取关键信息如下：（调查问卷，略）

1. 你认为目前的压力主要来自？

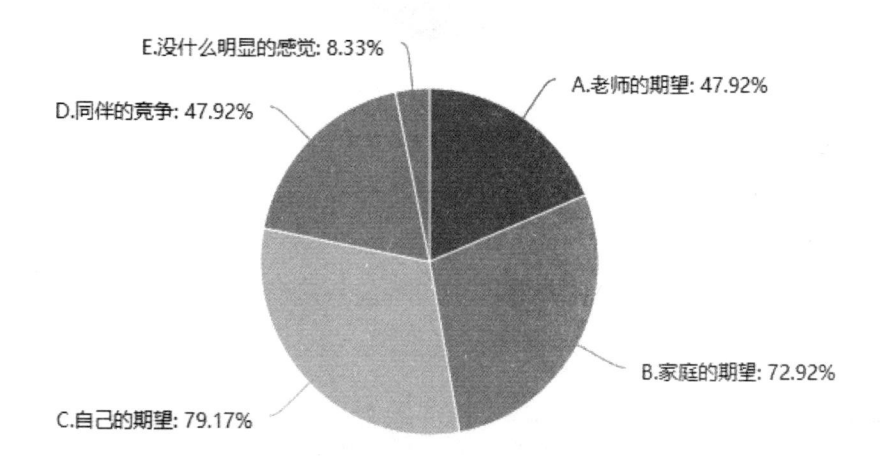

E.没什么明显的感觉: 8.33%
D.同伴的竞争: 47.92%
A.老师的期望: 47.92%
B.家庭的期望: 72.92%
C.自己的期望: 79.17%

2. 最近一周包括今天，你的主要情绪是？

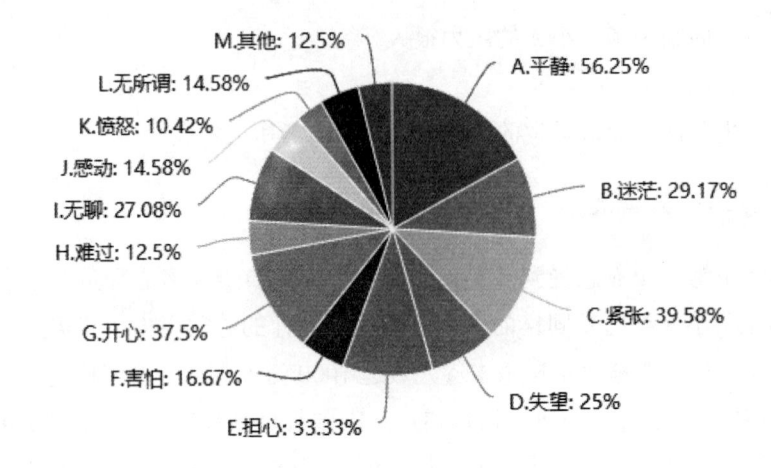

A.平静: 56.25%
B.迷茫: 29.17%
C.紧张: 39.58%
D.失望: 25%
E.担心: 33.33%
F.害怕: 16.67%
G.开心: 37.5%
H.难过: 12.5%
I.无聊: 27.08%
J.感动: 14.58%
K.愤怒: 10.42%
L.无所谓: 14.58%
M.其他: 12.5%

3. 近期情绪波动主要源自？

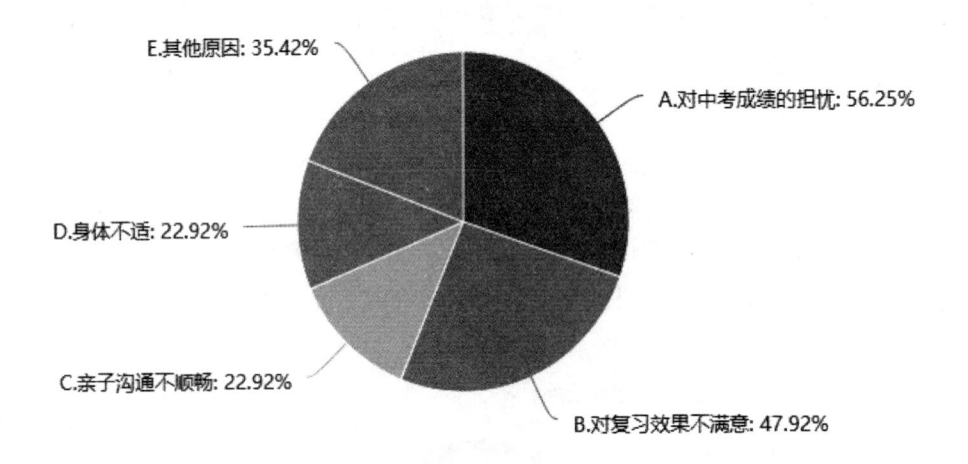

A.对中考成绩的担忧: 56.25%
B.对复习效果不满意: 47.92%
C.亲子沟通不顺畅: 22.92%
D.身体不适: 22.92%
E.其他原因: 35.42%

4. 最近一周包括今天，你在身体层面主要表现为：

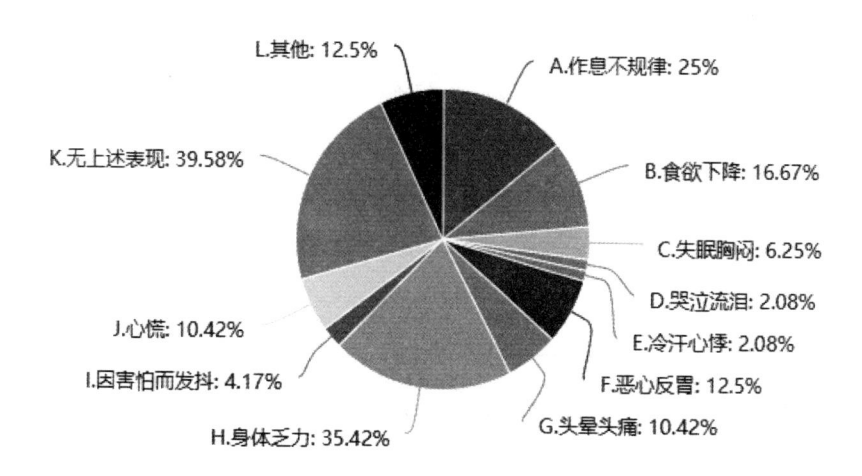

- L.其他: 12.5%
- A.作息不规律: 25%
- K.无上述表现: 39.58%
- B.食欲下降: 16.67%
- C.失眠胸闷: 6.25%
- D.哭泣流泪: 2.08%
- J.心慌: 10.42%
- E.冷汗心悸: 2.08%
- I.因害怕而发抖: 4.17%
- F.恶心反胃: 12.5%
- H.身体乏力: 35.42%
- G.头晕头痛: 10.42%

5. 最近一周包括今天，你在思维层面主要表现为：

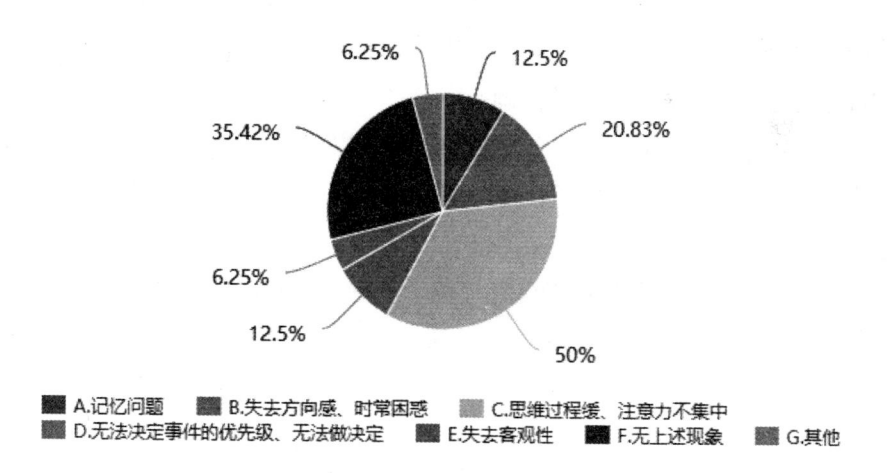

- 6.25%
- 12.5%
- 20.83%
- 35.42%
- 6.25%
- 12.5%
- 50%

■ A.记忆问题　■ B.失去方向感、时常困惑　■ C.思维过程缓、注意力不集中
■ D.无法决定事件的优先级、无法做决定　■ E.失去客观性　■ F.无上述现象　■ G.其他

6. 对于自己出现的负面情绪/不良状态，你通常会

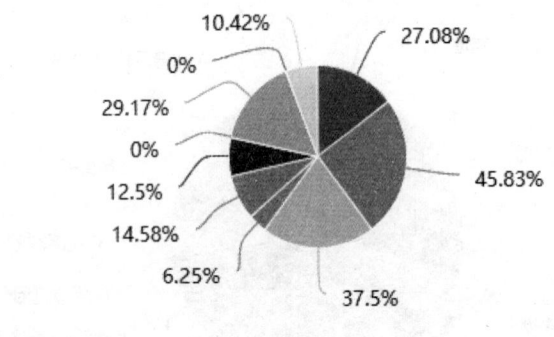

图中数据：
10.42%
0%
29.17%
0%
12.5%
14.58%
6.25%
37.5%
45.83%
27.08%

■ A.保持稳定的作息　■ B.与好朋友倾诉　■ C.与家人倾诉　■ D.列to-do-list清单
■ E.写情绪日记　■ F.运动、绘画等　■ G.向班主任等老师求助寻求心理辅导
■ H.自我封闭，慢慢承受　■ I.自我伤害　■ J.其他

通过分析以上数据，我们能看出中考生目前存在的问题有哪些？

1. 92%的学生都存在压力。

2. 32%的学生出现了各种各样的负面情绪；且56%的同学情绪压力来自对中考成绩的担忧；49%的学生身体上出现了轻微不良反应，多表现为作息不规律、身体乏力等问题；70%的学生出现了失去方向感、时常困惑以及思维过程缓慢、注意力不集中等问题。

3. 82%的学生会通过倾诉等合理方式缓解压力过大等不良状态，但值得注意的是，29%的学生选择了自我封闭。

设计意图：

通过调查问卷，了解中考生存在的心理健康问题；并通过数据分析，总结中考生目前存在的主要问题。

【学而习之】

活动四：压力必要实验

通过以上活动，我们可以看出过大的压力不利于我们的心理健康，但一点压力都没有是不是就是最好的呢？通过以下实验，相信大家能够正确认识压力。

▲压力必要实验（源于"定位速效法"）

实验要求：请将手中的图形卡片相应地放入框格中。

1. 将学生分为 A、B 两组，每组 20 人。
2. 要求 A 组学生在 3 分钟之内完成任务，B 组学生 5 分钟内完成任务。
3. 记录 3 分钟时，调查学生的完成情况。

实验结果：3 分钟时 A 组有 70% 的学生完成任务，B 组有 50% 的学生完成任务。

问题：这个结论给了你怎样的启示？

设计意图：

使学生认识到适当的压力是有益的。

活动五：积极暗示实验

现在我们已经意识到适当的压力其实可以成为动力，那我们该如何给自己解压呢？我们一起来学习吧！

▲积极暗示实验（源于罗森塔尔实验）

1. 教师将学生随机分为 A、B 两组，每组 20 人。
2. 让学生独立完成 10 道难度递增的数学习题。A 组学生每完成一道习题便对自己说一句"你很努力，你做得很好，你可以迎接更难的挑战"。B 组学生按部就班完成习题，无任何言语表达。
3. 根据学生完成情况填写统计表格

正确完成习题情况统计

题号组别	1	2	3	4	5	6	7	8	9	10
A 组	20	20	19	18	16	16	14	13	11	10
B 组	20	20	19	17	14	12	12	9	7	5

随机采访不同组别的同学，"完成过程中会感到压力越来越大吗？"

问题：这个结论给了你怎样的启示？

设计意图：使学生认识到积极的自我暗示可以帮助缓解压力，提高效率。

活动六：小组探讨

1. 采访：最近让你最烦恼的一件事是什么？
2. 讨论：以四人为一小组围绕该话题进行探讨，并给彼此提出建议。
3. 二次采访：倾诉并得到建议后，现在对于这件事情你有着怎样的情绪？

结果：90%的同学针对该问题情绪明显好转。

设计意图：

使学生认识到倾诉是一种有效缓解压力的方法。

任务或活动评价：

1. 能通过数据调查及分析了解中考生心理健康现状。

2. 能通过实验数据计算及分析初步掌握调整心理状态的基本途径。

3. 通过总结，认识到备战中考、立志远航的过程中正确面对压力、培养健康心理的重要性。

【融会贯通】

活动七：写给的解压小纸条

请给你自己和你的组员写下鼓励的解压小纸条吧！用你本课所学来帮助自己或他人缓解压力。

任务或活动评价：

能利用本课所学帮助自己或他人缓解压力。

五、活动思路图示

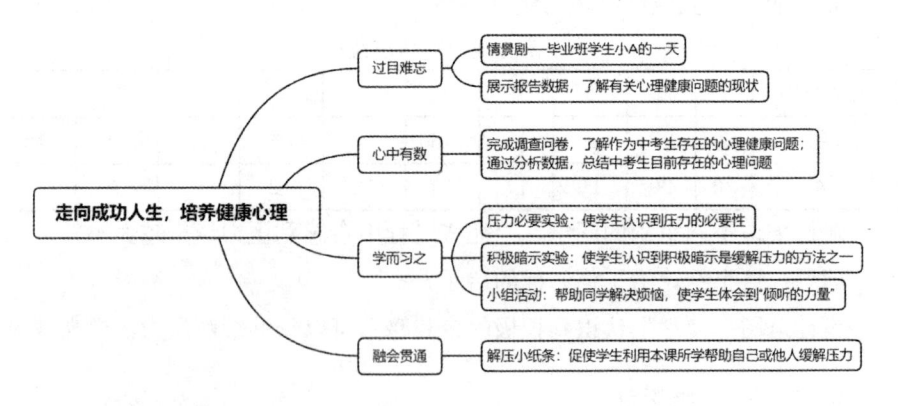

走向成功人生，培养健康心理
- 过目难忘
  - 情景剧——毕业班学生小A的一天
  - 展示报告数据，了解有关心理健康问题的现状
- 心中有数
  - 完成调查问卷，了解作为中考生存在的心理健康问题；通过分析数据，总结中考生目前存在的心理问题
- 学而习之
  - 压力必要实验：使学生认识到压力的必要性
  - 积极暗示实验：使学生认识到积极暗示是缓解压力的方法之一
  - 小组活动：帮助同学解决烦恼，使学生体会到"倾听的力量"
- 融会贯通
  - 解压小纸条：促使学生利用本课所学帮助自己或他人缓解压力

六、拓展延伸

写下属于自己的心理健康日记，随时记录随时调整，为备战中考做好心理建设。

（于雅哲，女，中学二级教师，英语）

习惯修正教育

一、概述

叶圣陶先生曾说:"教育就是习惯养成,凡是好的态度,好的方法,都要使它化为习惯。"初中阶段是青少年个性发展特别是品德发展变化的关键期,所以初中是习惯形成和修正的过渡时期,也是世界观、人生观和价值观逐步形成的关键时期。学生良好行为习惯的形成与不良行为习惯的矫正不仅有利于良好班风的形成,在未来更会影响社会的风气,为促使学生良好习惯的形成并对学生的不良习惯进行修正,我们为学生制定了习惯修正教育主题月。

二、进阶性主题介绍

初一明理——见微知著,养成意识

习惯真是一种顽强而巨大的力量,它可以主宰人的一生。让学生形成习惯意识,养成良好的习惯,对学生的成长起着举足轻重的作用。

初一的学生入校正是建立学校归属感的黄金时间,在初一明理的德育主题之下,通过见微知著,抓住有代表性的小行为,例如刻画桌椅、破坏公物等,从小故事开始,引导和激发同学们爱护身边的公物。

本月主题班会意在以桌椅保护为教育出发点引发学生逐步形成公物保护意识,进而拓展教育内容,帮助学生从具象的保护公物的习惯到形成保护的意识,从小习惯中认识到良好习惯的重要性,为学生树立养成良好习惯的基本意识。

初二修身——收纳自律，修身养性

学生在初中接受学校教育的过程中，自身成长和发展水平等方面可以直观地呈现，比如，"整理是一种思维，收纳是呈现方式"，卫生习惯可以说是素养水平的直观体现。在初二"修身"的主题之下，通过教育引导，让学生形成良好的自律收纳习惯，是使学生成为文明公民的基础。

本月主题班会主要通过以个人学习物品的收纳为教育出发点对学生进行教育，进而拓展到个人卫生整理习惯和在校卫生打扫等日常的卫生习惯，良好卫生习惯的养成将对学生形成良好的生活条理的意识起到至关重要的作用，与此同时，收纳习惯的养成是帮助学生形成梳理归类的思维，更是修身养性的过程。

初三担当——君子慎独，独立自主

初三学生的心理和年龄特点是寻求独立，通过适当的教育，引导学生发现真正独立的人能够自律和慎独，能够养成自主学习，独立思考的习惯，从而承担起自己年龄段该承担的责任。

本月主题班会主要以对学生的学习态度和课堂学习的教育为出发点对学生的学习方法进行指导，进而拓展到对自主学习方式的引导，将学习压力转化为动力，从而帮助学生形成自律的高阶学习习惯，从容应对学习内容的要求并为未来的高阶学习奠定基础。

初四立志——运筹之道，规划有方

初四作为毕业的年级，学生的习惯和修养发展已经开始进入成熟期，但是对于时间和事件的规划能力尚弱，人生规划能力更处于初识阶段，在课业紧任务重的情况下，学生需要掌握良好的规划习惯，能够对时间和事件有一定的规划能力，从而解决时间紧任务重的矛盾。

本月主题班会主要通过时间规划法和事件规划法的具体方法指导，帮助学生利用科学的方法对自己的学习和时间进行合理的规划，以科学的方法指导作为教育的出发点，进而拓展到规划意识上，使学生对自己的事情甚至是未来有规划的意识和习惯。

初一明理·见微知著，养成意识

一、活动目标

1. 知晓公物的范围和破坏公物的行为及其危害。
2. 自觉行动起来，保护公物，做文明中学生，同心协力共建美丽校园。

二、活动策略

1. 学生通过实地观察，能准确地说出学校公物。
2. 学生能够准确认识生活中破坏公物的行为及其危害。
3. 学生能够自觉行动起来，保护公物。

三、活动准备（视频、课件、调查报告等）

通过本节班会让学生真正了解破坏公物的危害，并基于危害自觉行动起来保护公物，同时在别人破坏公物时能够勇于制止。

四、活动过程

【过目难忘】

1. 先行组织：学生课前观察学校公物。
七嘴八舌话校园：你知道校园公物都有什么吗？
2. 情景询问：边听录音边播放桌椅受损照片。
看看这几张桌椅的照片，刚刚桌椅兄妹为什么愁眉不展，伤心抱怨，唉声叹气呢？这种现象在我们班级，我们学校有吗？它有什么危害？又为什么会发生？

【心中有数】

通过计算损坏墙面的维修费用及时间，了解公物破坏后的资源浪费和时间消耗。

活动一：用具体的数据来展示我们墙面损害中的消耗

班级墙面因为被随意刻画、踢上脚印，学校决定进行粉刷，已知学校共有 63 个教学班，其中有 5 个班需要重新粉刷，按照每个班 4 面墙粉刷，每面墙的面积约为 50 平方米。

已知粉刷一平方米的墙壁需要消耗涂料 0.6 升，每升涂料 10 元。计算一下涂料费需要多少？

一面墙涂料费：0.6×10×50=300 元

学校涂料费：300×4×5=6000 元

工费需要多少？

一面墙工费：50×10=500 元

学校工费：500×4×5=10000 元

需要耗时多少呢？

学校墙壁时间：4×4×5=80 小时

看到这些数字你有什么感受？我们可能只是随意为之的蹬墙的小动作，但是维修的时间和费用却是我们没有想到的，而我们又有多少随意为之的破坏行为呢？

【学而习之】

活动二：小组竞赛：走进我们的校园，发现不良行为

在现实生活中，或多或少还是存在着一些破坏公物的现象。我们大家一起行动起来，将不文明的现象一起找出来，说一说该行为的危害。

1. 小组抽题

课前观察：教室内、教学楼内（除教室内）、操场上、餐厅中四处场地可选。

2. 小组讨论

宣布瓶子中所设定的场地。

小组成员一起去观察后，说一说在该场地中，自己发现了哪些破坏公物的现象及其危害。

小组长将意见集中，条理清晰地记录在纸上。时间为 5 分钟。

3. 小组竞赛

竞赛规则：

①讨论结束后，抽取到相同场地的小组（A组和B组）派出一名发言人上讲台。

②相对而立，A组同学负责说发现的破坏公物的行为。B组同学说出该行为的危害。A组说完现象后，两组位置交替。同样B组也按照流程进行。

③获胜组为"班级侦查明星小组"。

陈述标准：

①问题陈述要客观有代表性。

②要准确陈述该行为的具体危害。

活动三

浑江小学位于我国吉林省，这所普通的学校仅有不到一百张课桌椅，他们都是在1949年新中国成立那一年制作的，历经72年的岁月洗礼，一届又一届的学生使用，至今他们依然完好如初。我们诧异于这些课桌椅久经岁月而不变！难道他们是用特殊材料制成的吗？当然不是。事实上，桌椅的保护就是靠一届一届学生保护公物的意识和习惯坚持下来的。走进浑江小学，你的疑惑立刻会被解开。校园中每一个同学都将爱护公物渗入了自己的一言一行中。课桌从不会被踩踏、涂画、刀刻，连不小心洒上的汗水都会及时擦拭掉。而这些课桌的爱护保养方法是在入学初毕业班的同学亲自传授的。在同学们的悉心保护下，课桌就这样被完好如初地保存下来。

桌椅使用72年却依然如初，给你什么样的启示？反观我们现在使用的课桌椅，你想过它们能够有几十年的寿命么？现在我们的桌椅、门窗、卫生工具等材质越来越坚固，但是使用时间却大大缩减了，这让我们不得不去深思啊！那破坏的同学知不知道破坏公物是不好的行为呢？如果知道，那为什么还会有同学破坏公物呢？

设计意图：

价值追问引发学生的价值冲突，通过学生交流，最后达成价值共识：爱护公物不是随意使用，也不是一味地避让，我们不仅要提高保护意识，更要规范自己的行为，有意识更要有行动！

活动四

如果说公物是我们学校所有人的宝贵财产，那么，文物则是全人类的财富，只有在学校能够做文明学生，走上社会才能做文明公民。那保护公物应从何做起呢？

小组讨论：

我们在学校中应如何保护公物，做文明学生，创美好校园。

要求：

小组内一人说一条，从第一个同学说起；

小组一人负责记录，最终形成小组爱护公约；

根据各小组公约整编成"班级爱护公约"。

设计意图：

让每一位学生明确在学校生活中爱护公物的具体行为。

【融会贯通】

活动五

位于我国江西省的巨蟒峰，是历经三亿多年地质演化形成的世界级自然遗产，它高达128米，但山峰最细的中腰直径却不足7米，造型如直立的巨蟒，为世界一绝。全人类如此珍贵的自然遗产巨蟒峰，却在2017年被三个攀岩爱好者私自用电钻打孔后，打入26枚长岩钉。接着播放视频，让学生更直观地感受，仅仅26枚钉子却让历经三亿多年风化形成的全人类的自然遗产巨蟒峰遭受了不可修复的严重损毁。也因此三人被进行了严肃的民事处罚并承担千万赔款，你怎样评价这三个人的行为？

如果说公物是我们学校所有人的宝贵财产，那么，文物则是全人类的财富，只有在学校能够做文明学生，走上社会才能做文明公民。公物的保护意识要从现在开始培养，公物保护要从现在开始行动。

在全班发出倡议承诺：

公物爱护，从我做起。

①珍惜和爱护身边的公共财产；

②发现校园不文明的破坏行为及时制止；

③小手拉大手，和父母一起保护社会公物。

对待公物，我们需要从小处做起，培养自己爱护公物的意识。而生活中方方面面都需要我们去维护，希望每一位同学都能养成良好的行为习惯，提高自己的意识，从平常事做起，为传承文明，践行美德，实现我们的梦想而努力奋斗。

设计意图：

由保护学校公物到爱护社会公物。由此培养学生从小处养成意识，成为一名文明公民。

五、活动思路图示

关爱公物 你我同行

- **由景生情**：桌椅对话及损坏图片引发学习兴趣。
- **由情询问**：这种现象班级有吗？学校有吗？它有什么危害？又为什么会发生？
- **由问寻数**：举具体数据，引导学生发现公务损坏的危害惊人。
- **由数解理**：通过小组讨论全面认识校园中破坏公物的行为。与浑江小学进行对比，认识到爱护公物的重要意义。
- **由理启智**：妙语接龙，让每一位同学明确爱护公物的具体行为。巨蟒峰事例，由学校公物联系社会公物，激发爱护意识。
- **由智成行**：以文字或图片的形式记录自己的爱护行为，汇集成"班级诚·毅日记"。

六、拓展延伸

"日久成习惯"以文字或图片的形式记录自己的爱护行为，汇集成"班级诚·毅日记"。

（王楠楠，女，中学二级教师，语文）

初二修身·收纳自律，修身养性

一、活动目标

1. 观察思考不良整理习惯带来的危害，认知收纳整理的重要性。
2. 养成收纳整理的良好习惯，进而收获自律能力。
3. 提高自律修身能力，为日后成为文明公民奠定基础。

二、活动策略

1. 通过呈现事实、数据计算认识收纳整理的重要性。
2. 通过小组讨论、群策群力提高收纳整理的能力。
3. 通过触类旁通、举一反三养成良好的学习习惯，做到勤以修身、俭以养德，实现人生的自律。

三、活动准备

1. 关于收纳整理的正反案例。
2. 数据报告。
3. 图片和视频。

四、活动过程

【过目难忘——小收纳大影响】

活动一：呈现现象

俗话说"一年之计在于春，一日之计在于晨"，可是对于我们大部分同学来说，每个清晨都是在不情愿中起床，在催促中洗漱、吃饭，在慌乱中赶路，栾××同学就是其中的一位，接下来，让我们一起跟随图片走入栾××的生活。

设计意图：

通过故事讲述和视觉冲击让学生意识到杂乱无章带来的不良后果，促进整理收纳意识的觉醒。

活动二：深入分析

你身边有栾××这样的同学吗？你有他的烦恼吗？栾××同学的根本问题是什么？

梳理栾××的生活，明确造成这一切的根本原因是没有良好的整理收纳习惯，所以我们要养成整理收纳的习惯，提升自己的整理收纳能力。

设计意图：

通过梳理总结，让学生意识到习惯若不是最好的仆人，便是最差的主人。

【心中有数——小习惯 大变化】

有的同学或许会问，整理是一件既耗时又费力的活儿，与其花时间浪费在整理上，不如把有限的时间投入到无限的学习中去，事实真是如此吗？接下来我们就来算一笔账。

活动三：数据呈现

假如我们每天因为找作业多花费 5 分钟，我们一周、一月、一年分别会花费多少时间？

一周：5×5=25 分钟

一月：25×4=100 分钟

一年：100×9=900 分钟

假如我们每节课因为课前准备不及时少 3 分钟的预习时间，那我们一天、一周、一月、一年分别会少多少时间？

一天：3×8=24 分钟

一周：24×5=120 分钟

一月：120×4=480 分钟

一年：480×9=4320 分钟

数据换算：

如果我们把刚才两次计算的最终数据相加，换算成我们的课堂节数，那一年我们会因整理收纳不当，浪费多少节课呢？初中四年呢？

一年：

900+4320=5220 分钟

5220÷45=116 节课

初中四年：

116×4=464 节课

设计意图：

通过时间的具体计算，让学生意识到我们每天因为没有养成好的整理收纳习惯，学习物品杂乱无章，那么将有大把的光阴在我们的指缝间溜走。

活动四：案例聚焦

在高强度、高压力著称的日本，日本人找到了有效的应对措施——"收纳主义"，全球风靡的"断舍离"就是日本收纳的典型代表。

让高效合理的收纳提高自己的工作效率和生活品质，以此进行自我梳理和减压。合理收纳的风潮不仅影响着日本人的生活方式，更成为全球高效工作、品质生活的标杆。

你是如何看待日本人的这种生活方式的？

设计意图：

通过现实事例引发学生的思考，从而体悟到合理收纳对提高个人学习效率、生活品质的重要性。

【学而习之——小工具　大效果】

提高工作效率的收纳已经成为一种艺术和社会潮流，你又对合理收纳有多少了解呢？

活动五：小组讨论

你有哪些收纳整理小妙招？

要求：

1. 四人一组，全员参与；

2. 推选一名成员代表总结发言；

3. 时间：3 分钟。

评价标准：

说出收纳整理的小妙招且行之有效。

老师总结归纳：

1. **分类收纳法**。学科分类：将书本按照学科分门别类装入不同的文件袋；大小分类：以书立为支撑，将书本按照大小进行摆放；自主收纳：依据物品的颜色、季节进行分类。

2. **集中收纳法**。让零碎的用品整齐化，让零散的用具条理化，让易丢的东西集中化。例如：各学科发下去的试卷可以利用胶棒进行粘贴，集中整理。

3. **时间收纳法**。见缝插针：在学习中要很好地完成学习任务就必须善于利用自己的时间。学习是无止境的，时间却是有限的，在有限的时间内学会利用碎片化的时间整理归纳，压缩时间的流程，提高学习的效率，使时间价值最大化。例如：下课就立即把自己不用的物品收拾好，不等不靠不拖延。

设计意图：

学生积极参与小组讨论，提高收纳整理的能力，激发学生收纳整理的自觉性。

【融会贯通——小行动大改变】

活动六：拓展延伸

条理的整理能力可以大大提高学习效率，也是条理逻辑思维的外在体现，生活中还有哪些方面需要我们整理？

设计意图：

让学生通过今天的讨论，意识到整理和收纳可以体现在生活的方方面面，例如：已有学习经验的整理、课余时间的规划和整理、身心的规划和整理。

活动七：好书分享《断舍离》

看完视频中主人公的这段分享，你又有何感触呢？

设计意图：

通过自我观点的陈述，加深他们对收纳整理的理解。

活动八：小组竞赛行胜于言——收纳时间

在规定时间内给予学生整理收纳学习用品和成果展示时间并进行小组PK。

设计意图：

通过小组竞赛，让学生意识到要由内而外全面改造自己：从小事做起，从日常做起；从学习开始，从生活开始；把日常的生活过成一种浪漫。

活动九：你的方案

制定自己的"断舍离"方案。（内务的归置、摆放；知识的梳理、归纳；时间的计划、利用；心理的疏导、释放）

找同学一起来分享。

设计意图：

引发学生触类旁通、举一反三，在整理归纳的同时，养成良好的学习习惯，做到勤以修身、俭以养德，实现人生的自律。

五、活动思路图示

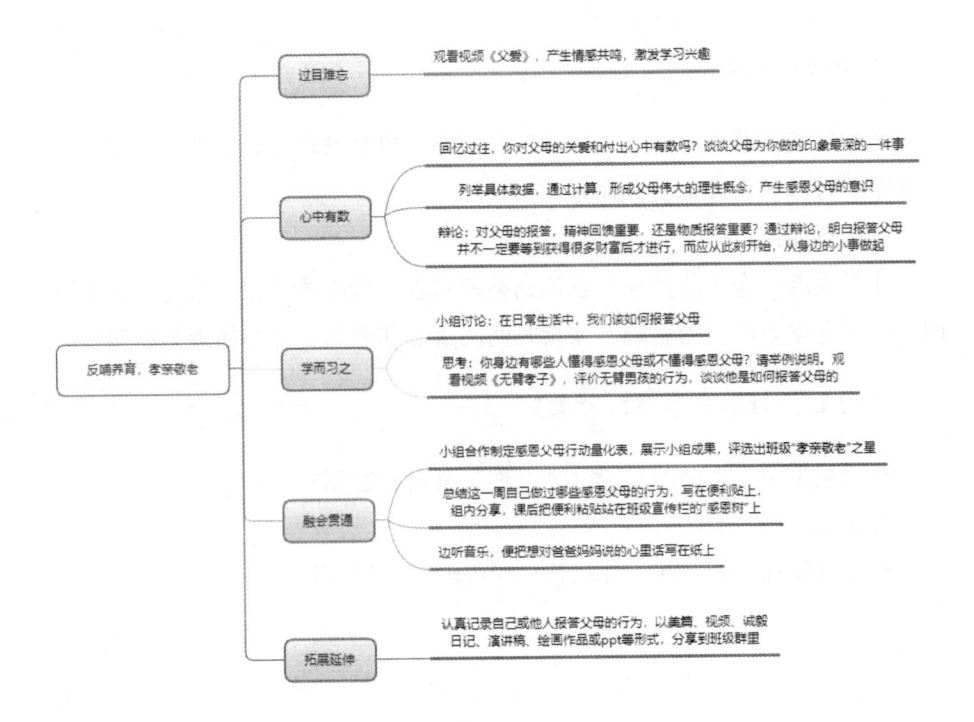

反哺养育，孝亲敬老

- **过目难忘**
  - 观看视频《父爱》，产生情感共鸣，激发学习兴趣

- **心中有数**
  - 回忆过往，你对父母的关爱和付出心中有数吗？谈谈父母为你做的印象最深的一件事
  - 列举具体数据，通过计算，形成父母伟大的理性概念，产生感恩父母的意识
  - 辩论：对父母的报答，精神回馈重要，还是物质报答重要？通过辩论，明白报答父母并不一定要等到获得很多财富后才进行，而应从此刻开始，从身边的小事做起

- **学而习之**
  - 小组讨论：在日常生活中，我们该如何报答父母
  - 思考：你身边有哪些人懂得感恩父母或不懂得感恩父母？请举例说明。观看视频《无臂孝子》，评价无臂男孩的行为，谈谈他是如何报答父母的

- **融会贯通**
  - 小组合作制定感恩父母行动量化表，展示小组成果，评选出班级"孝亲敬老"之星
  - 总结这一周自己做过哪些感恩父母的行为，写在便利贴上，组内分享，课后把便利粘贴站在班级宣传栏的"感恩树"上
  - 边听音乐，便把想对爸爸妈妈说的心里话写在纸上

- **拓展延伸**
  - 认真记录自己或他人报答父母的行为，以美篇、视频、诚挚日记、演讲稿、绘画作品或ppt等形式，分享到班级群里

六、拓展延伸

随手拍下家中你整洁的书桌每周进行展示评比；定期针对不同学习阶段，制定课余时间规划表，家长、教师签字；每周评比出班级"卫生之星"。

（原晓辉，女，中学二级教师，语文）

初三担当·君子慎独，独立自主

一、活动目标

1. 认知良好的学习习惯，认同不良学习习惯所导致的后果。
2. 内化学习习惯，在无人监管时能够自主学习。

二、活动策略

1. 学生通过相关补习知识数据的计算，深刻认识良好学习习惯的重要性。
2. 学生通过辩论和讨论等活动，内化学习习惯，提高自主学习能力。
3. 学生内化自主学习意识，在无人监管时保持良好的学习习惯。

三、活动准备

1. 搜集有关良好学习习惯的视频资料。
2. 搜集有关慎独与独立思考的资料。
3. 制作 PPT 课件。

四、活动过程

【过目难忘】

活动一：

观看视频：学生生活中经历的各种不良学习习惯。

亲爱的同学们，我们对"学习习惯"这个词是相当地熟悉，曾经的自己是怎样学习的呢？曾经的你也专注过、努力过、认真学习过，这曾经的骄傲，也值得大家欣赏。你安安静静努力学习的样子真美。但是现在你还是从前的你吗？现在上课可能是这样的：人坐教室内，心飘教室外、小动作不断……在家的学习中可能又是这样的：不确定的题目先搜一下、没完成的题目相互借鉴一下、不会的题目就应付一下……这看似不起眼的小事，长年累月会在时间和金钱上造成的巨大浪费，我们心中有数吗？

设计意图：

截取学生的学习片段，找出其中哪些属于不良学习习惯，引起学生注意。

【心中有数】

活动二：

由于不好的学习习惯而落下的功课需要多少时间能补回来？需要多少钱你了解吗？下面我们一起去计算一下。

如果一天有一节课不认真听课，放学后重复学习1小时弥补上课因为习惯不好漏掉的知识点，一学年40学习周，我们会重复学习多少个小时，如果自学补不上，选择去辅导班补习，按照每周末补习4小时，每个小时100元，我们又会浪费多少钱？

重复学习的时间：

晚上时间：$5×40=200$ 小时

周末时间：$4×40=160$ 小时

补课的费用：

$160×100=16000$ 元

初中四年重复学习的时间：

$360×4=1440$ 小时（如每天学习时间按8小时，约重复学习6个月）

初中四年补课的费用：

$16000×4=64000$ 元

看到这些数字你有什么感受？

事实告诉我们，不良的学习习惯，不可能每天仅仅一节课。弥补知识会使自己被时间绑架。会让父母经济负担更加沉重！数字告诉我们：你可能只是随意为之，但是后果却是难以想象！

设计意图：

列举和分析学习不良习惯所造成的浪费，让学生触目惊心，正确看待学习习惯。

活动三：

辩论：老师和家长的提醒，是否能够让学习更加高效？

甲方：家长和老师的提醒，可以提高学习效率。

乙方：家长和老师的提醒，对提高学习效率没有作用，反而会降低学习效率。

通过辩论，让同学能够正确接受父母老师的提醒，并且进一步意识提醒有一定的作用。但是关键还是在自己，所以真正的自主学习，应该做到有人监督和无人监督一个样，校内和校外一个样，在家和在校一个样。

设计意图：

通过辩论，正确看待老师和父母的提醒，形成学习得靠自己的意识。

【学而习之】

活动四：课堂自主学习小妙招分享

眼：盯着老师的眼睛，把老师当成自己的老师；

手：右手拿笔，随时做笔记。左手按本，防止小动作。做好划题依据，限时高效；

脑：跟着老师的思路，经过思考后回答问题，有意识地训练思考，归纳总结，条理清晰。

活动五：课下自主学习小妙招讨论

在家学习时，或多或少还是存在一些不良的学习习惯。大家一起来努力，将这些坏习惯寻找出来，说一说该行为的危害。

小组讨论：

小组成员一起讨论，在每个学习时间段大家分别存在哪些不良的学习习惯。小组长将小组成员的意见集中，并分条清晰地记录下来。时间为5分钟。

通过讨论，让同学们认同课后要远离电子产品，不会的题目，不依赖搜题的软件，也不能直接借鉴小伙伴的成果，要在独立思考后，进行交流讨论，得出正确的答案。做好时间规划，利用好零碎的时间。从而形成自主学习的能力。

设计意图：
通过妙招分享和小组讨论，进一步认识到不论在家还是在校，应自觉遵守哪些好的学习习惯，提高自主学习能力。

【融会贯通】

活动六：小故事

元代著名文人许衡，在与友人游玩时，天气非常热，众人都感到口渴难耐。途中他们看到路边有一棵梨树，上面挂满成熟的梨。其他的友人都跑到树下摘梨，看着大家摘梨，许衡不为所动。大家嘲笑许衡："你怎么不摘梨解渴呢，难道你一点都不渴吗？"许衡答道："这些梨树不知道是谁的，但肯定不是我的，是老农辛苦所种，怎么可以随便乱摘呢？"友人嘲笑他古板，对他说道："世道这么乱，大家也不知道是谁的，吃点无所谓！"许衡答道："世道乱，而我的心不乱，梨虽无主，我心有主。"

慎独，无论什么时候什么境地面对什么样的人，我们都要做到严于律己，尤其是无人监管进行自主行为时。慎独，体现在细微的行为小事中，体现在规则不明晰时，依然对自己有严格的自律要求，"勿以善小而不为，勿以恶小而为之"便是这种道理。

小组讨论：
融会贯通，我们要如何做一个慎独的人？
要求：
小组内一人说一条，组长负责记录。内化慎独品质，认知慎独来自不断地内省。它可以使内心透彻纯净，可以让人格越发的坚毅顽强。慎独源于自律，终于品格。不仅可以让自己收获学习的成功，更可以让我们赢得父母老师的信任，拥有人格自由。所以我们学习上要做到，君子慎独，才能独立自主。

设计意图：
通过小故事和小组讨论，在无人监管下也能管控好自己，保持好的学习习惯和行为习惯。

五、活动思路图示

君子慎独，独立自主
- 过目难忘：通过与视频对比和追问学习习惯，引发学生思考
- 心中有数：分析数据感知不良学习习惯的影响，让学生触目惊心，从而改正不良的学习习惯
- 学而习之：分享交流良好的自主学习习惯
- 融汇贯通：通过活动，提高自主学习能力，能做到在无人监管下，保持好的学习习惯

六、拓展延伸

坚持写"诚·毅日记"记录每天的自主学习习惯并反思与内省。促使好的品格内化于心。

（杨月，女，中学二级教师，生物）

初四立志·运筹之道，规划有方

一、活动目标

1. 能够认识时间规划的重要性。
2. 能够运用科学的方法通过合理安排时间和任务做好学习规划。
3. 树立规划意识，养成良好规划的习惯。

二、活动策略

1. 通过对现状的分析和数据的计算，深刻认识规划的重要性。
2. 对自己曾经未完成的目标进行原因分析，理解影响规划的重要因素。
3. 能够根据规划要素，对自己当前的具体的学习生活现状做出科学合理

的时间安排。

三、活动准备（视频、课件、调查报告等）

1. 耶鲁大学的调查报告。
2. 剑桥学长分享规划方法的视频。
3. 规划人生的励志视频。

四、活动过程

【过目难忘】

展示一封匿名的初四的学生来信，升入初四后小凡同学经常感到焦虑和烦恼，"感觉自己的基础很薄弱，而且学习的容量大难度高，总感觉自己有补不完的知识漏洞，课上任务完不成，课下时间又不够用，熬夜越来越多，记忆力越来越差……"

看了小凡的来信，同学们有没有类似的烦恼，这种焦虑背后的原因是什么呢？总体来讲，深层原因就是初四同学面临时间紧、任务重的矛盾，同学们到底该怎样破局？

设计意图：

让学生直面初四学生的普遍焦虑的根源，通过贴近学生的学习生活状况分析问题根源，从而认识到规划的必要性。

【心中有数】

用具体的数据来分析我们的学习生活。

活动一：我们的时间到底有多少

分析我们的自主学习时间：

1. 如果每天利用 5 分钟，计算初四一年学生会有多长时间？

365×5=1825 分钟

2. 充分利用零碎时间相当于一年有几节课？

1825÷45≈40 节课

3. 如果用这 5 分钟来复习 20 个单词，我们可以背？

365×20=7300 个单词

而中考要求的词汇量只有 1680 个，可以反复背 7300÷1680 ≈ 4 遍。

而每天的零碎时间有多少个 5 分钟悄悄溜走，利用好每天的短短几分钟，可以获得很大的收益，那我们一天到底有多少这样的零碎时间呢？如果再加上课堂的专项学习时间，我们可支配的时间你算过有多少吗？

设计意图：

让学生通过具体数据的计算，感受自己可支配的零碎时间的时间之长，同时通过计算可知学生生活中有大量的弹性时间是可以使用的。

活动二：我们的学业容量有多少

分析我们的学习任务：

1. 初四的学习科目是否是有限的？

2. 每个科目的学习内容是否是固定的？

3. 你经过三年的学习，学习内容中的百分之多少已经学习过？

设计意图：

通过对初四学习任务的简单梳理，引领学生认识到，虽然学习任务和学习内容看似繁杂，但学习内容是有限的，时间是有弹性的，所以明确任务，合理利用时间会让学习事半功倍。

【学而习之】

活动一：自由发言

面对初四复杂的学习内容和比较紧张的时间，你以前是怎样明确任务，规划时间的呢，你的规划是否成功，是否能按时完成？

活动二：学习科学规划要素——目标，时间和内容

1. 规划目标的重要性。

耶鲁大学调查 25 年前的目标对人的影响，结果发现：27% 没有明确的目标的人，基本都在社会的最底层从事最艰辛的工作；60% 的目标非常模糊的人，基本都处于社会的中下层，他们的生活与工作环境相对比较安稳，但都成绩平平；那些占 3% 的极少数人，都有坚定的人生目标，基本没有发生改变，他

们最终几乎都成了各个行业顶尖的优秀人士。而他们的差别仅仅在于：几十年前，他们中的一部分人就为自己设定了人生目标，做好了具体的人生规划。

2. 科学的目标。

讨论：同学们以前的目标都是什么样子的？但是科学的目标到底是什么样子？

……

而我们现在应该做的改变，最重要的是设定时间目标：每天零碎的时间目标，晚上大块的时间目标，寒假超大块的时间目标。

3. 规划要素——要兼顾时间和内容。

小组讨论：

以前的规划为什么经常没有在规定时间内完成？

总结原因可能有以下几方面：任务开始的时间出现拖延导致不能按时完成任务；完成任务所需时间被错误地估算导致严重超时；执行任务的过程中出现了困难或者错误导致任务失败。

我们到底应该怎么做？规划好的事情坚决按照计划执行，在实践中不断校正自己的规划任务及时间，坚持到底。

设计意图：

通过层层深入的分析，让学生学会规划的重要因素，注意到时间目标如何制定，学会在实践中不断校正自己的规划任务及时间。

活动三：科学的规划流程

1. 自主学习：制订计划，及时行动。

预算时间：计划自主零碎时间和整块时间的使用；

及时行动：充分高效地利用课堂时间这最重要的时间块；

直面困难：逃避困难做事拖延导致效率低，勇敢地直面困难在解决困难时积累经验是起点；

感知时间：根据任务的完成情况记录时间，通过长时间的记录和刻意训练，形成对学习任务的具体时间感和时间经验。

2. 时间预算与计划。

每天制定时间预算；

给列表中每项任务标上权重；

强迫自己理智地学习亟须提高的学科。

活动四：规划实战：我们来做时间的主人

1. 观看视频：高手过招，看看剑桥学长是怎么规划时间的。
2. 小组讨论：为我们的学习生活做出具体的时间规划，至少举出一例。请以小组为单位，设计一天的学习时间规划，组员共同签字张贴，互相监督。

设计意图：

通过具体方法展示和观看视频，和小组成员交流，帮助学生找到规划的方法，制订合理规划。

【融会贯通】

通过观看视频，感悟：规划的学习生活是目前的，但是规划的能力却是一生的！

总结以后规划人生可以通过以下方法来进行：

认识现实，速成绝无可能；

制订计划，及时行动；

学会正确地思考；

用心，独立思考；

学会倾听，勤于反思；

及时行动，打造自己；

不断地解决问题。

总体来讲，初四的我们规划人生主要有几个方面：目标、时间、职业生活、人生价值等内容，最重要的是要坚持执行。

设计意图：

通过观看视频，认识到规划对人生的非凡意义和重大影响，让学生体会到我们不仅仅是现在规划学习，更重要的是好好规划人生。

五、活动思路图示

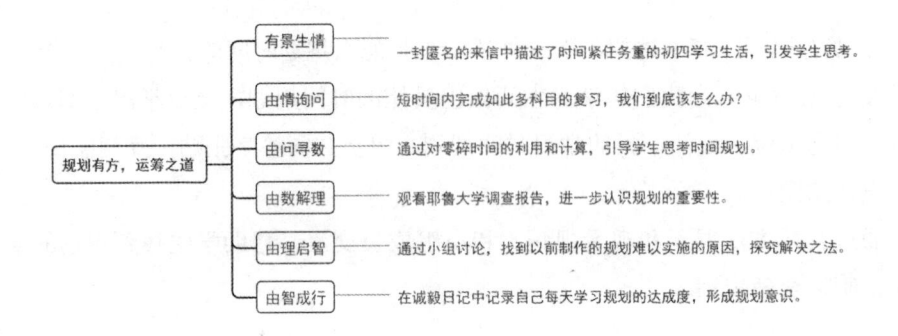

规划有方,运筹之道
- 有景生情 —— 一封匿名的来信中描述了时间紧任务重的初四学习生活,引发学生思考。
- 由情询问 —— 短时间内完成如此多科目的复习,我们到底该怎么办?
- 由问寻数 —— 通过对零碎时间的利用和计算,引导学生思考时间规划。
- 由数解理 —— 观看耶鲁大学调查报告,进一步认识规划的重要性。
- 由理启智 —— 通过小组讨论,找到以前制作的规划难以实施的原因,探究解决之法。
- 由智成行 —— 在诚毅日记中记录自己每天学习规划的达成度,形成规划意识。

六、拓展延伸

在诚·毅日记中记录你每天学习规划的达成度,养成统筹规划的好习惯。

(荆华,女,中学二级教师,英语)

爱国主义教育

一、概述

中共中央、国务院在《新时代爱国主义教育实施纲要》中提出爱国主义是中华民族的民族心、民族魂，是中华民族最重要的精神财富，是中国人民和中华民族维护民族独立和民族尊严的强大精神动力。可见，爱国主义是每一位中国人应该始终坚持的民族情感，也是每一位中国人应根植于内心的精神动力。

社会主义核心价值观中公民基本道德的首要方面就是爱国，应内化于心、外化于行，体现在公民生活的方方面面，作为公民，应有意识地将个人的行为同祖国的未来发展相联系，将爱国行为体现在日常的社会活动中。

同时，爱国主义教育是学校德育课程重要的内容和组成部分，在初中生中根植爱国主义精神有利于激发学生的爱国情感，为学生的未来发展提供生生不息的动力，也有利于学生树立远大志向，为中华民族的崛起而不懈努力。

在这样大背景下，我们在学校设立爱国主义主题班会，目的有二。其一，让学生了解在祖国发展过程中做出贡献的仁人志士，接受爱国情感的熏陶。其二，让学生从自身做起，从小事做起，将我们的爱国行为落实到日常生活中的每一个方面。

二、进阶性主题介绍

基于国家层面的对爱国主义教育的倡导、全社会对于爱国主义情感的呼唤以及当前初中各年级学生的学情，结合开发区实验中学的诚·毅课程体系，我们在爱国主义教育的大主题之下进行了进阶性主题班会的设计，具体如下：

初一明理——见微明理，培养爱国之情

初二修身——修身安人，培养爱国之意

初三担当——责任担当，砥砺爱国之志

初四立志——立志高远，实践报国之行

初一明理。初一年级的学生心智尚未成熟。尽管他们从小就接受爱国主义教育，但是往往空有一腔爱国热情，虽将"爱国"二字挂在嘴边，但真谈爱国，却不知从何说起，更不知如何落实。为引导学生立足细微之处，将宏大的爱国思想落地，初一年级将开展"见微明理，培养爱国之情"的主题班会。

初二修身。初二年级正是学生纷纷进入青春期，出现叛逆的时候。每个学生都如同心中住着一只充满野性的雏虎。修身就是要用良好的学习与生活习惯来驯养那只充满野性的雏虎，善与约束自己，做到即使心有猛虎，也能细嗅蔷薇。我们要让学生明白自我修身和治国齐家的联系。只有将自身价值与社会相连，学生才能不迷茫，才能发挥自身价值与体现修身的意义。为此，初二级部确立了"修身安人，培养爱国之意"的班会主题。

初三担当。初三年级的学生普遍缺少责任感和担当，不仅表现在学校方面，在家庭方面也是如此。很多学生常常是只顾自己，将父母、亲属、师长、朋友、同学等的帮助视为理所当然，甚至天经地义。一个连自己的父母都不爱的人，又怎么能去爱他人、爱事业、爱国家呢？因此我们从家庭责任出发，帮助学生树立责任和担当意识，进而培养起社会责任感，弘扬爱国精神。因此，初三年级将开展"责任担当，砥砺爱国之志"的主题班会。

初四立志。初四年级是初中的最后一年，学生的心智趋于成熟，学生都在为了中考而努力奋斗，但是有的学生在学习的过程中会出现懈怠状态，不知道今天的努力和未来的关系，对自己的人生没有准确的定位和目标，更没能把个人的努力、奋斗、志向与国家的未来联系在一起。为了使初四学生明确目标，坚定信念，并为了远大的目标付出自己的全力，激发学生努力奋斗的斗志，初四年级设计了"立志高远，实践报国之行"的主题。

初一明理·见微明理，培养爱国之情

一、活动目标

1. 增进对祖国的了解，激发爱国之情。
2. 深化对爱国的认识，明确爱国之理。
3. 回归于生活的点滴，落实爱国之行。

二、活动策略

1. 通过数据和影像全面直观认识祖国。
2. 通过案例和辩论明晰何为理性爱国。
3. 通过讨论和实践逐步落实爱国之行。

三、活动准备

教学课件、视频、"爱国能量树"纸质模型、理性爱国承诺书。

四、活动过程

展开画卷，淡淡的墨痕勾勒出磅礴的山河，浅浅的绿迹流露出蓬勃的生机。这是中国，是我们美丽的祖国。纵观全球的历史，没有第二个民族能屹立五千年而不倒，没有第二种文化能传承五千年而不断，更没有第二个国家能在困境中崛起，成为世界的中流砥柱，只有我们的祖国——中国才能创造这样的奇迹。而这奇迹的背后，凝结着一代又一代华夏儿女对祖国的深深热爱。面对祖国山河，请让我们深情呼唤：我爱你，我的国！

【过目难忘】——我爱你我的国

活动一：我们的力量——感受当代爱国精神

观看全民战疫主题视频《我们的力量》，感受在如今的和平年代，在疫情肆虐的当下，中华儿女如何勠力同心，弘扬爱国精神。

设计意图：

通过观看视频，学生将感受在如今远离战火硝烟的和平年代，在新冠肺炎疫情肆虐之时，全国人民勠力同心、共克时艰的伟大抗疫精神，而这抗疫精神的背后便是爱国主义精神，由此激发学生的爱国主义情感。

【心中有数】——数据中谈爱国

活动二：我是"发言人"

材料：千磨万击还坚劲，任尔东西南北风。在这疫情肆虐的全球大背景下，自20世纪大萧条以来，一场最严重的经济灾难随之而来。但是率先控制疫情、率先启动复工复产、率先实现经济增长转正的中国，正式交出一份令世人惊叹、可以载入史册的完美答卷。

繁荣昌盛、无限壮美的祖国值得我们每个人用心去爱、去呵护。中华大地上，有很多同胞时时都在用他们的实际行动来爱国、报国。新冠肺炎疫情带来的阴霾，尚未完全散去，很多人都还在自己的岗位上为抗疫做出自己的贡献，他们不就是在以实际行动回报祖国吗？请同学们阅读分析以下抗疫相关数据，浅谈自己的感受。

2020年2月2日，空军出动8架运输机，从沈阳、兰州、广州、南京起飞空运援鄂医疗队员及58吨物资。

2020年2月7日，武汉天河机场，12支医疗队共计2043名医护人员到达武汉。

截止到2020年3月1日，全国累计派出344支国家医疗队，42322名医护人员。

中国政府承诺将向全球多达82个国家提供帮助。

设计意图：

学生阅读分析抗疫相关数据，并做为新闻发言人能流畅表达自己的感受，通过数据分析和分享交流，引导学生初步明确爱国之行。

【学而习之】——明理以礼爱国

活动三：小组讨论

以下行为是否是爱国行为，请在小组内进行讨论。
1. 不加选择地盲目追星，崇洋媚外，"哈韩哈日"。
2. 在各种社交的平台上，打着爱国的旗号，任意发布过激言论。
3. 参加合法的游行示威活动，维护祖国的荣誉。
4. 做好"普通人"，认真学习，好好生活。

设计意图：

学生积极参与小组讨论，针对所列出的行为，认真分析思考，并准确判断这些行为是否是爱国行为，进而明确爱国应理性。

【融会贯通】——点滴之中爱国

活动四：我能如何爱国

作为一名普通的中学生，我们应立足于身边小事，从点滴做起，做好自己的事，即爱国。

比如，在校我们应遵守校规校纪，在家我们应弘扬优良家风，在社会我们应维护社会公德。

具体我们应该怎么做呢？请以小组为单位，列举生活中的点滴爱国行为，养成"爱国能量树"。

设计意图：

学生从小处着手，立足于身边小事，明确中学生应该从做好自己分内之事开始，将爱国情感落实到实际生活中。

活动五：齐心爱国

请各小组把"爱国能量树"汇集到一起，在教室内进行粘贴，以便时刻激励全班同学。

请同学们签署理性爱国承诺书，并将承诺落实到日常生活中。

设计意图：

集思广益，将学生的智慧成果凝结起来，拓宽学生的思路，引导他们发现更多身边的爱国之行，从而促进从身边小事做起，将爱国落实到实际的行动中。

五、活动思路图示

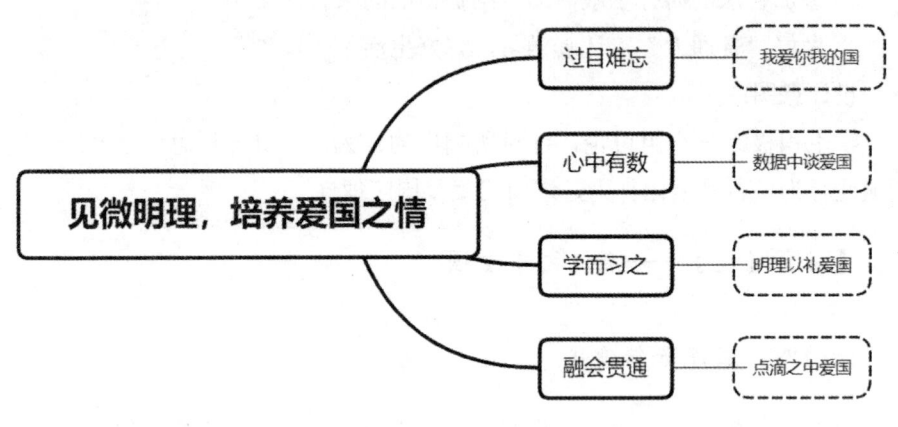

见微明理，培养爱国之情
- 过目难忘 —— 我爱你我的国
- 心中有数 —— 数据中谈爱国
- 学而习之 —— 明理以礼爱国
- 融会贯通 —— 点滴之中爱国

六、拓展延伸

作为一名普通的中学生，我们又应该如何爱国呢？其实我们做好自我，做好身边点滴小事就是在为国家做贡献，就是爱国的表现。比如爱护学校公物；遵守交通法规；在家厉行节约等。

你身边有哪些具体的爱国行为呢？课后，请同学们完成爱国行为随手拍，图文并茂地发布在班级圈中。

（李崔男，女，中学二级教师，英语）

初二修身·修身安人，树爱国之意

一、活动目标

1. 认识何为修身。
2. 价值辨析谈修身和国家自强的关系。
3. 以实际行动修身。

二、活动策略

1. 通过数据全面了解修身的重要性。
2. 通过辩论明确只有个人修身，国家才能自立。
3. 通过身边小事落实修身。

三、活动准备

视频，课件，同学们不修身的图片。

四、活动过程

【过目难忘】——提高素质明修身

活动一：感受我们的国民素质

古今中外的先贤哲人都十分注重修身，尽管大道理大家都懂，但在生活中大家真的做到了吗？

播放《人民网评如何看待国民素质》视频，视频中的这些没有素质的行为每天都发生在我们身边，这看似不起眼的生活小事，对个人形象乃至中华民族形象造成的损害我们心中有数吗？

设计意图：

通过观看视频，学生将感受到现在中国国富民强、经济日益增长，但是国民素质没有相应提升。如果每个人都能做到修身，就会提高中国人的国民素质和中国人的国际形象。这便是爱国主义精神，借此激发学生的爱国主义情感。

【心中有数】——数据计算明修身

活动二：触目惊心

材料一：展示学生平日乱丢垃圾的图片，然后请学生计算一个班级每天大约产生 2～3 千克垃圾，一个月一个班级能产生多少垃圾？初二级部有六个班级，一个月能产生多少垃圾？一个学期呢？

展示垃圾围烟台的图片，然后请同学计算——烟台市在芝罘区娄子山建成了垃圾填埋场，娄子山垃圾场共填埋垃圾 190 万吨，咱们实验中学西校区共 18 个班，多长时间能填满一个垃圾场？

设计意图：

看似不起眼的垃圾，积少成多聚沙成塔，也会变成触目惊心的大浪费。使学生对如果不修身的恶劣后果有更直观、清楚地了解。

活动三：设身处地

据食堂反映，午餐时平均一个孩子浪费掉的粮食是 50 克。一个班平均 40 人，请你计算一个班一个月将会浪费掉多少粮食？初二级部有六个班，一个月能产生多少垃圾？一个学期呢？

贫困山区的孩子一顿午饭只能吃到 200 克的粮食。请你计算，初二级部六个班一个学期浪费的粮食足够一个贫困山区的孩子吃几顿午饭？

设计意图：

中国人在餐桌上每年浪费的粮食能高达 2000 亿元，这相当于 2 亿人 1 年的口粮。学生以为的漫不经心的小浪费，聚少成多将会变成触目惊心的国家粮食浪费问题，甚至是国家资源浪费问题。从而把食堂就餐时不节约粮食和国家大问题关联起来，启发同学们的爱国情感。

活动四："我"代表中国国际形象

2013 年 5 月 25 日，埃及 3500 年前的文物上，被刻上汉字"丁锦昊到此一游"。某中国游客说，当他在埃及卢克索神庙的浮雕上看到这几个字，他感到无地自容，这是他在埃及最难过的时刻。这位中国游客尝试用纸巾擦掉这份羞耻，但是却很难擦干净。此举引发埃及人的强烈抗议和对中国人的鄙视。

丁锦浩破坏的是 3500 年前的文物，并且划一下需 60 年的时间才能恢复原貌。假设金字塔的每名游客都只划一下，那 2 万名中国游客留下的涂鸦需要多长时间恢复呢？中国的国际形象又需要多长时间才能恢复呢？

设计意图：

通过阅读以上材料，让学生在谈完我们为什么一定要修身律己后，引导学生将个人的修身律己与提高国民素质、爱护国家资源、提高中国国际形象相联系。

【学而习之】——自立于民族之林

活动五　修身束己让世人惊叹

播放中国人在国外旅游时的不文明行为的视频。曾经部分中国人因为出国时的各种不文明行为，给中国的国际形象造成了不良影响。比如新加坡和泰国等地就有专门用中文写的禁止不文明行为的标语。但是疫情期间，中国人用自己的抗疫行动，为中国的国际形象打了一个漂亮的翻身仗。

过去的一年，中国人凭借良好的防疫意识，快速配合国家防控安排凸显了中华民族良好的个人修养。勤洗手、避免用手接触口鼻眼，咳嗽、打喷嚏时注意遮挡，坚持出门佩戴口罩，垃圾分类投放，保持一定的社交距离，推广分餐分筷，看病网上预约，加强工作生活场所通风和卫生清洁，与人接触时，保持"一米线"安全社交距离。中华民族良好的个人修养为世界疫情防控做出了突出贡献，树立了良好的民族形象。

设计意图：

带同学们回顾疫情期间同学们为抗击疫情做的贡献：捐款、演讲、制作手抄报、居家学习不外出……每个人都在修身，都为提高中国的国际形象做贡献，引导学生初步明确爱国之行。

活动六：修身辩论赛

有同学认为修身就是自己做好，不管别人。我们每个人做好了，整个民族自然就好了。有同学认为修身就应该先要求自己，再带动家庭，进而带动整个民族。你觉得他的观点正确吗？分组进行辩论。

正方：当今时代，我们更专注于修养自身。

反方：当今时代，我们更应该在修养自身之余带动别人。

要求：

1. 以四人为小组进行讨论，每组派一名同学作为辩手发言；

2. 辩手发言声音洪亮，论据清晰，观点明确。

是的，你是否修身，决定着一个民族是否自立于民族之林。正如梁启超所说：国民者个人之集合体也，人人有高尚之德操，合之即国民完粹之品格，有四万万之伟大民族，又乌见今日之轻侮我者，不反而尊敬我、畏慑我耶？西哲有言："外侮之时，最易陶成健强之品格。"我国民倘亦利用此外侮，以不负其玉成耶？不然，读罗马末路之史，念其衰亡之原因，不能不为我国民栗然惧也！

设计意图：

学生能对身边同学的不文明行为做出批评，并提供解决思路。说出个人是否修身决定着一个民族是否自立于民族之林。学生通过辩论，认识到修身就应该先要求自己，再带动家庭，进而带动整个民族，修身、齐家、治国、平天下缺一不可。

【融会贯通】——点滴之中践修身

活动七：点滴之中如何修身

作为一名普通的中学生，我们应立足于身边小事，从点滴做起修养自身就是为中华民族的形象做贡献。

具体我们应该怎么做呢？比如，在教室、就餐、外出旅游时如何修身。

请同学上台进行分享。

设计意图：

学生从小处着手，立足于身边小事，明确中学生应该从做好自己分内之事开始，将爱国情感落实到实际生活中。

活动八：设计修身守则

请以小组为单位，设计你们本组在校一天的"修身"守则，组员共同签字张贴，互相监督。

设计意图：

能说出中学生能做到的用实际行动践行修身的工作。激发学生修身的热情。把修身贯彻到日常生活的每件小事中。集思广益，将学生的智慧成果凝结起来，拓宽学生的思路，引导他们发现身边更多的爱国之行，从而促进他们从身边小事做起，将爱国落实的行动中。

五、活动思路图示

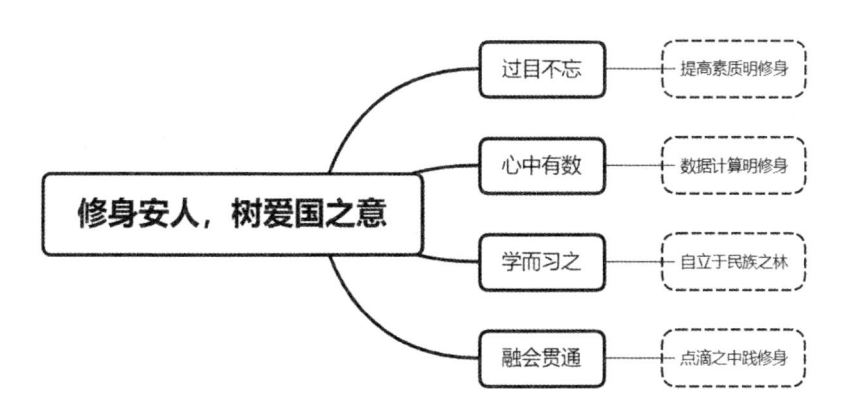

```
                          ┌─ 过目不忘 ─── 提高素质明修身
                          │
                          ├─ 心中有数 ─── 数据计算明修身
修身安人，树爱国之意 ──────┤
                          ├─ 学而习之 ─── 自立于民族之林
                          │
                          └─ 融会贯通 ─── 点滴之中践修身
```

六、拓展延伸

在修身日记中记录你每天的行为，并且自觉打卡。

修身习惯的养成绝非一朝一夕，如何保持和强化修身习惯是我们要持续探讨的。课后请同学们完成爱国行为随手拍，图文并茂地发布在班级圈中。

（栾尚飞，女，中学二级教师，语文）

初三担当·责任担当，砥砺强国之志

一、活动目标

1. 论证责任和担当的重要性。
2. 认识现代中学生更应该增加责任感，更好地爱国。
3. 将责任和担当落实到实际生活中，通过具体措施实现爱国教育。

二、活动策略

1. 学生通过"心中有数"的数据，认识各行各业的责任和担当。
2. 学生通过"学而习之"的讨论，认识到要从个人、家庭、社会层面爱国。
3. 学生树立责任和担当意识，在点滴小事中实现爱国。

三、活动准备

视频：新中国成立 70 周年阅兵式。

海报：制订行动计划书。

四、活动过程

【过目难忘】

2019年10月1日，在北京举行了中华人民共和国成立70周年的庆祝大会。在这次的大阅兵中，为了接受祖国和人民的检验，人民解放军顶着高温炎热的天气（温度处于37℃以上，有时达到43℃）进行严格的训练。他们认为这一切都是值得的，只要能参加阅兵，他们就感到无比光荣和自豪，因为这对他们来说是一个表达爱国之情的机会！

（播放视频）视频中的这些场面着实令人动容，让我们深切地感受到了祖国的强大！阅兵式中的解放军的飒爽英姿令我们啧啧称叹，可是同学们，对于他们背后的辛苦付出我们心中有数吗？

设计意图：

通过播放新中国成立 70 周年阅兵式的视频，让学生感受祖国的强大，军人的光荣，从而为下面环节军人的辛苦训练做铺垫。

【心中有数】

通过各行各业人们的责任和担当，让学生感知他们的爱国之情。

活动一

通过计算来展示阅兵式背后军人们的训练之辛苦：

在徒步方阵中，齐步走，需要每分钟走 112 步，每步约 75 厘米，正步走，需要 67 秒走 96 米，踢腿高度约达 30 厘米。计算齐步走走完 5000 米的路程和正步走走完 3000 米的路程各需要多少时间？

齐步走：5000÷（112×0.7）≈ 59.52（分钟）

正步走：3000÷(96÷67) ≈ 2143（秒）

设计意图：

通过对解放军训练的计算，让学生感知军人们训练的辛苦，感受他们作为军人对于国家的责任和担当。

活动二

用具体的数据来展示，在 2020 年与新冠肺炎抗争中医务工作者及平凡人物的辛苦付出。

截止到 2020 年 3 月 8 日，被派到武汉和湖北的医务人员，已经达到了 42600 人次，其中负责重症专业的医务人员达到 19000 人，是一支中坚力量。

从医疗机构收到命令到医疗队正式成立，一般需要 2 个小时。从医疗队出发到抵达武汉，一般需要 24 小时。

在 42600 名医务人员当中，女性医务者达到 28000 名，占全部医务人员的 70% 左右，应当说"巾帼不让须眉"，他们在抢救患者的过程中发挥了十分重大的作用。特别是以李兰娟女士、乔杰院士为代表的一大批优秀的女性工作者，她们既精于医术，又心怀大爱，是这个时代最可爱的人。

疫情之前，每人每天生产口罩 800 个，疫情期间克服一切困难，加班加点每人每天产出 1000 个。照这样计算，本来只能生产 1.6 万个口罩的时间，现在比原来少用 4 天时间完成。

设计意图：

通过呈现新冠疫情中医护人员驰援武汉和平凡小人物——口罩生产商加班生产的数据，让学生感知各行各业在危难面前对于国家的责任和担当。

【学而习之】

通过一系列活动，探讨作为新时代的中学生，我们应该从哪些层面承担自己的责任与担当，从而更好地爱国。

活动三

让学生列举爱国诗词名言等，探讨其中蕴含的作者在爱国方面的责任与担当。

人生自古谁无死，留取丹心照汗青。——文天祥

为什么我的眼里常含泪水？因为我对这片土地爱得深沉。——艾青

人类最高的道德是什么？那就是爱国之心。——［法］拿破仑

纵使世界给我珍宝和荣誉，我也不愿离开我的祖国。——［匈］裴多菲

设计意图：

以上的名言都体现了作者对于祖国的责任和担当，以及他们强烈的爱国之情，从而帮助学生对爱国主义感情进行升华，坚定自己对于爱国的责任和担当。

活动四

制订自己的人生规划——我将来想成为什么样的人？为了实现这个目标，我现在应该怎么做？

设计意图：

通过制订自己的人生规划，思考在个人责任方面的爱国担当。

活动五

展示同学们做社会志愿者的图片，参加环保活动、敬老爱老活动、植树活动、超市收银员、海边捡垃圾等。

小组讨论：

我们为什么要参加社会志愿活动，参加社会志愿活动的意义是什么？我们从中获得了哪些收获？

要求：

1. 以四人为小组讨论，每组派一名同学为记录人；

2. 发言时发言人声音洪亮，论据清晰，观点明确。

设计意图：

通过小组讨论，让学生深刻体会在社会中应该承担的责任与担当，更好地践行爱国主义精神。

活动评价：

1. 能列举出爱国诗词名言等，并能说出其深层次蕴含的爱国精神。

2. 能用完整而条理清晰的语言表述自己的人生规划：将来想从事的工作及为实现这个长远目标，应该做出怎样的努力。

3. 学生通过讨论，认识到追求美好生活品质的今天同样可以做好社会志愿工作，为社会贡献力量。

【融会贯通】

活动六

让我们一起来制订行动计划书吧！

要求：

小组讨论，分别从个人，家庭，社会层面做出自己的行动计划，实现自己的爱国担当，做成海报。

设计意图：

让学生把自己的爱国之情落实到实际行为上，主要从个人责任，家庭责任，社会责任等方面展开，让学生做出自己的行动计划书，用来指导自己今后的行动。

活动评价：

通过前面的环节激发学生爱国的责任和担当，此环节主要是落实在行动上——通过制订行动计划书实现自己对于爱国的责任和担当。

五、活动思路图示

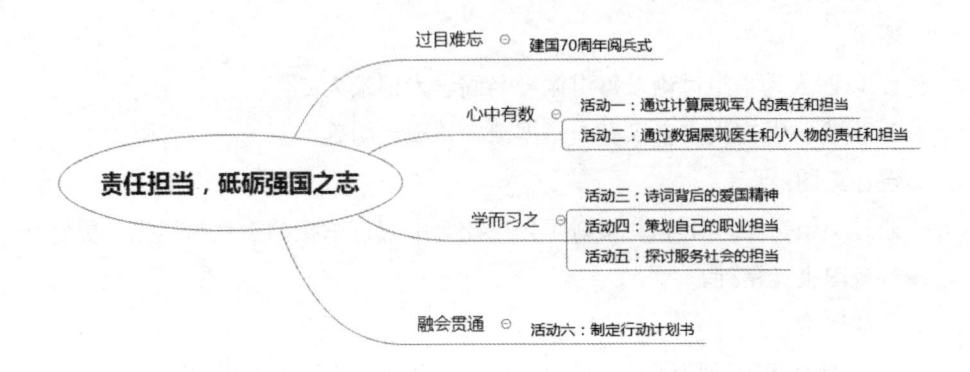

```
                           过目难忘 ○—— 建国70周年阅兵式
                                     ┌ 活动一：通过计算展现军人的责任和担当
                           心中有数 ○─┤
                                     └ 活动二：通过数据展现医生和小人物的责任和担当
  责任担当，砥砺强国之志
                                     ┌ 活动三：诗词背后的爱国精神
                           学而习之 ○─┤ 活动四：策划自己的职业担当
                                     └ 活动五：探讨服务社会的担当

                           融会贯通 ○—— 活动六：制定行动计划书
```

六、拓展延伸

最好的爱国就是爱自己。在诚·毅日记中记录你每天的好习惯，从日常的行为中实践爱国的责任与担当。

（陈玲灿，女，中学二级教师，英语）

初四立志·立志高远，实践报国之行

一、活动目标

1. 树立正确的伟大的理想，将个人命运与祖国的命运牢牢地联系在一起，为国家之崛起而读书。

2. 树立人生理想，在日常生活中通过不断努力实现理想。

二、活动策略

1. 通过数据了解理想的必要性。
2. 通过故事展演明确应该爱国心强国志。

三、活动准备

1. 视频：新中国成立 70 周年，大学生村官的故事
2. 海报墙、爱国心强国志征文、心声广播站

四、活动过程

【过目难忘】——激荡爱国情

活动一：爱我中华

同学们，让我们欣赏一段视频——70 年间新中国的变化。

（播放视频）

70 年前四野茫茫，有的地方甚至没有通电；这里曾经难以抵达，连自行车都很难看到；过去常年缺水，靠天吃饭，水稻的平均亩产只有 141 公斤；70 年前这里连一部电话都没有，我们做计算还在用算盘，曾经最幸福的生活就是能够吃饱肚子。经过 70 年的奋斗，我们从无到有。这就是我们可爱的祖国。

设计意图：

激发学生对于祖国成就的自豪感，热爱自己伟大的祖国。引发学生思考，祖国的伟大离不开无数有志之士的奋斗付出。

活动二：诗词之中谈立志

古今中外的先贤哲人都十分注重修身，请同学们列举关于修身的名言。之后大声诵读。

国而忘家，公而忘私。——贾谊
先天下之忧而忧，后天下之乐而乐。——范仲淹
顾炎武天下兴亡，匹夫有责。——顾炎武
苟利国家生死以，岂因祸福避趋之。——林则徐
王师北定中原日，家祭勿忘告乃翁。——陆游

设计意图：

激发学生将祖国的未来与个人民运牢牢联系在一起。

【心中有数】——树立爱国志

活动三

走近 2020 年"最美科技工作者"：让科技之光洒满山河

在这片华夏大地上，有 9100 万的科技工作者在奋斗着。

仝小林：他总在关键的时期作出关键的判断。在社区累计大规模发放药物达到 70 多万服，累计抢救 5 万余人次。从 20 世纪 20 年代至 80 年代救治流行性出血热，2003 年参与非典救治，2020 年抗击新冠肺炎疫情，在武汉连续战斗 64 天，今年恰好 64 岁，进行了 40 多年的坚守。

程相文：一粒种子可以改变什么。84 岁的玉米育种专家，1964 年带着新种子到海南培育，使海南的玉米亩产从百余斤增产到 700 斤，他对 14 个国家和省级审定的玉米新品种进行培育，累计推广了 3 亿多亩。程相文已经在海南岛试验田度过了 55 个春节。

陈厚群：拳拳之心，岁月可鉴。1958 年，从莫斯科留学后毅然归国，潜心研究水工抗震学科 60 余载。已经 88 岁高龄的陈厚群依旧没有停止追逐梦想，秉持科技报国的初心。

设计意图：

从古至今，无数的有志之士为了共同的"中国梦"而奋斗，经历了漫长的岁月，付出了无数的艰辛，创造了巨大的社会价值。作为青少年的中学生也应树立爱国志。

【学而习之】——成就爱国才

活动四

展示视频：大学生村官四种语言直播带货，誓要帮助村民脱贫。

设计意图：

爱国志并不是口头的空话，视频中的大学生将自己的个人理想和国家社会联系起来，将自己的理想落到实处。

活动五：梦想家宣言

学生们以小组的形式进行讨论，设计自己的梦想家宣言。

"我要做一名汽车工程师，设计出排污更少的汽车，让城市空气更清新"

"我的爱国主义理想是当一名水质检测员，让我们的大江小溪流淌洁净的水"。

"我要当一名武警战士，保卫我们的伟大祖国，维护祖国的秩序"。

"我毕业以后将要到大西北，建设祖国的大西北"。

设计意图：

学生从小处着手，立足于身边小事，明确中学生应该从做好自己分内之事开始，将爱国情感落实到实际生活中。

活动六：海报墙

请各小组把自己的梦想家宣言汇集到一起，贴在教室后黑板上，制作成海报墙，以便时刻激励全班同学。

设计意图：

将学生的智慧汇集起来，彼此激励，共同提高。

【融会贯通】——笃行爱国志

活动七：畅谈心声

我作为一名普通的中学生，我们应立足于身边小事，从点滴做起，做好自己即是爱国。

比如，我们应该努力学习，严格要求自己。

比如，在网络媒体上注意自己的言论导向，发布正能量的言论。

比如，向低年级学生进行宣讲。

比如，如何通过志愿者活动实践自己的爱国志。

设计意图：

集思广益，将学生的智慧成果凝结起来，拓宽学生的思路，引导他们发现更多身边的爱国之行，从而促进他们从身边小事做起，将爱国落实到行动中。

活动八：配乐诵读《少年中国说》

故今日之责任，不在他人，而全在我少年。少年智则国智，少年富则国富；少年强则国强，少年独立则国独立；少年自由则国自由；少年进步则国进步；少年胜于欧洲，则国胜于欧洲；少年雄于地球，则国雄于地球。红日初升，其道大光。河出伏流，一泻汪洋。潜龙腾渊，鳞爪飞扬。乳虎啸谷，百兽震惶。鹰隼试翼，风尘翕张。奇花初胎，矞矞皇皇。干将发硎，有作其芒。天戴其苍，地履其黄。纵有千古，横有八荒。前途似海，来日方长。美哉我少年中国，与天不老！壮哉我中国少年，与国无疆！

设计意图：

情感进一步激发。

五、活动思路图示

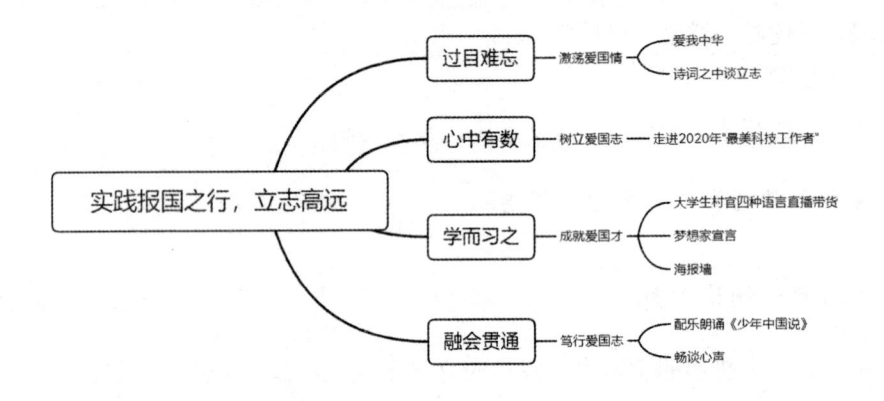

```
                        ┌─ 过目难忘 ─ 激荡爱国情 ─┬─ 爱我中华
                        │                          └─ 诗词之中谈立志
                        │
                        ├─ 心中有数 ─ 树立爱国志 ── 走进2020年"最美科技工作者"
实践报国之行，立志高远 ──┤
                        │                          ┌─ 大学生村官四种语言直播带货
                        ├─ 学而习之 ─ 成就爱国才 ──┼─ 梦想家宣言
                        │                          └─ 海报墙
                        │
                        └─ 融会贯通 ─ 笃行爱国志 ──┬─ 配乐朗诵《少年中国说》
                                                   └─ 畅谈心声
```

六、拓展延伸

举行"爱国心强国志"征文活动，让同学们写下自己的心声。

（姜敬楠，女，中学二级教师，英语）

法治规则教育

一、概述

近年来,在社会、学校、家庭等环境的影响下,我国未成年人犯罪呈现低龄化趋势。中学生的好奇心强、易冲动、自律能力和明辨是非能力比较弱,容易受到不良诱惑,进而走向违法犯罪。加强对中学生的法治规则教育,是预防未成年人违法犯罪的重要措施。知法,才能有敬畏;懂法,才能有约束。

中学生法治规则教育对于中学生思想教育、政治教育、道德教育具有重要意义。

在思想教育方面,法治规则教育有助于引导中学生确立正确的人生观。中学生法治规则教育要引导中学生正确认识权利与义务的辩证关系,明确个人价值的实现蕴于社会价值的实现之中,使中学生认识到要把社会价值作为自己追求的主要目标,积极参与社会建设,以正确的人生价值观引领个人成长,践行社会主义核心价值观。中学生法治规则教育还有助于增强中学生的竞争意识。法治规则教育重视将集体主义价值观传播给中学生,在社会竞争日益激烈的大背景下,通过法治规则教育,一方面增强学生的竞争意识,培养危机感,促使中学生通过积极参加社会实践等方式,不断提高自身素质;另一方面,法治规则教育重视发扬中华团结这一传统美德,强化中学生的集体协作观念、服务意识和奉献精神。

在政治教育方面,法治规则教育有助于提高中学生的政治认知能力。通过法治规则教育,中学生对我国国家制度和政治制度能够有更加清晰地认识,从而增强其政治鉴别能力和政治敏锐性,并树立正确的政治观。

在道德教育方面,法治规则教育有助于培育中学生的社会主义荣辱观,通过法律常识的传授和教育,让学生明确法律中蕴含的是非标准,并以此为标准规范中学生的日常生活行为,提高中学生辨别是非、善恶、美丑的能力,营造良好的现代文明风尚，彰显社会主义荣辱观。法治规则教育也有利于中学生传承中华民族传统美德，我国现行许多法律条文凝结了我国传统美德的精华。对中学生进行法治教育，将法律条款背后所蕴含的美德精神昭示给中学生，陶冶他们的情操，可以引导他们追求真善美，弘扬正气。

目前，在大部分中小学，法治教育尚属于德育教育中的薄弱环节。虽然很多学校都设立了法治副校长，但是面向全体学生的法治教育依然是学校德育教育的难题。对中学生进行法治教育，达到预期的效果需要根据学生的年龄特点，因材施教、因人而异，结合区情、校情、学情运用多种方法有效地教育。

二、进阶性主题介绍

初一明理——法治观念记心间，明理守纪养习惯

（一）原因

根据本地区五四制学情，初一学生年龄较小，刚进入初中，对基本日常规范及学校规章制度尚处于适应阶段。这一时期也是学生形成自我意识、优良品格和综合素质的关键阶段。我校"诚·毅"课程针对这一学情，也以"明理"为基本目标，开展初一阶段的德育教育。

（二）内容及目的

针对初一阶段的法治规则教育，应加强对规章制度的学习，特别是中学学生日常行为规范，创设优良班集体氛围。加强养成教育，引导学生使用健康文明用语，掌握文明礼仪，培养良好行为习惯，培养学生诚实守信、礼貌待人的优良品质，让学生尽快适应初中生活。

初二修身——凝聚法治正能量，诚意修身育正气

（一）原因

学生在初一的时候已经明确了校规校纪及基本行为规范，树立起了正确的价值观，养成了正确的行为习惯，有了一定的法律基础。但是，这一阶段学生正处在身心发展、成长过程中，可塑性和易变性较强，仍处于对外界模仿的阶段，自我防范意识和能力很差，很难抵制外界的不良诱惑。

（二）内容及目的

升入初二要利用主题班会的或政治课等方式，引导学生进一步了解法律知识的重要性。一者，引导学生积极抵制不良诱惑，规范自身行为；二者，提高自身道德修养，明辨是非，能够做到防微杜渐、自觉遵纪守法，从而实现凝聚法治正能量，诚意修身育正气的教育目的。

初三担当——心怀法治伴我行，青春担当促成长

（一）原因

十三四岁的中学生尚属社会弱势群体，在遇到侵权时，很多中学生不知道用合法的方法和程序维护自身的合法权益，对他们进行法治教育非常必要。同时，当代中学生绝大多数是独生子女，以自我为中心的心理较为严重。这使得他们缺少集体意识，很少关注国家、集体、社会和他人的合法权益。因此，对于处于该阶段的中学生，应加强责任担当教育，逐步培养其家国情怀。

（二）内容及目的

在初三级部法治规则教育中，应加强自我保护及法律宣传教育。可以组织一些有关法律知识方面的竞赛，激发学生学习法律的热情。让学生明确法律的重要意义，遇到违法行为时可以利用法律知识保护自己。还应该引导学生向身边的人积极宣传学习法律知识的重要性，让更多的人参与到法制教育中，为社会的"依法发展"贡献自己的一分力量。

初四立志——践行法治思奋进，立志共筑中国梦

（一）原因

根据舒伯的生涯彩虹图，13 岁至 14 岁是青少年的能力期，对于这一时期的青少年来说，能力更加重要。15 岁至 24 岁是人生的探索阶段，该阶段的青少年，通过学校的活动、社团休闲活动等机会，积极探索自我能力及角色、职业。

初四阶段的中学生大都在 14、15 岁左右，该阶段的学生既要重视提升自身的能力，也处于对未来人生的探索中。因此，在法治规则教育中，要结合这一特点，重视培养学生的法治观念，并且通过具体的情境创设，让学生进一步走进法律。

（二）内容及目的

情境资料与导学法应是初四阶段法治规则教育的重点，通过为学生提供真实的情境，让学生进一步明确法律的重要性，在内心种下一颗法律的种子。一方面，组织辩论赛，学生通过思辨性的法律情境，深刻认识我国一些诉讼法程序。另一方面，可组织学生去法院旁听，通过组织学生去校外聆听法律审理，拓展学生的法律视野，引导学生深入社会，从而使学生能更深切地体会到了解以及运用法律知识的重要性。

初一明理·法治观念记心间，明理守纪养习惯

一、活动目标

1. 丰富学生的法律知识，初步形成以规则为约束、养成良好行为的能力。
2. 引导学生远离不良行为。
3. 结合实际生活，做到自省自律，力争做品学兼优的好学生。

二、活动策略

1. 通过数据的计算，引导学生深刻了解、认识法治规则的重要性。

2. 通过问卷，引导学生初步树立尊重法律、遵守法律的意识，引导学生知法、懂法、守法。

3. 让学生养成学法、懂法、依法行事的好习惯，营造良好的班风、校风。

三、活动准备

视频、课件、问卷。

四、活动过程

【过目难忘】

与学生一起玩游戏"说一不二""说一是二（唱反调）"，简单介绍游戏规则，再一起感受游戏给我们的启示：即使一个简单的游戏，如果大家能做到说一不二，大家就会整齐有序；如果说一是二，每个人根据自己意愿行动，就会出现混乱，其实社会生活中也是如此，那么在社会生活中能够"说一不二"的是什么呢？是大人物，还是有钱人，还是其他的力量呢？

设计意图：

从游戏的规则中去初步感受"规则"，明确生活处处需要遵守一定的规则，而法律就是最严格的规则。

活动一：案例讨论

上网成瘾已成为青少年犯罪的严重诱因。10月9日凌晨4时，江门新会110报警中心接到群众电话：几名少年在市区一大厦附近行事诡异，有盗窃嫌疑。巡逻民警第一时间赶到案发现场，并成功抓获5名嫌疑少年，收缴被盗摩托车电池19块。5名少年男子（13～16岁，其中4名为在校学生）对犯罪行为供认不讳：自年初，由于上网成瘾，不听从父母、老师的教导，为获取上网费用，多次盗窃停放在路边的摩托车电池，卖给流动收废品人员或废品收购站。

经审查，这5名少年和涉嫌非法收购废旧物品的人员已受到法律制裁。

设计意图：

通过讨论具体案例，明确少年违法也判刑，让学生进一步明确明理守法的重要性。

【心中有数】

活动二：数据展示

2020年12月26日，全国人大常委会第二十四次会议表决通过刑法修正案（十一），未成年人最低刑责年龄由14周岁下调到12周岁。2021年3月1日起正式实施。

设问：最低刑责年龄降至12周岁，你怎么看待？

年龄小绝对不是肆意伤害他人的挡箭牌，作为未成年人学法守规是必修课。

设计意图：

通过最低刑责年龄下降这一数据，引导学生明确法律的权威性，引导其树立起法制观念。

活动三：数据展示

数据1：2020年6月最高人民检察院发布《未成年人检查工作白皮书（2014—2019）》全文。据白皮书披露：2014年至2019年未成年人犯罪情况如下图所示。

2014—2019年未成年人犯罪情况

数据 2：据有关资料统计，青少年违法犯罪率在全国刑事犯罪中的占比已由 20 世纪五六十年代的 20%～30% 攀升至 70% 以上，且至今居高不下。

设计意图：

通过相关报告数据，引导学生认识到青少年犯罪日渐攀升，树立法制观念的重要性。

【学而习之】

活动四：观看视频——《特殊的学生》

联系实际：请举例说说生活中哪些是未成年人不能做的事情？

明确：偷窃，旷课，携带管制刀具，参与赌博或者变相赌博，打架斗殴，故意毁坏财物，强行向他人索要财物，进入法律、法规规定未成年人不宜进入的营业性歌舞厅等场所，观看、收听色情、淫秽的音像制品读物等，辱骂他人等。

设计意图：

通过相关视频，并结合自身行为，引导学生认识哪些行为属于不良行为。

活动五：法律知识知多少

以小组为单位分享交流前期所搜集的法律资料，互通有无，从而了解有关青少年的法律都有哪些，学习基本的法律知识。

运用所学知识，完成下列习题。

一、判断题

1. 对于在学校中接受义务教育的未成年学生，只有学校负有保护责任。（　）

2. 归根结底，社会保护是为了创造积极向上的学校和家庭环境。（　）

3. 为保护未成年人，国家需要制定相关法律，学校需要制定相关规章制度，可见，保护未成年人有赖于社会，与学生自身无关。（　）

4. 未成年人除了家庭保护和学校保护外，还需要社会保护。（　）

5. 有违法行为的我国未成年人，不属于我国未成年人保护法保护的对象。（　）

二、单项选择题

1. 我国未成年人保护法保护的对象是（ ）

A. 未满 16 周岁的我国公民　　B. 未满 22 周岁的我国公民

C. 未满 20 周岁的我国公民　　D. 未满 18 周岁的我国公民

2. 有的家长规定，儿子可以上学，女儿不给读书，帮做家务。这种做法违反了未成年人保护法中的（ ）

A. 家庭保护　　B. 学校保护　　C. 司法保护　　D. 社会保护

3. 未成年人要依法自律，是指（ ）

A. 法律提倡的事尝试去做，法律不允许做的事情一般不要去做

B. 法律提倡的事尝试去做，法律不允许做的事情坚决不做

C. 法律提倡的事积极去做，法律不允许做的事情坚决不做

设计意图：

通过答题，引导学生认识到家庭、学校、社会为自身健康成长提供了保障，作为未成年人，也要严格要求自己，规范自身行为。

【融会贯通】

活动六：展示照片

1. 我们日常生活中真的做到遵纪守法了吗？

展示周末不同时间点的"随手拍"照片。指出生活中那些"不拘小节"的坏习惯：纠集他人结伙滋事、出口脏话、盗窃……

请设计一份法律宣传方案，规范个人行为。

2. 请同学上台进行分享。

3. 选择最优方案形成班级宣传手册，规范个人行为。

设计意图：

通过视频、随手拍等直观方式将校园中、社区中"不遵纪守法"的现象呈现，引导学生树立"遵纪守法"这一美德。

五、活动思路图示

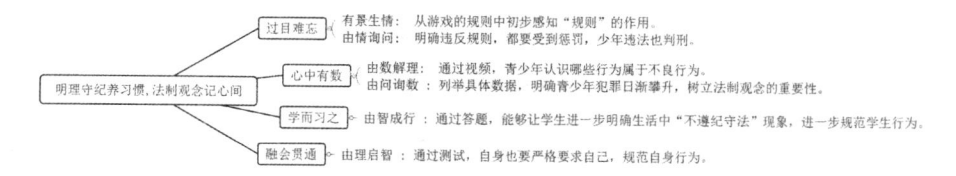

明理守纪养习惯，法制观念记心间
- 过目难忘 —— 有景生情：从游戏的规则中初步感知"规则"的作用。
  由情询问：明确违反规则，都要受到惩罚，少年违法也判刑。
- 心中有数 —— 由数解理：通过视频，青少年认识哪些行为属于不良行为。
  由问询数：列举具体数据，明确青少年犯罪日渐肇升，树立法制观念的重要性。
- 学而习之 —— 由智成行：通过答题，能够让学生进一步明确生活中"不遵纪守法"现象，进一步规范学生行为。
- 融会贯通 —— 由理启智：通过测试，自身也要严格要求自己，规范自身行为。

六、拓展延伸

宣誓言：我们郑重宣誓——从自身做起，从现在开始，告别不良行为，向违法犯罪说不，与法律规则结伴，做文明中学生，做合格好公民，校园和谐，我在行动！

（张春华　女　中学一级教师　语文）

初二修身·凝聚法治正能量，诚毅修身育正气

一、活动目标

1. 知道远离不良诱惑的重要性。
2. 能够做到防微杜渐，提高自制力，远离不良诱惑。

二、活动策略

1. 学生通过数据的分析，深刻认识远离不良诱惑的重要性。
2. 学生通过故事以及辩论赛，认识到不良诱惑的危害以及远离不良诱惑的方法。
3. 学生通过案例分析，增强情感体验，反思自身行为，坚定远离不良诱惑的决心。

三、活动准备

视频、课件、材料。

四、活动过程

【过目难忘】

通过讲大禹禁酒的故事引发学生思考。

大禹禁酒

相传大禹的臣子仪狄发明了酿酒，在当时酒可是新鲜东西，做臣子的当然第一个就要奉献给王上，于是他就把酒拿给大禹喝了。大禹品尝过后，感觉很好，十分高兴。可是大禹立即意识到就对人的巨大诱惑力将不利于国家的统治，于是他什么都没说，从此以后不仅自己不再饮酒，也禁止他人饮酒。

问：一个并不起眼的诱惑，却能够引起大禹的警觉。你看了有什么感想呢？

交流感悟：大禹禁酒，引发我们深思，感悟人生，生活中又何尝没有这些"酒"呢？面对身边的不良诱惑，深陷其中必将走向灭亡。

世界纷繁复杂，欲望多种多样，每个人的人生之路都会面对种种选择。有些诱惑会干扰我们的生活，甚至严重影响我们身心的健康发展。那些不良诱惑有时就像美酒，让你在潜移默化中受其诱惑与控制。

设计意图：

由《大禹禁酒》的故事类比学生的成长经历，让学生更加深刻地认识到在日常生活中要做到防微杜渐，自觉远离不良诱惑。

【心中有数】

活动一：播放视频《少年》——认识青少年违法犯罪

提问学生：

1. 视频中的主人公是怎样一步步走向犯罪深渊的？
2. 视频中导致主人公犯罪的原因有哪些？
3. 视频最后，对未成年人的不起诉规定是对未成年人的司法保护，请你说一说，未成年人的健康成长还受到哪些保护？

设计意图：

通过视频和问题引发学生的思考，让学生意识到不良诱惑不加以制止会影响个人的成长和发展，导致严重后果。

同学们，未成年人的健康成长受到来自方方面面的保护，但在我们的生活中，不全是鲜花雨露，还有触目惊心！

活动二：触目惊心——违法犯罪在身边

在我国，未成年人犯罪占犯罪总数的 70% 以上，青少年犯罪数据居高不下，每年产生的少年犯人数竟高达 15 万。而从调查中发现，其中有 80% 都是由小错误到大错误，由小放纵到大灾难。

设计意图：

通过大量的调查分析发现，青少年违法犯罪很多都是因为未能抵制住不良诱惑而走向犯罪，因此远离不良诱惑非常重要。

【学而习之】

活动三：小组讨论"人生陷阱——不良诱惑"

通过上述故事，我们再一次认识到了远离不良诱惑的重要性。而在现实生活中，我们首先需要做到的是能辨别身边的不良诱惑，才能远离这些诱惑。

小组讨论：

1. 在我们的生活中，你知道哪些不良诱惑？
2. 身边的这些不良诱惑，对我们的成长会造成什么影响？
3. 我们应该采取哪些方法远离不良诱惑？

对于中学生而言，不良诱惑对我们的身心健康极为不利，影响我们的成长，使我们无法正常学习生活。因此，学会分辨并自觉抵制不良诱惑，提升个人明辨是非的能力，我们才会有积极健康的生活。

设计意图：

通过讨论，反思自身生活，加强对不良诱惑的认识，明确培养高雅生活情趣的方法，过积极健康的生活。

活动四：辩论赛——远离游戏诱惑

刚刚很多同学谈到了网络游戏这个不良的诱惑，老师在跟家长沟通的过程中，很多家长也反映网络游戏对于现在的你们来说是一个很严重的不良诱惑。那我们应该怎么样看待网络游戏？接下来我们分组进行辩论。

正方：游戏使人放松。

反方：游戏使人堕落。

要求：

1. 以四人为小组进行讨论，每组派一名同学作为辩手发言；

2. 辩手发言声音洪亮，论据清晰，观点明确。

通过辩论我们可以得出结论：我们可以接触网络游戏，适当的游戏是放松的一种方式，但是一定要掌握好度，坚决不能沉迷于网络游戏中，一旦沉迷于网络游戏，就会使人堕落。对于自制力比较差的同学来说应该接受老师和父母的监督。

设计意图：

结合学生生活实际，围绕网络游戏进行辩论，解决令学生和家长头疼的现实问题，使学习更有针对性，学以致用。

【融会贯通】

活动五：情境选择——你会怎么办？

结合学生生活实际设计情境，展示生活小品——考试作弊、哥们儿义气、名牌比拼、校园欺凌等情境，学生说明在这样的情境下自己的选择。

设计意图：

结合学生生活实际，在做出选择的过程中，更加明确面对诱惑时应该怎么做。

活动六：反思践行——远离不良诱惑

观察周围同学的生活，列不良诱惑清单，针对其中的不良诱惑，提出可行性的办法。并且请同学们书写一份"远离不良诱惑"的倡议书。将最好的倡议书选出来，全班同学签字，并且贴到班级的墙壁上，时刻提醒着我们！

设计意图：

通过生活实践，将所学知识应用到实际生活当中，让学生在实践中反思，在活动中成长！

五、活动思路图示

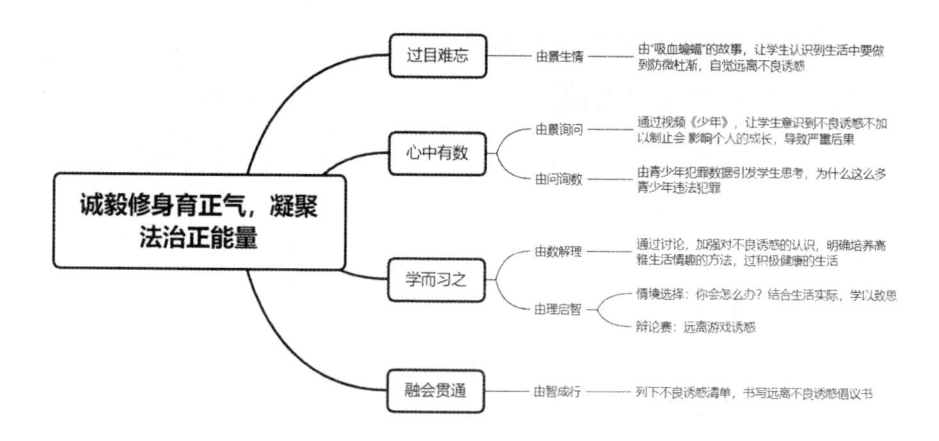

```
诚毅修身育正气，凝聚法治正能量
├─ 过目难忘 ── 由景生情 ── 由"吸血蝙蝠"的故事，让学生认识到生活中要做到防微杜渐，自觉远离不良诱惑
├─ 心中有数 ─┬─ 由景询问 ── 通过视频《少年》，让学生意识到不良诱惑不加以制止会影响个人的成长，导致严重后果
│           └─ 由问询数 ── 由青少年犯罪数据引发学生思考，为什么这么多青少年违法犯罪
├─ 学而习之 ─┬─ 由数解理 ── 通过讨论，加强对不良诱惑的认识，明确培养高雅生活情趣的方法，过积极健康的生活
│           └─ 由理启智 ── 情境选择：你会怎么办？结合生活实际，学以致思
│                         辩论赛：远离游戏诱惑
└─ 融会贯通 ── 由智成行 ── 列下不良诱惑清单，书写远离不良诱惑倡议书
```

六、拓展延伸

建立家校联系卡，请父母帮忙监督远离不良诱惑。

（宋晓丹　女　中学二级教师　化学）

初三担当·心怀法治伴我行　青春担当促成长

一、活动目标

1. 明确不良行为的内涵，规范个人行为。
2. 深化对违法犯罪行为的理解，丰富学生的法律知识。
3. 能够合理利用法律知识合理维权。

二、活动策略

1. 学生通过案例的呈现，深刻认识不良行为，引发价值追问。
2. 通过案例、情景剧等，深化对违法犯罪行为的理解，能够合理利用法律知识合理维权，达成价值认同。

3. 了解更多法律知识，并且能够利用法律保护自己，实现价值践行。

三、活动准备

1. 师生搜集未成年人相关法律知识。
2. 反映学生法律知识水平的数据。
3. 收集相关案例、视频等。

四、活动过程

【过目难忘】

活动一：案例呈现

视频展示未成年人被侵害的案例。

教师追问：你的身边安全吗？你知道如何保护自己吗？你的行为规范吗？

学生自主思考、发言。

教师：同学们，生活于法治社会，我们受到了家庭、学生、社会的保护。但是通过视频以及刚才的讨论我们也能够发现，由于法律意识淡薄等各种原因，青少年受到侵害以及无意间伤害别人的行为数见不鲜。因此，学习法律，并能够拿起法律武器保护自己非常重要。

设计意图：

引导学生初步感知自己有可能受到的侵害，明确法律在自我保护中的重要性。

【心中有数】

活动二：数据展示：惊心——违法犯罪在身边

教师展示数据：最高人民检察院工作报告显示，2017—2019年，起诉侵害未成年人犯罪案件不断增多，到2019年，已增至62948人，同比上升24.1%。

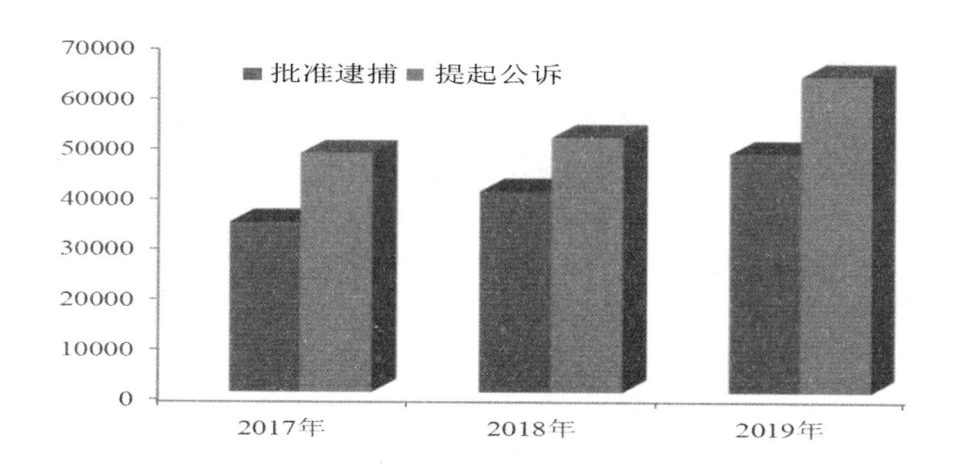

2017—2019年办理侵害未成年人犯罪案件情况

（数据展示）而另一份大数据调查也显示，63%以上的未成年犯罪以及受侵害的原因主要是：无法界定违法犯罪行为，缺乏普通的法律常识，更做不到遵纪守法。

教师小结：

了解法律既可以避免犯罪，也可以保护自己的合法权益。

设计意图：

让学生通过数字明确懂法的重要性。

【学而习之】

活动三：知识竞答——法律知识知多少

立善防恶谓之礼，禁非立是谓之法。法律是我们正常生活的基本保障，也是我们明辨是非的基本原则。下面我们通过知识竞答，来看一下同学们普法维权知多少。

一、单项选题（本题10分）

1. 根据《未成年人保护法》规定，我国未成年人是指不满（　　）周岁的公民。

A. 16周岁　　　B. 20周岁　　　C. 18周岁

2. 《义务教育法》规定，国家、社会、学校等必须依法保障适龄儿童接受（　　）。

　　A. 初级教育　　B. 基础教育　　C. 义务教育

　　3. 根据《未成年人保护法》规定，任何组织或个人不得招用未满（　　）周岁的未成年人，国家另有规定的除外。

　　A. 10周岁　　B. 16周岁　　C. 12周岁

　　4. 在未成年人不适宜进入的场所（营业性歌舞厅、酒吧、网吧等），应当设置明显的（　　）标志。

　　A. 未成年人禁止进入　　B. 小学生禁止进入

　　C. 衣冠不整者禁止进入

　　5. 小王（14岁）的父亲爱好吸烟，小张也常模仿，父亲未加制止，小王父亲做法的是否合法？（　　）

　　A. 不违法　　B. 家庭内部问题，法律不予过问　　C. 违法

　　二、判断（本题10分）

　　6. 国家机关、社会团体、企业事业组织、城乡基层群众性自组织、监护人等共同担负保护未成年人的责任。（　　）

　　7. 对于不履行监护职责的父母或其他监护人。法律可以依法追究其责任。（　　）

　　8. 任何组织和个人不得干扰中小学教学秩序。（　　）

　　9. 应该保护未成年人的个人隐私，任何组织和个人不得随意披露。（　　）

　　10. 家、社会、家庭和学校应当为有特殊天赋或者有突出成就的未成年人，创造更好的发展条件。（　　）

　　三、问答题（本题5分）

　　11. 哪些场所应向中小学生优惠开放？请同学们小组合作，每组说出至少五种。（5分）

　　设计意图：

　　本环节在于通过知识竞答，让学生进一步明确自身法律知识水平。并通过《民法典》和《未成年人保护法》修订版部分条例的讲解，让学生明白法律是在不断完善的。

　　教师：同学们，当我们真正了解法律规则，才能拿起法律的武器保护自己，保护身边人。我们一起来看一下，当我们遇到以下情景时，应该怎么

做呢？

活动四：情境再现

1. 近几天，你遇到了一件难事：在放学的路上，总有几个其他学校的学生在路上拦住你，向你索要钱物，并扬言，若交不出钱来，就让你知道拳脚的厉害。你该怎么办呢？

2. 周末，你和同学去超市，正准备离开时，被超市员工拦住，要搜同学随身携带的物品。你的同学虽很无奈，但表示无所谓，想要顺从。这时候的你该怎么办呢？

教师总结：

1. 面对他人对个人权益的侵害，我们应该善用法律的武器，当身边人遇到被侵权行为时，我们也应该对其积极进行法律知识的宣传，鼓励其依法维护自己。

2. 无论怎样，我们也很难掌握全部的知识，这时，我们便需要专业人员的帮助。

了解一些法律救助相关方式。

12348法律服务专用电话；

全国"12315"平台：消费者权益保护。http://www.12315.cn/

烟台"法援网"——http://www.fayuan.cn/yantai/=

设计意图：

通过情景再现活动，让学生明确如何合法保护个人权益。树立法律宣传意识，帮助身边人合理维权，引发学生的价值认同。

【融会贯通】

活动五：小组合作

观察周围生活，说一说未成年人在生活中容易遭受哪些侵害？并针对这些侵害，制定本组内的自我保护手册。将最好的保护手册选出来，全班同学签字，并且贴到班级的墙壁上。

五、活动思路图示

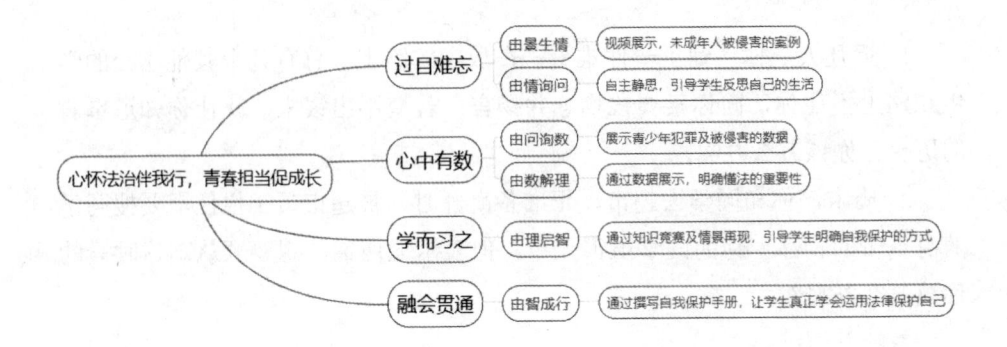

心怀法治伴我行，青春担当促成长
- 过目难忘
  - 由墨生情：视频展示，未成年人被侵害的案例
  - 由情询问：自主静思，引导学生反思自己的生活
- 心中有数
  - 由问询数：展示青少年犯罪及被侵害的数据
  - 由数解理：通过数据展示，明确懂法的重要性
- 学而习之
  - 由理启智：通过知识竞赛及情景再现，引导学生明确自我保护的方式
- 融会贯通
  - 由智成行：通过撰写自我保护手册，让学生真正学会运用法律保护自己

六、拓展延伸

请你为学校宣传栏，设计"法律宣传，我在行动"栏目，搜集相关图片、信息等，完善栏目内容。

（欧倩 女 中学二级教师 语文）

初四立志·践行法治思奋进，立志共筑中国梦

一、活动目标

1. 知法：引导学生认识遵守法律的意义。
2. 懂法：深化青少年个人承担法律的意识。
3. 用法：有效运用法律知识，实现价值践行，让法常驻心中。

二、活动策略

1. 知法：通过两会的视频，引发学生价值追问，深刻认识遵守法律的意义。
2. 懂法：通过李玫瑾教授的三个法律生日，链接学校的诚·毅讲堂，深化青少年个人承担法律的意识，达成价值认同。
3. 用法：通过新闻案例、辩论赛等活动，活用法律知识，让法常驻心

中，捍卫法律尊严。

三、活动准备

课件、视频、图片、辩论赛。

四、活动过程

【过目难忘】

【视频】主播说联播
（观看视频）全国人大拟调整最低刑责年龄的消息引发热议。
设计意图：

让学生引发思考，国家为什么会调整最低刑责年龄，由14岁调整到12岁，针对的是特别严重的情节。让学生感受国家对青少年增强法治观念的重视，也感受到法律不是冰冷的，法律也是有体温的。

【心中有数】

（列举图片数据）　根据《未成年人检察工作白皮书》显示，2014年和2019年不捕率和不诉率逐渐提升。这反映出青少年的违法犯罪的人数上升，但因为没有构成严重犯罪，且考虑到对青少年的司法保护，因而未被逮捕及上诉。而青少年犯罪最直接的原因就是青少年的法律意识淡薄。

根据儿童权利国际网络数据，世界范围内最常见的刑责年龄是14岁，与美国等国家相比，中国法律展现了人性的温度。

设计意图：

通过列举数据，展现青少年的法律意识淡薄，将世界各个国家的最低刑责年龄进行对比，展现了中国法律的人性温度。

【学而习之】

活动一：法律生日

（播放视频）每个孩子应该有个法律生日：
14岁生日，过了这个年龄，孩子需要承担部分刑事责任；16岁生日，过了这个年龄，孩子需要承担全部刑事责任。

我们今年初四，2005年出生的同学，已是15周岁；2006年出生的是14周岁。我们此刻已经应该承担部分刑事责任了，那么部分刑事责任具体指什么？

我国《刑法》规定：已满十四周岁不满十六周岁的人犯故意杀人、故意伤害致人重伤或者死亡、强奸、抢劫、贩卖毒品、放火、爆炸、投毒罪的，应当负刑事责任；对其他行为不负刑事责任；

设计意图：

通过阅读法律生日这篇短文，链接学生自身真实年龄，让学生明确自身所承担的法律责任，树立学生的担当意识。

活动二：案例分析

同学们，你们还记得学校的诚•毅讲堂中，上学期初三一班卢珈璐妈妈在国旗下讲话吗？——作为一名检察官、国家公诉人，卢珈璐妈妈讲述了发生在身边的青少年违反犯罪的案例。

案发地点在一个练歌房的走廊里，两个年轻小伙子不小心蹭到了一个站在走廊里正跟人聊天的三十岁左右的男子，该男子看了他们一眼，并抱怨了一句。于是两个小伙子先是骂骂咧咧，继而动手殴打该男子，后来跟两个小伙子同行的另外四个小伙子听到动静后纷纷从包间跑出来加入殴打该男子的行列中，其中一个小伙子掏出装在口袋里面的水果刀刺入了男子的心脏。当被殴打男子倒地后参与殴打的六名年轻人分头逃走。其中的最年轻的、刚满十六岁的小伙子是最后从包间里出来的，他在几个同伙已经将被害男子打到没有还手之力的情况下奋力挤进去踹了两脚。公安民警很快将他们缉拿归案。法院分别对他们进行判刑。

思考：为什么16岁的小伙没有直接行刺，却被判入狱？

总结：同学们，卢阿姨给我们讲述了发生在身边的活生生的案例。这位同学由于从众心理，认为不参与打架，就是不义气，无法获得大家的信任。他的内心没有法律的意识，在紧要关头，将哥们义气置于法律之上，这让他付出了惨痛的代价。

设计意图：

通过学校诚•毅讲堂中检察官妈妈讲述的真实案例，引导学生分析青少年犯罪的原因，在内心种下知法、懂法、不犯法的种子，让法常驻心中，让自己的人生之路在守法的光芒下更加畅通。

【融会贯通】

活动三：辩论赛

教师：当今社会，没有法律是万万不能。法律是我们的日常行为准则，我们常说法律是红线，要敲醒法律警钟，一旦突破了法律底线，就可能面临相应的法律责任。那是不是只要不违反法律就够了呢？

正方：在中小学校园，保证校园规范主要依靠法律。

反方：在中小学校园，保证校园规范主要依靠道德。

总结：我们不能仅仅懂法、不违法，更要用我们的实际行动捍卫法律尊严。《孙子兵法》：求其上，得其中；求其中，得其下。正如我们的中考，要定高目标，做强准备，你的目标只是60分万岁，那你可能挂科。同样的法律达标只是合格线而已，如果满足于最低线，就可能滑入违法犯罪而不自知。

在社会生活中，我们的行为大多数受到道德的约束。如果违背道德的行为不加以制止，任其发展下去，可能会导致违法犯罪，受到法律的制裁。道德和法律是我们必须遵守的社会规则。勿以恶小而为之，我们要从小事做起，严格要求自己，提高道德素质，培养规则意识。因此，我们除了懂法之外，也要对自己有更高的道德要求，让法律常驻心中，捍卫法律尊严。心存高远，才能乘风破浪。

设计意图：

通过辩论增强学生的法律意识，在学习生活中，明确我们应该以高标准要求自身，做一个遵纪守法的好少年，更要以实际行动捍卫法律尊严。

五、活动思路图示

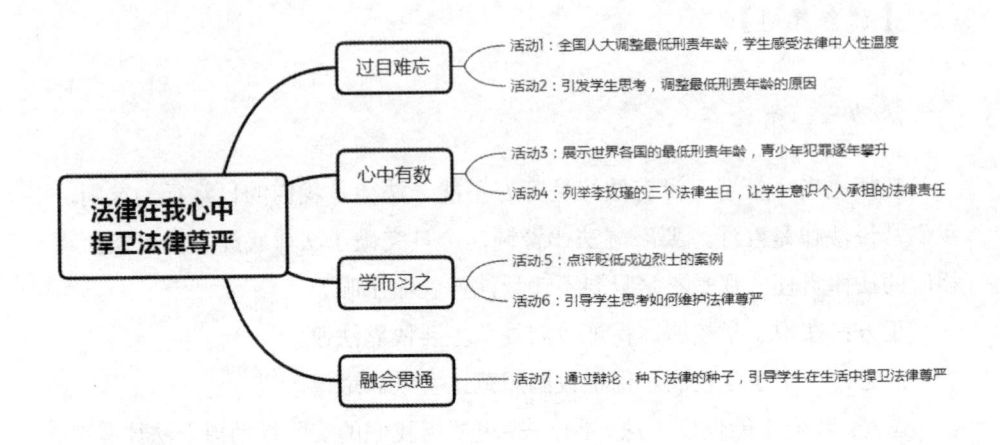

```
                              ┌─ 过目难忘 ─── 活动1：全国人大调整最低刑责年龄，学生感受法律中人性温度
                              │              活动2：引发学生思考，调整最低刑责年龄的原因
                              │
                              ├─ 心中有数 ─── 活动3：展示世界各国的最低刑责年龄，青少年犯罪逐年攀升
  法律在我心中 ─────────────┤              活动4：列举李玫瑾的三个法律生日，让学生意识个人承担的法律责任
  捍卫法律尊严                 │
                              ├─ 学而习之 ─── 活动5：点评贬低戍边烈士的案例
                              │              活动6：引导学生思考如何维护法律尊严
                              │
                              └─ 融会贯通 ─── 活动7：通过辩论，种下法律的种子，引导学生在生活中捍卫法律尊严
```

六、拓展延伸

观看犯罪嫌疑人仇某明自我反省的视频，我手写我心，写下内心真实的感受。

设计意图：

希望通过视频及观后感的方式，引导学生链接自我的生活，引导其树立正确的法律观，更要以实际行动捍卫法律尊严。

意大利著名刑法学家贝卡里亚说："预防犯罪要比惩罚犯罪更高明，这是一切优秀立法者的目的。"当国家各部门对青少年法治教育越来越重视，当越来越多的党代表、政法委员公开呼吁，保护青少年需要更多更严谨的执法措施和法律支持，当越来越多的学校逐步营造出法治教育的学习氛围，当学校、社会、家庭三位一体的青少年法治教育网络体系越来越完善，我们青少年会明确在内心种下法律种子的强烈意愿，我们更会在捍卫法律尊严的道路上勇敢担当。

（黄淑莉　女　中学二级教师　语文）

艺术审美教育

一、概述

近年来，在各有关部门、各学校的共同努力下，学校美育取得了较大进展，对提高学生的审美与人文素养、促进学生全面发展发挥了重要作用。然而从总体上来看，美育在整个教育事业中仍然处在薄弱环节。

初中阶段的学生，随着年龄的增长，在知识体系方面越来越健全。而且现在的学校、家庭普遍重视学生的知识教育，为了能在中考取得理想的成绩，很多家庭放弃了孩子之前的特长，剥夺了孩子获得艺术审美教育的机会。很多学校也只重视分数的提高，忽视了对学生进行审美陶冶、情感熏陶的教育。然而学生到了青春期的阶段，不仅需要构建系统的知识体系，更需要追求美、发现美、创造美，满足自身的审美需求，提升自身的审美素养。

在这样的背景下，艺术审美教育主题班会对学生健康全面的发展具有重要意义。

二、进阶性主题介绍

初一明理——走进艺术，陶冶情操，明艺术之理

与小学生相比，初一学生在身体形态和心理方面开始发生变化，但是初一学生的认知能力还处在直观和感性阶段。所以在老师的引导下，初一学生会比较积极主动地感知艺术之美。与此同时，初中学习环境、学科科目、学习方式的变化会让他们在短时间内产生一定的紧张感。这时教师引导他们走进艺术，陶冶情操，不仅明艺术之理，更有助于小升初的心理过渡。

因此，初一艺术审美教育的目的在于引导学生发现美、感受美，通过对美的欣赏，陶冶情操，学会善于发现身边的美。

初二修身——鉴赏艺术，提升素养，修德艺之身

从初二开始，学生具有一定的自我意识，对一些问题有自己的看法，喜欢发表自己的见解，具备了鉴赏艺术的基本素养和能力。但是随着独立自我意识的增强，内心错综对立的矛盾和冲突让其情绪波动较大，借助艺术鉴赏，提升素养，能达到一定的修身养性的作用。

因此，初二艺术审美教育的目的在于引导学生能进一步认识理解什么是真正的艺术之美，从而确立正确的审美标准，提升审美能力，由外及内，外赏内省，做到修身养性，提高审美素养。

初三担当——感受体验，弘扬经典，担传承之责

初三的学生正面临着不同事物对个体自身的情感冲击，对审美艺术是否健康，还有着参差不齐的分辨能力。学生的个性发展在这个阶段也异常明显，很多学生不懂审美，只是依照喜好，还缺少独立的艺术审美判断。经过时间的洗礼沉淀下来，其中蕴含的深刻的内涵美正是迷茫期青少年所需要学习的。

因此，初三艺术审美教育的目的在于感受经典并明确经典的内涵和表现，深化对经典的认识，认同经典在自己身边，经典由自己传承进而树立弘扬与传承经典的责任。

初四立志——升华陶冶，鉴赏创新，立尚美之志

初四的学生面临中考压力，在思想、行为、心理等方面具备一定的复杂性和特殊性。深入进行艺术审美教育，可以舒缓学生的情绪，减少学生的焦虑，提升他们的身心愉悦感。

因此，初四艺术审美教育的目的在于感受美并明确美的内涵和表现，深化对美的认识，认同美在自己身边，美由自己创造，树立积极向上的审美观，塑造最美的自己。

初一明理·陶冶情操，明艺术之理

一、活动目标

1. 了解艺术家的故事，感受艺术家的优秀品质。
2. 认识多种艺术形式，领略艺术作品的内在美。
3. 树立正确生活态度，发扬坚韧乐观向上精神。

二、活动策略

1. 通过《千手观音》视频引发学生对邰丽华这一舞者身份的认知冲突。
2. 通过书法家王羲之、钢琴家郎朗的事迹来解读数据、呈现事实、独立思考学习艺术需要践行的共识。
3. 通过案例分析等方式实现由知到行的转换。

三、活动准备

1. 师生共同收集关于艺术家的事迹。
2. 身边人学习和从事艺术的数据。
3. 播放《千手观音》视频。

四、活动过程

【过目难忘】

活动一：播放《千手观音》视频

说说你看完后的感受，猜猜她们是一群怎样的舞者，讲讲你所了解的她们背后的故事。

出示《感动中国人物》颁奖词："不幸的谷底到艺术的巅峰，也许你的生命本身就是一次绝美的舞蹈，于无声处，展现生命的蓬勃，在手臂间勾勒人性的高洁，一个朴素女子为我们呈现华丽的奇迹，心灵的震撼不需要语言，你在我们眼中是最美。"

这是 2005 年《感动中国人物》给《千手观音》领舞者邰丽华的颁奖词，从她的事迹和颁奖词中你获得了怎样的震撼？

设计意图：

感受美并通过视频引起认知冲突，感受好的艺术作品背后的精神。

【心中有数】

活动二：名人故事

呈现王羲之的《兰亭集序》等书法作品和他与、墨池与吃墨的故事。请学生说说有怎样的感受和触动？

设计意图：

让学生直观感受王羲之的书法艺术和刻苦精神。

活动三：播放郎朗在国际舞台上演奏的视频。

大家是否被他刚才惊艳的表演震撼了呢？我们一起来看看他所回忆的小时候的故事。郎朗说："我喜欢在舞台上表演，温暖的灯光照在我身上的感觉。我喜欢听众的掌声。从那时起，我决定，我要当一名钢琴家。"到 7 岁上小学时，父亲为他设计了一个强制性的作息时间表。

郎朗的作息时间

时间	练琴时间
5：45 起床	1 小时
中午	45 分钟
放学	2 小时
晚饭后	2 个小时

经过 5 年多的学习，郎朗拿遍了沈阳所有少儿钢琴比赛的第一名。

请同学们计算一下：郎朗每天练琴 345 分钟，一年 365 天，5 年共练习了多长时间？并谈谈你的感受。

学生计算后明确练琴时间：

345 分 ×365 天 ×5 年 =629625 分 =10493.75 小时 ≈ 437 天

郎朗 5 年中有 437 天，也就是一年多的时间在练琴，而且是在课余、同伴玩耍时练习的，可见艺术的成功需要高度的自律。

设计意图：

通过数字了解美背后的故事，认识到艺术美在于坚持。

【学而习之】

活动四：小组活动

你搜集到哪些艺术家的励志故事？请与大家分享？

要求：1. 四人一组，全员参与。

2. 推选一名成员代表总结发言。

3. 时间：4 分钟。

等级标准

等级	故事分享评价标准
优秀	准确说出艺术家的故事和背后的精神
合格	能粗略说出艺术家的故事

活动五：故事呈现

老师呈现"最美轮椅姐姐"刘晓清圆梦书法的事迹，引导学生明确无论我们自身条件如何，只要努力去做便一定能创造奇迹。

播放河南春晚《唐宫夜宴》视频和它背后的故事，让学生体会、认识艺术的创新、普通舞者背后的精神和对传统中华艺术的传承。

设计意图：

通过讨论和展示更多艺术家的故事，增强学生对艺术家品质的认识，通过呈现事实，引导学生认识到这样的人就在自己身边，自己也可以与之比肩。

【融会贯通】

活动六：情境教学

烟台博物馆将招募解说员，如果你去应聘解说员，请你选择一件艺术作品准备一段解说词。

总结：

生活中不是缺少美，而是缺少发现美的眼睛。我们要让在艺术中所感悟到的真谛在生活中生根发芽。

设计意图：

引导学生回归自我，回归生活，树立积极向上的审美观，激发对美好事物地不懈坚持与追求。

五、活动思路图示

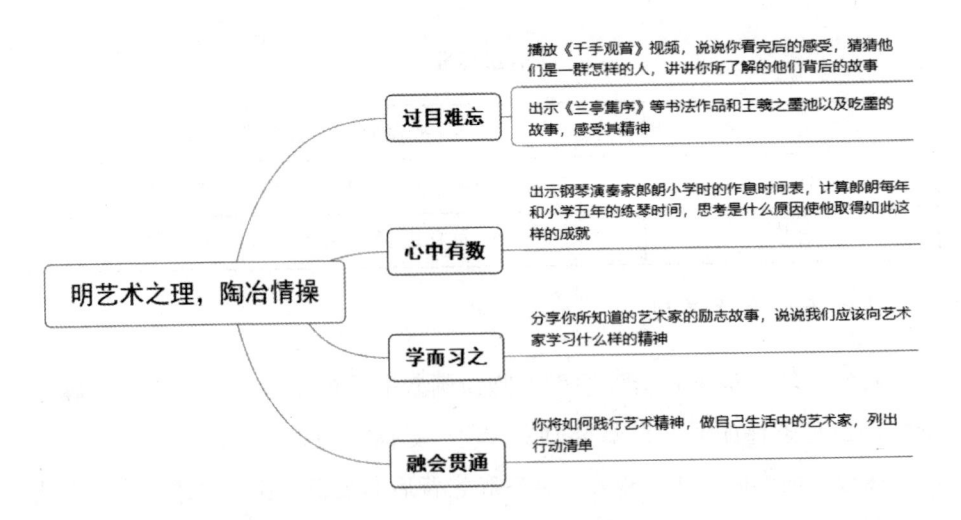

明艺术之理，陶冶情操

- **过目难忘**
  - 播放《千手观音》视频，说说你看完后的感受，猜猜他们是一群怎样的人，讲讲你所了解的他们背后的故事
  - 出示《兰亭集序》等书法作品和王羲之墨池以及吃墨的故事，感受其精神
- **心中有数**
  - 出示钢琴演奏家郎朗小学时的作息时间表，计算郎朗每年和小学五年的练琴时间，思考是什么原因使他取得如此这样的成就
- **学而习之**
  - 分享你所知道的艺术家的励志故事，说说我们应该向艺术家学习什么样的精神
- **融会贯通**
  - 你将如何践行艺术精神，做自己生活中的艺术家，列出行动清单

六、拓展延伸

参观网上数字敦煌展，进一步感受艺术的魅力。了解莫高窟和樊锦诗背后的故事，感受艺术之美，感受坚持以及乐观向上的精神。

（李成满，男，中学二级教师，语文）

初二修身·提升素养，修德艺之身

一、活动目标

1. 感受微雕艺术作品美，学习精益求精的精神。
2. 发现和展示身边的艺术作品美，学会发现艺术美，透过身边人的艺术美，发现身边人的行为美和心灵美，提升艺术素养和行为素养。
3. 观察、发现和表达身边的行为美和心灵美，并为此代言，由外及内，外赏内省，做到修身养性，提升行为素养。

二、活动策略

1. 学生通过搜集资料和采访匠人或身边的艺术爱好者，深入理解精益求精的精神。
2. 学生通过采访、小展览和小展播等活动学会发现艺术美，透过身边人的艺术美，发现身边人的行为美和心灵美。
3. 通过观看日常行为图片，进行小组讨论并投票选举班级行为美和心灵美的代言人，发现和表达生活中的行为美和心灵美。

三、活动准备（视频、课件、调查报告等）

1. 老师收集呈现微雕艺术的图片、视频和数据。
2. 学生收集身边同学的艺术作品和拍摄身边艺术行为的视频。
3. 学生准备作品展览的介绍材料和作品展播的介绍材料。

四、活动过程

【过目难忘】

同学们，让我们过目难忘的也许是一个动人的面孔，也许是一个奇异的动作，也许是一道亮丽的风景线，现在让我们一起进行一次视觉盛宴之旅吧！

（播放微雕艺术视频）视频中的放大镜和微雕作品，带领我们进入微雕匠人的微视界，毫厘之间尽显大千世界，一把刻刀，雕刻人生奇观。但是微雕作品背后需要的耐心、时间和精力我们心中有数吗？

【心中有数】

通过观看微雕视频，了解微雕艺术作品背后需要的耐心、时间和精力。

活动一：观看微刻大师在4根白发琴弦上刻630个字的视频

发现头发丝直径通常是0.06毫米，刻刀的刀刃宽度只有0.01毫米，将4根长约2.5厘米共10厘米长的白头发当作琴弦，在上面刻了630个汉字，内容正是《琵琶行》全文和大师潘启慧的落款。

问题：大师潘启慧在头发丝上，平均每毫米刻了多少字？

头发面积：100×0.06=6毫米

每平方毫米的字数：630÷6=105字

设计意图：

用具体的数据来展示微雕艺术作品的精细和艺微，想象这件微雕艺术作品背后也需要相当大的耐心、相当多的时间和精力。

活动二：故事引入

引用《核舟记》"明有奇巧人曰王叔远，能以径寸之木，为宫室、器皿、人物，以至鸟兽、木石，罔不因势象形，各具情态"，介绍现代奇巧人潘启慧的微雕学习经历，学习领会精益求精精神的内涵。

从小酷爱写毛笔字和画画的潘启慧，原来是一家三线企业子弟学校的体育老师，从1972年开始他就跟一位民间艺人学雕刻。那时候经常停电，但他每天晚上的练习雷打不动，就算在煤油灯下也要练到晚上11点。白天稍微有点空闲，他也会下意识地拿出"道具"抓紧练。5年过后，他已经能在不到1平方厘米的空间刻500多个字了。

设计意图：

通过呈现潘启慧大师的微雕学习年限和微雕经历中的数据，学习领会精益求精精神的坚持和钻研。

【学而习之】

活动三：由人推己

现场采访有艺术特长的同学，如：乐器演奏者，绘画学习者，书法学习者，舞蹈练习者，了解学习该特长需要投入的时间，填写表格，由小组代表汇报采访结果。

艺术特长

姓名	特长	学习时间
	乐器	
	绘画	
	书法	
	舞蹈	

活动评价：

1. 学生以小组为单位，讨论采访小组同学学习该特长需要投入的时间，填写表格。
2. 小组代表能顺畅汇报采访结果。

设计意图：

通过现场采访身边有艺术特长的同学，了解学习该特长需要投入的时间和精力。学习身边有艺术特长同学的坚持和钻研精神。

活动四：收集班级同学的艺术作品，小组进行现场艺术作品小展览

展览活动小组分工：

展览总策划人：策划展览主题，明确分工；

展览材料负责人：收集和保护展览作品和材料；

展览作品介绍人：介绍展品和作者；

展览受邀嘉宾：发表自身艺术作品制作的过程和感受。

活动评价：

1. 学生能以小组为单位，明确分工。
2. 顺畅地展示和介绍展品和作者。

3. 合理表达艺术作品制作过程中的感受。

设计意图：

学生通过现场展示身边同学的艺术作品，发现和感受周围艺术作品的艺术美，学习领会身边同学对于艺术特长的坚持和钻研精神。通过艺术作品美，发现作者的行为美和心灵美。

活动五：组织班级同学进行现场身边艺术形式小展播

展播活动小组分工：

展播总策划人：策划展播主题，明确分工；

展播材料负责人：收集展播材料和配合展播；

展播作品介绍人：借用PPT或者随手拍视频，比如播放现场绘画比赛视频，学校舞蹈排练视频，某同学的挥写书法的视频，爸妈的广场舞视频等；

展播受邀嘉宾：分享在展播过程中的小发现和大感悟。

活动评价：

1. 学生能以小组为单位，明确分工。
2. 顺畅地用PPT或者视频展播身边的艺术内容或艺术形式。
3. 勇于分享在拍摄身边艺术的过程中的小发现和大感悟。

设计意图：

学生通过用PPT或者视频展播展示身边的艺术内容或艺术形式，发现和感受身边人的艺术美，通过身边人的艺术美，发现身边人的行为美和心灵美。

【融会贯通】

活动六：观看学校身边人的日常行为照片

图片1：向老师问好，行少先队礼——语言美、行为美；

图片2：戴口罩，单排行进——卫生美、行为美；

图片3：弯腰俯身捡起路上的垃圾——卫生美、行为美；

图片4：帮扶脚伤的同学——行为美、心灵美。

进行畅所欲言活动：我发现，我表达。发现和列举生活中身边同学的行为美和心灵美的例子。

活动评价：

1. 通过观看学校身边人的日常行为照片，发现身边的语言美、行为美、卫生美、心灵美。

2. 清晰明了地列举生活中身边同学的行为美和心灵美的例子。

设计意图：

通过观看学校身边人的日常行为照片，学生畅所欲言，从生活中发现和表达身边的语言美、行为美、卫生美、心灵美，再到生活中去践行语言美、行为美、卫生美、心灵美。

活动七：班级投票

选举班级行为美和心灵美的代言人。

设计意图：

通过投票选举班级行为美和心灵美的代言人，树立班级的行为美和心灵美的榜样，引导学生要做身边行为美和心灵美的发现者，更要做行为美和心灵美的践行者和传递者。

五、活动思路图示

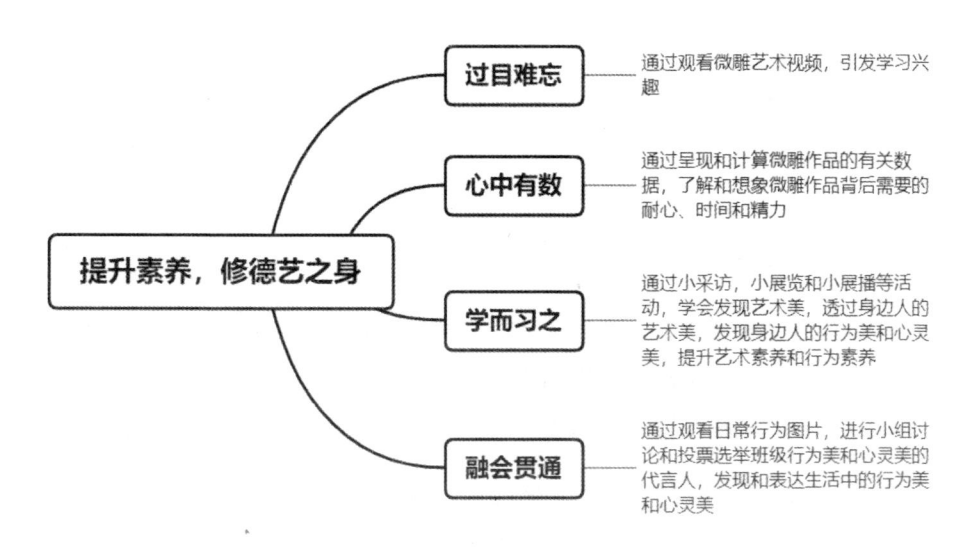

提升素养，修德艺之身

- **过目难忘**：通过观看微雕艺术视频，引发学习兴趣
- **心中有数**：通过呈现和计算微雕作品的有关数据，了解和想象微雕作品背后需要的耐心、时间和精力
- **学而习之**：通过小采访，小展览和小展播等活动，学会发现艺术美，透过身边人的艺术美，发现身边人的行为美和心灵美，提升艺术素养和行为素养
- **融会贯通**：通过观看日常行为图片，进行小组讨论和投票选举班级行为美和心灵美的代言人，发现和表达生活中的行为美和心灵美

六、拓展延伸

争做代言人：书写班级行为美和心灵美的代言稿。

（杜慧，女，中学二级教师，英语）

初三担当·弘扬经典 担传承之责

一、活动目标

1. 感受经典并明确经典的内涵和表现。
2. 深化对经典的认识，认同经典在自己身边，经典由自己传承。
3. 树立弘扬与传承经典的责任。

二、活动策略

1. 通过视频和照片引发学生对经典的认知。
2. 通过数据解读、事实分析、自思与互辨达成经典需要传承的共识。
3. 通过案例分析实现由知到行的转换。

三、活动准备

师生共同收集关于经典、传承的案例、王懿荣博物馆数据、图片和视频。

四、活动过程

【过目难忘】

"上有迢迢河汉，下有滔滔江水"，我们这个伟大民族之所以能够立于世界民族之林，生生不息；我们灿烂的中华文明之所以能够源远流长，历久弥新，一个重要奥秘就是文以载道、以文化人。在过目难忘环节，我将设计两个活动。

活动一：播放视频

播放同龄人"诗词才女"武亦姝在《中国诗词大会》飞花令环节中的精彩表现，武亦姝脱口而出的是《诗经》里《七月》的名句：七月在野，八月在宇，九月在户，十月蟋蟀，入我床下。

设计意图：

通过视频，引导学生感受中国古典诗词的魅力，引出本节课的主题——经典。

活动二：设计进阶式问题

通过这些问题引起学生对经典的思考。首先出示多个领域里的经典照片——在文学、艺术、哲学、自然科学等领域涌现出众多流传至今的经典作品。"你认为这些是艺术方面的经典之作吗？"在这一问题上，相信大家都能达成共识。再提出问题"对于这些经典之作，你了解吗？"——此处让学生独立思考，并让学生谈一下自己对它们的了解。同学们，其实经典离我们不远，我们就处在经典之中。我们正在学习的勾股定理、周髀算经、安培定则、法拉第定律等都是经典，对于它们我们都很熟悉。现在你能不能用自己的语言说一下"什么是经典"？

教师出示经典的范畴：经典是指具有典范性、权威性的经久不衰的万世之作；是经过历史选择出来的最有价值或者最能表现本行业的精髓又或者是最具代表性的、最完美的作品。古今中外在文学、艺术、哲学、自然科学等领域涌现出众多流传至今的经典作品。

设计意图：

通过照片告诉学生经典不仅有文学经典，还有很多其他方面的经典。

【心中有数】

活动三：让学生阅读案例，并圈出文中的数字

《红楼梦》是由清代作家曹雪芹创作的长篇章回体小说，是一部具有世界影响力的作品。为创作这部作品，曹雪芹批阅十载，增删五次，讲述了四大家族700多个人物的兴衰。其海外传播历史已经有220年。据统计，《红

楼梦》已经被翻译成 23 种语言，截止到 2015 年年底，在全世界各大图书馆流通的译本有 21 种、版本有 166 个。

学生自己思考解读数据，并把数据联系起来分析自己从中感悟到了什么。教师进而引导学生认识到经典是历经岁月洗礼而留陈，纵千百年而流传，是经久不衰的万世之作。

设计意图：

通过数字了解经典背后的故事，认识到经典是需要时间的沉淀与积累。

活动四：数据对比

我们再来看一组数据：京剧是我国五大戏曲剧种之一，被誉为"中国国粹"，是中国和世界的非物质文化遗产。2011 年，中国戏曲学院京剧表演专业招生名额为 50 人，共 115 人报名参加专业考试，招录比例为 1∶2.3，而同一时期，北京电影学院表演学院报考和录取人数比例却达到 1∶146。2011—2016 年，11 个国家重点京剧院团共创作新剧目 76 台，整理改编传统剧目 266 台，此外，17 个省级重点京剧院团也创作了 47 台新剧目，整理改编传统剧目 106 台，演出 11387 场。在国家新闻广电总局发布的数据中，2020 年中国电影总票房达到 204.17 亿元，其中国产电影票房为 170.93 亿元，占总票房的 83.72%；城市院线观影人次 5.48 亿。全年票房前 10 名影片均为国产影片。全年共生产电影故事片 531 部，影片总产量为 650 部。全年新增银幕 5794 块，全国银幕总数达到 75581 块。

——以上数据来源于中商产业研究院的情报网

2021-01-06

【学而习之】

教师再次引领学生回到问题，在这个语言、思想、文字大汇集的时代，经典是否有传承的必要？此处让学生独立思考。这一模块包括三个活动。

活动五：播放视频

《经典永流传》第四季中王恒屹、周昭妍传唱的经典《朝代歌》。两个孩子从孩童视角讲述了朝代的更迭变换，歌颂史诗神话里的传奇英雄。这个节目以现代的呈现方式演绎经典，推动中华传统文化创造性转化、创新性发展，传递向上向善的主流价值。

设计意图：
引导学生认识到我们可以借助现代化的方式传承经典。

活动六：呈现照片，感受更多经典传承的形式

照片1——中国诗词大会。新一季的诗词大会不仅着力呈现诗词的语言美、意境美、情感美，更着力挖掘诗词富含的传承美、应用美、现代美，通过现代化的呈现方式让这些跨越时空的美学意境和文化精髓历久弥新地传承下去。

照片2——纪录片《记住乡愁》。这部纪录片以"关注古老村落状态，讲述中国乡土故事，重温世代相传祖训，寻找传统文化基因"为宗旨，通过探寻千百年的村规民约、家风祖训，深入挖掘和阐述中华优秀传统文化中讲仁爱、重民本、守诚信、崇正义、尚和合、求大同的时代价值。

照片3——烟台开发区渔灯节。渔灯节是从传统元宵节中分化出来，距今已有五百多年历史，是山东烟台沿海渔民特有的传统民俗节日。除了传统的祭祀活动外，在庙前搭台唱戏及锣鼓、秧歌、舞龙表演等亦是渔民节表演的重要内容。鲜明的渔家特色，丰富的文化内涵，每年吸引着来自世界各地的游客驻足。2008年烟台开发区渔灯节被列入国家级非物质文化遗产名录。

教师总结：
以上这些经典，利用文学、音乐、美术、电影等各种形式，借助报刊、电视台、电台、互联网等各种载体，通过文化馆、美术馆、群艺馆、博物馆等各种机构传承下来，让我们感受到艺术之美、传承之美。教师引导学生再次思考：今天的中国已经进入5G时代，人们阅读的便捷性、丰富性已经超越历史上的任何时期。虽说"书当快意读易尽"，然而我们也要扪心自问：今天的中国，到底还有多少人在安安静静地阅读传统经典？又有多少人读得懂、读得进传统典籍。再辉煌的文化，一旦失去传承就必然衰败！

设计意图：
让学生感受经典传承的多样性。

活动七：小组讨论

我们身边的同学认为经典离他很遥远，我们现在的主要任务是学习，提

高学习成绩，个人力量比较小，没有能力担传承之责？对于这个问题，你是如何看待的？引发学生深度思考。

设计意图：

通过讨论和展示更多的传承经典的形式，通过呈现事实，引导学生认识到经典传承就发生在自己身边，人不仅可以欣赏经典，也可以充分利用各种新媒体平台和流行文化元素，用年轻人的"语言"传承经典。

【融会贯通】

这一模块以案例分析的方式进行，教师呈现学生身边的案例。进而提出问题"现在的你是不是觉得经典就在身边？""经典传承之责我可以担起？"教师播放视频，利用王懿荣传承甲骨文的故事告诉学生传承就在身边，让文化自信与家国情怀成为我们的底气。

教师再进行课堂总结：

文以载道，文以化人。中华文化源远流长，没有文明的继承和发展，没有文化的弘扬和繁荣就没有中国梦的实现。希望同学们端正学习的态度，练就健康的体魄，健全自己的人格，承担起弘扬经典，传承经典之责任，不负青春，不负韶华。

设计意图：

引导学生回归自我，回归生活，树立传承经典的信念，担起传承之责。

五、活动思路图示

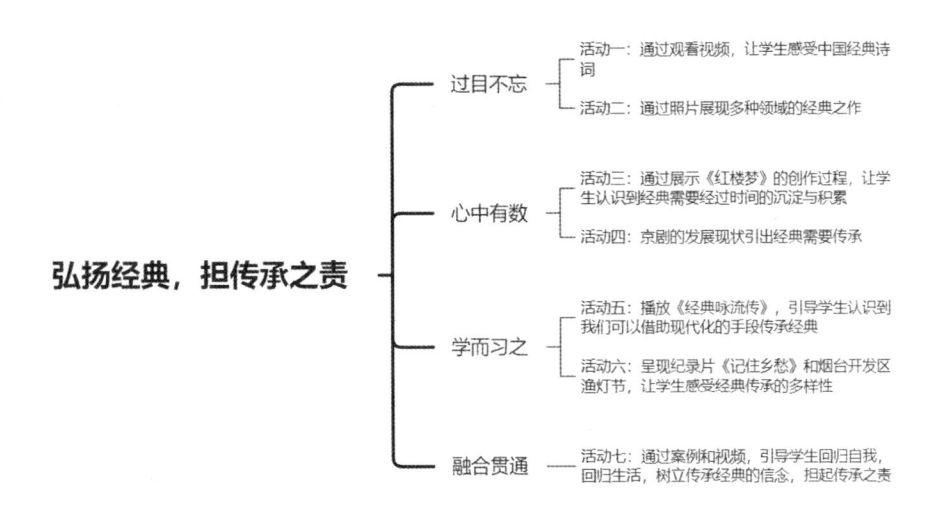

弘扬经典，担传承之责
- 过目不忘
  - 活动一：通过观看视频，让学生感受中国经典诗词
  - 活动二：通过照片展现多种领域的经典之作
- 心中有数
  - 活动三：通过展示《红楼梦》的创作过程，让学生认识到经典需要经过时间的沉淀与积累
  - 活动四：京剧的发展现状引出经典需要传承
- 学而习之
  - 活动五：播放《经典咏流传》，引导学生认识到我们可以借助现代化的手段传承经典
  - 活动六：呈现纪录片《记住乡愁》和烟台开发区渔灯节，让学生感受经典传承的多样性
- 融合贯通
  - 活动七：通过案例和视频，引导学生回归自我，回归生活，树立传承经典的信念，担起传承之责

六、拓展延伸

周末参观烟台开发区王懿荣纪念馆，了解更多的甲骨文知识。

（高杰，女，中学二级教师，数学）

初四立志·鉴赏创新，立尚美之志

一、活动目标

1. 感受美并明确美的内涵和表现。
2. 深化对美的认识，认同美在自己身边，美由自己创造。
3. 树立积极向上的审美观，塑造最美的自己。

二、活动策略

1. 通过审美观报告引发审美认知冲突。

2. 通过数据解读、事实分析、自思与互辨达成审美共识。

3. 通过案例分析、角色扮演、"自我美容"方案实现由知到行转换。

三、活动准备（视频、课件、调查报告等）

师生共同收集关于美、审美的观点、反映疫情期间医护工作者工作状况的数据、图片和视频。

四、活动过程

【过目难忘】

活动一：课前播放《大美烟台》视频

上课时让认为视频中的开发区美的同学举手。

设计意图：
这一活动从美的感觉层次即悦耳悦目出发，引导学生初步感受美，引出本节课的主题——审美。

活动二：你会发现美吗？

出示照片——一张疫情中逆行的医护工作者被口罩勒出痕迹的脸并做现场调查"你认为李兰娟院士美不美？"在这一问题上，相信大家都能达成共识。"是不是任何一个关于美的问题，我们都能如此一致呢？"并出示照片——网红脸，教师再提出问题"你认为他们美不美？"并进行现场调查。随后教师出示QQ大数据发布的《95后审美观》报告，作为更加勇于接受新鲜事物的新兴力量，95后对于整容的接受度相当高，但是近八成受访的95后都认为过度整容的产物"网红脸"并不符合他们的主流审美，比起一个模板下诞生的网红脸，95后更加青睐有自我特色的阳光男孩和邻家女孩的形象。然后教师进行追问"为什么一张苍老疲惫的脸会被称为'最美逆行者'，而备受追捧的'网红脸'却在95后中失宠呢？"

设计意图：
通过层层递进的问题引起学生对审美的深层次思考。

【心中有数】

活动三：阅读材料

首先，让学生阅读来自《抗疫新冠肺炎疫情的中国行动》一书中的部分材料和医学界对疫情期间医护人员工作时间和工作量的调查，并圈出里面的数字。

中国用1个多月的时间初步遏制了疫情蔓延的势头，用2个月左右的时间将本土每日新增病例控制在个位数以内，用3个月左右的时间取得了武汉保卫战、湖北保卫战的决定性成果，疫情防控阻击战取得重大战略成果，维护了人民生命安全和身体健康，为维护地区和世界公共卫生安全做出了重要贡献。

自1月24日除夕至3月8日，全国共调集346支国家医疗队、4.26万名医务人员、900多名公共卫生人员驰援。

截至2020年5月31日24时，31个省、自治区、直辖市和新疆生产建设兵团累计报告确诊病例83017例，累计治愈出院病例78307例，累计死亡病例4634例，治愈率94.3%，病亡率5.6%。

他们与病毒直面战斗，承受难以想象的身体和心理压力，付出巨大牺牲，2000多人确诊感染，几十人以身殉职。

学生自己思考解读数据，教师进而引导学生认识到逆行的白衣战士不仅冒着生命的危险，扛着心理的压力，还承担着身体的疲累。没有人生而英勇，只是在关键时刻选择了无畏。中国医生的医者仁心和大爱无疆，永远铭刻在中华民族历史上，永远铭刻在中国人民心中。

设计意图：

通过数字了解美背后的故事，认识到美不仅关乎外表，更关乎内心。由悦耳悦目之美上升到悦心悦意、悦志悦神之美。

活动四：思考"什么是美"

教师引领学生回到问题"为什么一张苍老疲惫的脸会被称为'最美逆行者'，这里的美包含着什么？"请你在导学案上写下关键词。学生思考交流后，教师再追问指向美的本质，刚才我们在视频中领略了开发区的自然之美，我们在报告中看到了 95 后对外表美的看法，我们又感受到医护工作者的精神之美，那么请再思考"什么是美"？待学生写下自己的思考并交流后，教师对美进行总结：美就是指人对客观事物的主观感受。正如"一千个人有一千个哈姆雷特"，不同的人对美的解释可能是不一样的，但不可否认的是，更高层次的美不仅悦耳悦目，而且悦心悦意，更是悦志悦神。这就是一种精神之美，它打动的是人心。

设计意图：
通过问题引领学生聚焦更高层次的美，形成价值认同。

【学而习之】

活动五：发现美

学生在小组内分享自己搜集到的其他形式的美并进行小组汇报，其他同学进行补充。教师及时给予反馈并呈现美的思维导图，引导学生认识到在谈及审美的时候，不能只看到一个方面，而要多方面地去发现美、欣赏美进而创造美。

设计意图：
通过讨论和展示更多形式的美，扩展学生对美的认识。

活动六：感受美

呈现三组照片，感受更多形式的美。照片1——开发区八角河公园。曾经的它一片狼藉，但是经过一年多时间的修建改造后，现在的它却让我们赏心悦目。这是人与自然之间美的互动。照片2——开发区八角湾国际会展中心。该方案以"城岸云浪·海上银贝"为设计理念，将烟台的自然景观与设计师独具匠心的建筑理念相融合最终演化出结构与造型相互统一的八角湾国际会展中心。从视频介绍中相信我们都能捕捉到这样的信息：一座建筑由设计到成为现实，需要克服很多的困难，也离不开众多人的努力。这座建筑最多的时候有1200人同时施工，今年春节期间有80多名工人响应号召就地过年，继续进行项目建设。家乡巨变，还有一种美是对家乡的热爱。照片3——你好，李焕英海报。春节期间，电影《你好，李焕英》备受关注，截止到3月11日，该电影票房已达51.53亿，跻身全球票房前

100。电影用真挚且富有温情的艺术手法呈现了细腻、无私的母爱,感动了无数人的心。导演贾玲在微博中写道:《你好,李焕英》是我把心掏出来给观众,两年写剧本,三年筹备,这部电影,我在我这个年纪,尽了自己最大的努力。从这里我们可以看出一个好的故事不是一蹴而就的,也不是从天而降的,而是创作者呕心沥血的打造。

教师引导学生对这三张照片围绕两个问题展开讨论,他们各自属于哪种形式的美?他们共同属于哪种形式的美?学生讨论发言结束后,教师进行总结:人不仅是美的欣赏者,还可以是美的创造者,创造美需要积累和沉淀,更需要智慧和实干。

设计意图:

通过呈现事实,引导学生认识到美就在自己身边,人不仅可以欣赏美,也可以创造美。

【融会贯通】

活动七:做最美的自己

有同学说我长得不漂亮或长得不帅气,没有艺术天赋,不懂绘画,唱歌跑调,没学过特长,我是不是就与美无缘?请先独立思考这个问题。假如你的同桌就是这位同学,你该如何劝导他?请以角色扮演的形式呈现。

学生表演完,教师进行总结:美在发现,美在耕耘,即便没有艺术天赋,我们可以通过自己的智慧去发现美,追求外在和内在美,我们也可以享受精神美,我们更可以用勤劳和汗水创造美。人之所以审美,除了愉悦自己之外,在很大程度上也是为了完善自己,找到最美的自己。

设计意图:

引导学生回归自我,回归生活,树立积极向上的审美观,激发对美好事物的不懈追求。

活动八:"自我美容"

"现在的你是不是最美的自己?""想不想找到最美的自己?""如何找到最美的自己?"有一个人用布道的心情传播对美的感动,这个人就是台湾知名的诗人、画家和作家——蒋勋。我们来听一下他对美的见解。

教师播放视频,观看台湾知名的诗人、画家和作家蒋勋谈他对美的理解,

298 | "德融数理·知行合一"德育新模式主体班会课例

学生在观看后结合本节课所讨论的内容制定出成为最美的自己"自我美容方案"并进行交流。

塑造最美的自己

请结合本节课中你收获地对美的理解，从外在美、内在美、行为美、语言美、心灵美等多个角度制定一份自我美容方案，让自己成为最美！

设计意图：

由价值认同走向价值践行，塑造最美的自己。

五、活动思路图示

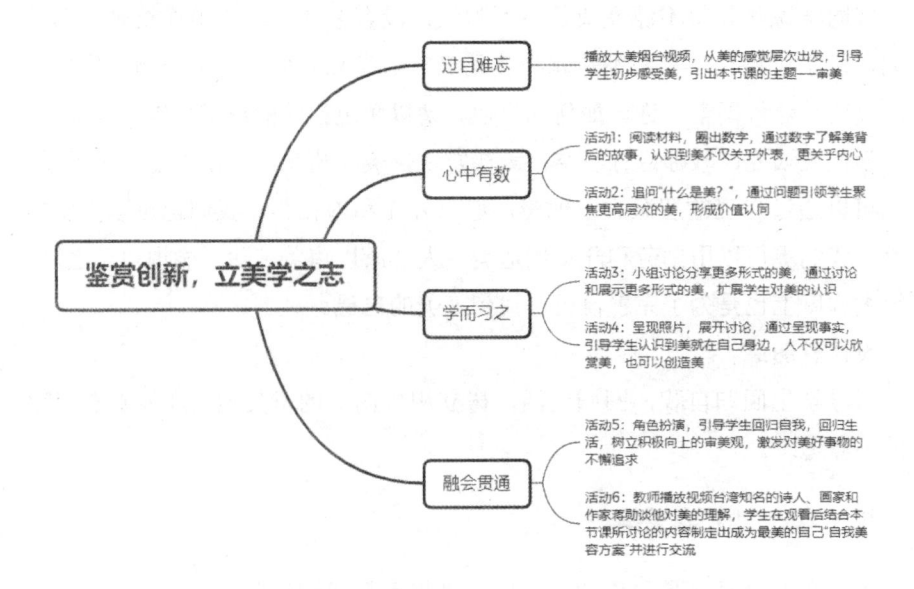

鉴赏创新，立美学之志

- 过目难忘
  - 播放大美烟台视频，从美的感觉层次出发，引导学生初步感受美，引出本节课的主题——审美

- 心中有数
  - 活动1：阅读材料，圈出数字，通过数字了解美背后的故事，认识到美不仅关乎外表，更关乎内心
  - 活动2：追问"什么是美？"，通过问题引领学生聚焦更高层次的美，形成价值认同

- 学而习之
  - 活动3：小组讨论分享更多形式的美，通过讨论和展示更多形式的美，扩展学生对美的认识
  - 活动4：呈现照片，展开讨论，通过呈现事实，引导学生认识到美就在自己身边，人不仅可以欣赏美，也可以创造美

- 融会贯通
  - 活动5：角色扮演，引导学生回归自我，回归生活，树立积极向上的审美观，激发对美好事物的不懈追求
  - 活动6：教师播放视频台湾知名的诗人、画家和作家寄勋谈他对美的理解，学生在观看后结合本节课所讨论的内容制定出成为最美的自己"自我美容方案"并进行交流

六、拓展延伸

今年是辛丑牛年,国家美术馆为此推出了一组"美在耕耘"的展览,展览主题围绕美是由人民创造的而展开:人民耕耘在充满希望的大地上,创造幸福的生活,建设美丽的家园;美术家们笔耕不辍,用心灵描绘美丽的事物、塑造美好的精神。请登录国家美术馆网上展厅进行欣赏。

(侯英凡,女,中学二级教师,英语)